普通高校"十三五"规划教材

全国高等学校
法学系列教材
基|础|与|应|用

Arbitration Law

仲裁法学（第三版）

乔欣 ◎ 著

清华大学出版社
北 京

内 容 简 介

本教材在对仲裁法学基础知识和理论进行系统介绍的基础上,全面反映最新立法精神和法律规定,力求将立法、理论和仲裁实践相融合,全方位地将仲裁法学呈现给读者。

自 2008 年本教材第一版面世以来,与仲裁法关系最为密切的《民事诉讼法》进行了较大修改,最高人民法院关于适用民事诉讼法的解释相继出台,其中许多内容涉及仲裁制度。同时,最高人民法院还出台了一系列有关仲裁的司法解释。因此,本教材在编写过程中特别注意对新增加及修改的内容进行阐述。

本教材在每章设置了"本章导读",对本章需要掌握的重点和难点进行总结和提炼;每章后设置了"配套测试",读者可以及时对本章内容的掌握情况进行检测。

图书在版编目(CIP)数据

仲裁法学/乔欣著. —3 版. —北京:清华大学出版社,2020.9

普通高校"十三五"规划教材　全国高等学校法学系列教材. 基础与应用

ISBN 978-7-302-56269-6

Ⅰ.①仲…　Ⅱ.①乔…　Ⅲ.①仲裁法—法的理论—中国—高等学校—教材

Ⅳ.①D925.701

中国版本图书馆 CIP 数据核字(2020)第 152912 号

责任编辑:刘　晶
封面设计:汉风唐韵
责任校对:王荣静
责任印制:杨　艳

出版发行:清华大学出版社

网　　　址:http://www.tup.com.cn, http://www.wqbook.com

地　　　址:北京清华大学学研大厦 A 座　　　邮　　编:100084

社 总 机:010-62770175　　　　　　　　　　邮　　购:010-62786544

投稿与读者服务:010-62776969, c-service@tup.tsinghua.edu.cn

质量反馈:010-62772015, zhiliang@tup.tsinghua.edu.cn

印 装 者:大厂回族自治县彩虹印刷有限公司

经　　销:全国新华书店

开　　本:170mm×240mm　　　印　　张:15.75　　字　　数:291 千字

版　　次:2008 年 1 月第 1 版　2020 年 9 月第 3 版　印　　次:2020 年 9 月第 1 次印刷

定　　价:49.80 元

产品编号:088944-01

目 录 CONTENTS

仲裁法学(第三版)

第一章
仲裁概述

本章导读

　　仲裁是现代社会不可或缺的纠纷解决机制，是与民事诉讼并行的纠纷解决方式。仲裁制度是随着商品经济的发展，社会主体平等地位的确立，自由意志得到认可，以及人与人之间的身份关系逐步转变为理性的契约关系而相应产生和发展起来的。这种纠纷解决机制以当事人意思自治为首要原则；以仲裁协议为前提条件；以国家法律为依据；以国家司法机关的支持、监督为后盾；以程序的规范性、灵活性和保密性为特点；以裁决者的中立地位作为仲裁公正性的保障；并以仲裁裁决的强制执行性，使当事人之间的纠纷得以最终解决。

　　本章是关于仲裁的概述。在了解仲裁制度的产生与发展的基础上，重点掌握仲裁的含义、特点及类型，以及仲裁与民事诉讼的关系等基础内容。

第一节　仲裁制度的产生和发展

一、仲裁制度产生的基础

　　纠纷的产生是纠纷解决机制设立的基础。在人类历史的不同发展阶段，由于人们的观念不同，社会对解决冲突的要求不同，因而解决社会冲突的手段也不完全相同。人类社会开始以后的相当长时期内，人们所采取的手段是获得了所谓"合法性"的自力救济，即当人们受到他人侵害时，往往通过自身的武力迫使对方停止侵害。在这种最原始、最简单的纠纷解决方法无法适应和满足社会的发展时，统治者们便通过法律禁止自力救济，逐步确立了公力救济的纠纷解决模式，诉讼便成为这种公力救济的象征。诉讼机制的设立，使纠纷的解决更具规范性、权威性和强制性,并成为纠纷解决的最主要方式。

然而,诉讼机制的局限性和人们对纠纷解决机制的更高要求,又孕育着新的纠纷解决机制。在否定了原始的自力救济的今天,在冲突双方无法自行消除他们之间矛盾的情况下,尤其是在人们饱尝了诉讼带给他们的程序烦琐、费时、费力、高费用和由于裁判者不了解某些专业知识而造成不公正裁决的痛苦后,公正、迅速、灵活、经济的纠纷解决方式便成为人们的迫切需求。同时,随着社会商品经济的发展,社会主体的平等地位得到确立,自由意志得到认可,人与人之间原来的身份关系也逐步转变成为理性的契约关系。与此相适应的纠纷解决方式——仲裁,越来越得到人们的承认并予以接受,仲裁制度便由此产生和发展起来了。

虽然仲裁制度的产生在"很大程度上根源于诉讼及其暴力强制的存在",因为"正是诉讼及其暴力强制的威胁力促成了冲突主体对非诉讼手段的选择"[①],但更主要的原因还在于社会冲突所带来的解决冲突的目的对仲裁机制的需求,即社会冲突的加剧和复杂化推动了仲裁机制的发展。当商品经济不断发展,契约自由原则被广泛遵从,尊重当事人的意愿,肯定当事人的主体地位成为民事主体交往中的主流时,要求根据双方当事人的自由意志解决纠纷已成为一种必然。社会环境、经济机制必然造就与之相符合的法律制度,包括纠纷解决制度。商品经济是仲裁制度产生和发展的重要背景,没有商品经济就不可能有仲裁机制,脱离一定的社会环境和经济机制的仲裁机制必然与仲裁的本质相背离。现代仲裁制度也就是在这种大的社会环境和经济环境中得以发展的,它已经不是仅靠道德规范的约束力来解决冲突,更不是乡里族长式的仲裁所能胜任的,它是一种新的更趋于科学和完善的仲裁机制。这种仲裁机制体现出如下几个特点:

(1) 以当事人意思自治为仲裁的首要原则,以仲裁协议为仲裁的前提条件;

(2) 以国家法律为仲裁的依据,以国家司法机关的支持、监督为其后盾;

(3) 以仲裁程序的规范性、灵活性和保密性使其成为公正、及时、迅速地处理社会矛盾和冲突的有机系统,并能有效地维护当事人的合法权益;

(4) 以双方当事人地位平等,权利义务对等,裁决者中立的仲裁结构作为仲裁公正性的保障;

(5) 以仲裁裁决的强制执行性,即仲裁裁决所具有的与法院判决同等的法律效力,来保证当事人之间的纠纷得以最终解决。

二、西方仲裁制度的确立和发展

仲裁作为一种解决纠纷的方式,有着悠久的历史。早在古罗马时期,人们

[①] 顾培东:《社会冲突与诉讼机制》,49 页,成都,四川人民出版社,1991。

就已经采用仲裁方式解决纠纷。在罗马法《民法大全》"论告示"第 2 编中记载了古罗马五大法学家之一保罗的著述："为解决争议,正如可以进行诉讼一样,也可以进行仲裁。"但仲裁作为一种法律制度却始于中世纪。14 世纪地中海各港口所采用的商事法典中已经出现以仲裁解决纠纷的方式。英国在 1347 年的一部年鉴中也有关于仲裁的记载。14 世纪中叶,瑞典的地方法规对仲裁作了明确规定。17 世纪末,英国议会制定了第一个仲裁法案,正式承认仲裁制度,并于 1889 年制定了《仲裁法》,1892 年在伦敦成立了伦敦仲裁院。瑞典于 1887 年制定了第一个仲裁法令,1929 年通过了《瑞典仲裁法》和《瑞典关于外国仲裁协议和仲裁裁决的条例》。法国 1807 年的《民事诉讼法典》、德国 1877 年的《民事诉讼法典》、日本 1890 年的《民事诉讼法》也都对仲裁进行了规定。同时,许多国家还相继成立了仲裁机构,如 1922 年美国成立了美国仲裁协会,1923 年法国在巴黎成立了国际商会仲裁院等。就这样,在 19 世纪末 20 世纪初,仲裁制度逐渐被世界各国的法律所确立,仲裁制度普及于世界各国。

20 世纪以后,随着现代工业的发展,科学技术的进步,国际贸易的大幅度增长,特别是契约自由原则在民商事活动中被普遍遵从,商业纠纷迅速增多并且出现国际化、多样化的趋势,进一步促进了仲裁制度的迅速发展。因此,许多国家通过专门立法或以在民事诉讼法典中作专章规定的形式,先后制定了仲裁法,并很快得到国际社会的承认。但由于各国在仲裁立法上的差异,因此采用仲裁方式解决国际经济贸易争议受到很大阻力。为了缓和这种矛盾,一些国际组织提出了统一各国仲裁法的措施,出现了仲裁立法国际化的趋势。1923 年在国际联盟主持下签订的《日内瓦仲裁条款议定书》,第一次在国际上承认了仲裁协议的效力;1958 年联合国关于《承认和执行外国仲裁裁决公约》(以下简称《纽约公约》)成为有关承认和执行外国仲裁裁决的主要国际公约;1976 年在第三十一届联合国大会上正式通过了《联合国国际贸易法委员会仲裁规则》;1985 年联合国制定的《国际商事仲裁示范法》已经成为各国制定或修改本国仲裁法的范本。

三、中国仲裁制度的建立与发展

中国仲裁制度的建立始于 20 世纪初,1912 年国民政府颁布的《商事公断处章程》被看作我国第一个关于仲裁的专门规定。革命根据地时期和解放区时期也制定了一些有关仲裁的法律。1933 年颁布的《中华苏维埃劳动法》确立了以仲裁方式解决劳动争议的法律制度;1943 年晋察冀边区行政委员会公布的《晋察冀边区租佃债息条例》也设有"调解与仲裁"的规定;同年发布的《关于仲裁委员会的工作指示》全面规定了仲裁委员会的性质和任务、仲裁委员会的权限及仲裁委员会本身的工作制度等问题。中华人民共和国成立后,我国逐步建立了涉外仲裁制度和国内仲裁制度。

我国的涉外仲裁包括国际经济贸易仲裁和海事仲裁。中华人民共和国成立初期,为了适应经济发展的需要,1954年5月,中央人民政府政务院通过了《中央人民政府关于在中国国际贸易促进委员会内设立对外贸易仲裁委员会的决定》,对即将成立的对外贸易仲裁委员会的组织、任务、受案范围、程序等作了原则性规定。1956年3月,中国国际贸易促进委员会通过了《中国国际贸易促进委员会对外贸易仲裁委员会仲裁程序暂行规则》,1956年4月对外贸易仲裁委员会正式成立。1958年11月,国务院通过了《中华人民共和国国务院关于在中国国际贸易促进委员会内设立海事仲裁委员会的决定》,1959年1月,贸促会通过了《中国国际贸易促进委员会、海事仲裁委员会仲裁程序暂行规则》,并成立了海事仲裁委员会。这两个涉外仲裁机构在处理国际经济贸易和海事纠纷中发挥了不可替代的作用。

在仲裁法单独立法之前,我国并没有统一的仲裁立法和仲裁制度,国内仲裁制度主要是经济合同仲裁制度,这也成为我国迄今为止,历史上实施时间最长的国内仲裁制度。根据中华人民共和国成立后国家所颁布的一系列有关仲裁的条例和仲裁实践,我国的经济合同仲裁先后经过了以下发展阶段。

(一)只裁不审阶段

这一阶段的仲裁主要依据1961年9月中共中央颁布的《国营工业企业工作条例(草案)》、1962年8月国家经济委员会《关于各级经委仲裁国营工业企业之间拖欠债款的意见(草案)》和1962年12月中共中央和国务院《关于严格执行基本建设程序、严格执行经济合同的通知》等相关规定,各级经委主管经济合同仲裁,法院不具有管辖权。仲裁一般实行两级仲裁体制,但对于特殊的重大项目合同纠纷实行三级仲裁体制,即当事人不服省、自治区、直辖市经委作出的二级仲裁裁决的,还可以向国家经委请求三级仲裁。

(二)先裁后审阶段

结束了十年动乱,特别是党的十一届三中全会以后,处于停滞状态的经济合同仲裁制度得以复苏和发展。1978年国务院发布了成立工商行政管理总局的通知,明确规定工商行政管理部门的主要任务之一是"管理全民和集体企业的购销合同、加工订货合同,调解仲裁纠纷"。1979年8月,国家经委、工商行政管理总局、中国人民银行发出了关于管理经济合同若干问题的联合通知,规定当事人因经济合同发生的争议在协商不成时,任何一方当事人均可以按照合同管理的分工,向对方所在地的县(市)和大中城市的区经委或相应机关、工商行政管理局申请仲裁,对仲裁不服的,可以向上一级合同管理机关申请复议,对复议不服的,当事人还可以向人民法院起诉寻求司法救济。由于仲裁实行的两级仲裁制和诉讼实行的两审终审制,使得先裁后审阶段也被称为两裁两审阶段。

（三）一裁两审阶段

随着 1983 年《中华人民共和国经济合同法》和《中华人民共和国经济合同仲裁条例》的颁布实施,我国经济合同仲裁制度得到了进一步的发展。不仅将多头分工仲裁改为了由工商行政管理局设立的经济合同仲裁委员会统一仲裁,并扩大了经济合同仲裁的范围,而且当事人所发生的纠纷,或裁或审,可以由当事人自己选择。即对所发生的纠纷,当事人既可以请求仲裁,也可以直接向人民法院起诉。同时,对申请仲裁的纠纷,实行一次裁决制,但如果当事人对仲裁裁决不服的,仍然可以向人民法院提起诉讼。

（四）或裁或审,一裁终局阶段

1993 年 9 月,我国对《中华人民共和国经济合同法》进行了修订,使经济合同仲裁制度发生了根本性的改变。该法规定经济合同关系中的双方当事人可以基于仲裁协议向仲裁机关申请仲裁,仲裁协议具有排除法院管辖权的效力。同时,仲裁实行一裁终局制,即仲裁裁决具有终局的效力,当事人不得就同一争议事实再向其他仲裁机构申请仲裁,也不得向人民法院提起诉讼。当事人双方只有在没有订立仲裁协议的情况下才可以直接向人民法院提起诉讼。

在经济合同仲裁发展的同时,从 20 世纪 80 年代开始,我国依据 1987 年 6 月颁布的《中华人民共和国技术合同法》、1988 年国家科委发布的《技术合同管理暂行条例》、1989 年发布的《技术合同法实施条例》和 1991 年发布的《技术合同仲裁机构管理暂行规定》等,发展了技术合同纠纷仲裁;基于 1987 年 7 月国务院发布的《国营企业劳动争议处理暂行规定》、1993 年颁布的《企业劳动争议处理条例》等,使劳动争议仲裁得以确立和发展;基于《中华人民共和国著作权法》以及有关房地产、消费者权益保护的法规,规定了著作权纠纷仲裁、房地产纠纷仲裁和消费者纠纷仲裁等,使我国的仲裁制度不断发展和完善。但是,以往的国内仲裁实质上还是一种行政性质的仲裁,其主要表现为由设在政府行政部门内部的仲裁机构行使仲裁裁决权,解决当事人之间的纠纷。这不仅违背了仲裁的独立性、自愿性、快捷性等特点,也与仲裁的本质相去甚远。

第二节　仲裁的含义和类型

一、仲裁的概念和特点

（一）仲裁的概念

在汉语中,"仲裁"一词,从字义上讲,"仲"表示居中的意思"裁"表示衡量、评断、作出结论的意思。按照《现代汉语词典》的解释,"仲裁"就是由"争执双方同意的第三者对争执事项作出决定"。

仲裁作为一个法律术语有其特定的含义,尽管在学术界还没有形成统一的概念,但基本含义是一致的。即仲裁是指发生争议的双方当事人,根据其在争议发生前或争议发生后所达成的协议,自愿将该争议提交中立的第三者进行裁判的争议解决制度和方式。根据这一概念,仲裁具有以下三要素:

(1) 仲裁是以双方当事人自愿协商为基础的争议解决制度和方式;

(2) 仲裁是由双方当事人自愿选择的中立第三者进行裁判的争议解决制度和方式;

(3) 经由当事人选择的中立第三者作出的裁决,对双方当事人具有法律的约束力。

与人民调解和民事诉讼一样,仲裁也是解决争议的一种方式,但它属于非经司法诉讼途径即具有法律约束力的争议解决方式。这一方式不仅广泛运用于民商事的争议解决过程中,也同时成为解决劳动争议和农业承包合同纠纷的重要方式,即对于劳动争议和农业承包合同纠纷可以通过仲裁的方式予以解决,而且在我国已经形成了劳动争议仲裁和农业承包合同纠纷仲裁。但由于劳动争议仲裁和农业承包合同纠纷仲裁与民商事仲裁所存在的差异,根据《中华人民共和国仲裁法》(以下简称《仲裁法》)的规定,上述两种仲裁形式不受《仲裁法》的调整。因此,本书所涉仲裁的范围,如无特别说明,仅指民商事仲裁。

(二) 仲裁的特点

作为一种解决合同纠纷和其他财产权益纠纷的民间性裁判制度,仲裁既不同于解决同类争议的司法、行政途径,也不同于人民调解委员会的调解和当事人的自行和解。仲裁具有以下特点:

1. 自愿性

当事人的自愿性是仲裁最突出的特点。仲裁以双方当事人的自愿为前提,即双方当事人之间的纠纷是否提交仲裁,交与谁仲裁,仲裁庭如何组成,由谁组成,以及仲裁的审理方式、开庭形式等,都是在当事人自愿的基础上,由双方当事人协商确定的。因此,仲裁是最能够充分体现当事人意思自治原则的一种争议解决方式。

2. 专业性

民商事纠纷往往涉及特殊的知识领域,仲裁中会遇到许多复杂的法律、经济贸易和有关的技术性问题,故专家裁判更能体现专业的权威性。因此,由具有一定专业水平和能力的专家担任仲裁员,对当事人之间的纠纷进行裁决,是仲裁公正性的重要保障。根据我国《仲裁法》的规定,各仲裁机构都备有分专业的、由专家组成的仲裁员名册供当事人进行选择,专家仲裁由此成为民商事仲裁的重要特点之一。

3. 灵活性

由于仲裁充分体现当事人的意思自治,仲裁中的诸多具体程序都可以由双方当事人自愿协商选择与确定。因此,与诉讼相比,仲裁程序更加灵活,更具有弹性。

4. 保密性

仲裁以不公开审理为原则。有关的仲裁法律和仲裁规则也同时规定了仲裁员及仲裁秘书人员的保密义务。因此当事人的商业秘密和贸易活动不会因仲裁活动而泄露。仲裁由此表现出极强的保密性。

5. 快捷性

仲裁实行一裁终局制,仲裁裁决一经仲裁庭作出即产生法律效力,当事人不得再提起诉讼或者再申请仲裁。这使得当事人之间的纠纷能够迅速得以解决。快捷性也因此成为仲裁的显著特点。

6. 经济性

仲裁的经济性主要表现在:第一,时间上的快捷性使得仲裁所需费用相对较少;第二,仲裁无须多审级收费,使得仲裁费用往往低于诉讼的整体费用;第三,仲裁的自愿性、保密性、易于执行性等特点,不仅使当事人之间的纠纷可以迅速彻底地解决,亦对当事人之间今后的商业机会影响较小。

7. 独立性

仲裁机构独立于行政机构,仲裁机构之间也无隶属关系。在仲裁过程中,仲裁庭独立进行仲裁,不受任何机关、社会团体和个人的干涉,亦不受仲裁机构的干涉,显示出最充分的独立性。

二、仲裁的类型

根据不同的分类标准,仲裁可以划分为不同的类型。结合我国《仲裁法》将仲裁进行分类,对于正确理解仲裁具有重要意义。

(一)国内仲裁与涉外仲裁

根据仲裁当事人、所发生纠纷提交仲裁的法律关系等要素是否具有涉外因素,仲裁可以划分为国内仲裁和涉外仲裁。

国内仲裁,是指本国仲裁机构对不具有涉外因素的国内民商事纠纷的仲裁,即基于本国公民、法人或其他组织之间以及其相互之间在本国内发生的纠纷,由该国仲裁机构进行的仲裁。例如,北京仲裁委员会受理的当事人双方均为中国公民,并发生于国内的合同纠纷仲裁即为国内仲裁。

根据我国法律的规定,依照我国法律成立的三资企业是中国的法人或组织,因此,当属于三资企业性质的法人或组织与我国其他主体在国内发生纠纷时,所进行的仲裁为国内仲裁。

涉外仲裁,则是指基于本国的视角,涉及外国或外法域的民商事纠纷的仲裁。即基于公民、法人或其他组织之间以及其相互之间,在涉外经济贸易和海事活动中发生的纠纷而进行的仲裁。例如,中国国际经济贸易仲裁委员会受理的当事人一方是中国公司,另一方是外国公司的仲裁,或者双方当事人均为中国公司,但法律关系的发生、变更或者消灭于外国的仲裁,均为涉外仲裁。这里需要强调的是,涉及我国香港、澳门和台湾地区的仲裁案件,即一方当事人是香港、澳门地区或者台湾地区的自然人、法人或者其他组织时,该仲裁案件为涉外法域的仲裁案件,视为涉外仲裁。

涉外仲裁属于国际商事仲裁,除此之外,国际商事仲裁还包括外国仲裁。1958年《纽约公约》将在一国领土内作出,在另一国请求承认和执行的仲裁裁决称为外国仲裁裁决①。

(二) 机构仲裁和临时仲裁

以仲裁机构的组织形式为标准,即基于当事人是否在常设的专门仲裁机构进行仲裁,可以将仲裁划分为机构仲裁和临时仲裁。

1. 机构仲裁

机构仲裁,是指当事人协商一致选择常设性的仲裁机构解决其民商事争议的仲裁,即由某一常设的仲裁机构按照固定的仲裁规则来管理和进行仲裁程序。② 在机构仲裁方式中,有固定的仲裁地点、组织章程、仲裁规则、仲裁员名册以及完备的办事机构和管理制度。机构仲裁以成文仲裁规则为当事人提供公开的、可以预见的仲裁服务和程序机制。同时机构仲裁还具备完整的管理和监督功能,对仲裁程序的进行,仲裁庭的职责履行,仲裁员的行为以及仲裁裁决书等进行严格审查,为当事人提供了一定的组织保障。机构仲裁依照既定的仲裁规则和严格的仲裁程序进行,加之规范的管理和专业的仲裁人员,在当事人中赢得了良好的声誉,也在客观上增强了当事人对仲裁的信任。机构仲裁的出现虽然晚于临时仲裁,但随着仲裁制度的不断发展,机构仲裁已经成为当今世界上最主要的仲裁方式。概括而言,机构仲裁体现了如下优势:

(1) 机构仲裁便于当事人进行仲裁。从事经济贸易活动的主体在协议仲裁条款时,只需直接依据所选择的常设仲裁机构的仲裁规则,而不必重新创造一种新的仲裁规则。

(2) 机构仲裁使仲裁程序的效率具有保障。常设仲裁机构一般都备有供当

---

① 1958年《纽约公约》第1条。

② 机构仲裁所适用的仲裁规则通常为本机构仲裁规则,但并不排斥当事人变更本规则或选择其他仲裁规则。如果当事人就仲裁程序事项或者仲裁适用的规则另有约定的,一般遵从其约定,但该约定无法执行或者与仲裁地强制性法律规定相抵触的除外。当事人约定适用其他仲裁规则的,由仲裁机构履行相应的管理职责。

事人选择的仲裁员名册,方便当事人选择仲裁员,在一方当事人不配合或仲裁员需要替换的情况下,常设仲裁机构可以提供协助。

(3)基于机构仲裁,仲裁裁决的质量更具可信性。列入常设仲裁机构名册的仲裁员通常都是经济贸易、技术和法律等方面的专家,在以仲裁方式解决商事争议上有丰富的经验,能够最大限度地保证裁决的质量。另外,如一方当事人经正当程序通知而拒绝参加仲裁时,仲裁庭可以依据仲裁规则缺席审理并作出裁决。因此,机构仲裁往往比临时仲裁更能基于良好的管理而获得司法机关的信任,有利于仲裁裁决的执行。

(4)机构仲裁中所涉仲裁费用明确且标准统一。常设仲裁机构一般都有明确的仲裁费用表,适用统一的收费标准。

(5)服务水平较高。常设仲裁机构一般都设有办公室或秘书处或类似的机构,提供与仲裁有关的管理与服务,如收转仲裁文件、代为收取仲裁费用、负责安排庭审、提供翻译、通讯、交通等方面的服务。

尽管如此,机构仲裁也有其无法回避的问题。比如,机构仲裁的仲裁规则相对严格而缺乏灵活性,仲裁程序也相对刻板,无法根据所面临的具体情况进行调整,这在一定程度上有违仲裁的灵活性,有碍当事人意愿的充分实现。另外,机构仲裁相对于临时仲裁来说,会收取额外的管理费用,这使得当事人将纠纷提交仲裁解决的成本大大提高,对当事人选择仲裁的积极性产生不利影响。

根据我国《仲裁法》的规定,我国实行机构仲裁。机构仲裁是我国仲裁的唯一合法形式,当事人只能通过选择仲裁机构申请仲裁解决纠纷。

2. 临时仲裁

临时仲裁,是指不由任何已设立的仲裁机构进行程序管理,而是由当事人将他们之间的争议提交给双方选定的仲裁员,根据当事人双方自己设计或选定的仲裁规则进行审理并作出裁决的仲裁制度。临时仲裁是仲裁的原始形态,在机构仲裁出现之前,临时仲裁是唯一的仲裁方式。它不依赖于任何常设的仲裁机构和仲裁组织,仲裁庭的组成人员由双方当事人协商确定,仲裁程序由当事人约定或确定,在仲裁裁决作出后,临时仲裁庭的使命即随之终结,继而宣告解散。临时仲裁具有非常突出的特点,具体体现为:

(1)程序灵活,能够最大限度地满足当事人的意愿,这是其他仲裁形式无法比拟的。在临时仲裁中,双方当事人有较大范围的自主权,可以通过约定使仲裁方式更加适合自己的实际需要。临时仲裁的程序也因为没有固定规则的限制而更能凸显出其灵活性和便捷性。通常与商事仲裁有关的所有事项都可由争议的双方当事人协商约定。

(2)如果争议双方相互合作,加上灵活的程序,能够提高仲裁效率和减少仲裁费用的开支,且免去了机构仲裁中收取的管理服务费,从而使仲裁的经济成本得以有效地降低,更加符合纠纷解决对效率性和经济性的要求。

(3)更为重要的是,在临时仲裁中,不会出现仲裁所在地仲裁法的规定与某仲裁机构仲裁规则之间的冲突,这为仲裁的顺利进行和仲裁裁决的承认和执行都提供了便利。

但是,临时仲裁也有其难以克服的缺陷。主要表现在:

(1)临时仲裁虽然使当事人拥有较大的自主权,但由于缺乏必要的仲裁程序管理和监督,也使得仲裁中的很多重要事项对当事人之间的合意及协作产生了依赖性。如果当事人在仲裁中不能充分合作,临时仲裁就很难顺利地进行下去。

(2)在仲裁员的选任上,虽然当事人可以完全依照自己的意愿进行,但是对于绝大多数当事人来讲,很难准确地判断仲裁员的资质,这极易造成仲裁的有失公正。久而久之,还会使当事人对仲裁裁决的公正性产生怀疑,从而影响仲裁积极效能的发挥。

为了弥补临时仲裁的缺陷,1976年《联合国国际贸易法委员会仲裁规则》正式通过,该规则供临时仲裁庭和从事国际商事活动的当事人选择适用,由于该规则对国际商事仲裁的程序问题规定得比较系统,因而对发挥临时仲裁的优势具有重要作用。

按照我国《仲裁法》的规定,我国实行机构仲裁,不承认国内仲裁中临时仲裁的合法性,但是需要注意以下两点:

第一,尽管我国《仲裁法》不承认国内仲裁中临时仲裁的合法性,但对于在境外通过临时仲裁方式作出的仲裁裁决,需要在我国承认和执行时,由于我国是《纽约公约》的参加国,因此不能以我国不承认临时仲裁为由拒绝承认和执行。

第二,2016年12月30日最高人民法院发布《关于为自由贸易试验区建设提供司法保障的意见》,该意见规定:"在自贸试验区内注册的企业相互之间约定在内地特定地点、按照特定仲裁规则、由特定人员对有关争议进行仲裁的,可以认定该仲裁协议有效。"这是对自由贸易试验区特殊的规定,是一种有条件的对临时仲裁的认可。

(三)依法仲裁和友好仲裁

根据作出仲裁裁决所依据的实体规范的不同,可以将仲裁划分为依法仲裁和友好仲裁。

依法仲裁,是指在民商事仲裁中,仲裁庭严格依据一定的法律规范对当事人之间的纠纷进行审理和裁决。依法进行仲裁,是世界各国普遍使用的仲裁方式,依这种方式进行仲裁,必须有明确的法律依据,必须严格遵守由法律认可的仲裁规则所确定的仲裁程序。因此,当事人对仲裁程序及仲裁结果具有预见性,仲裁裁决也易被双方当事人接受并得到自觉履行。在仲裁实践中,不论是国内仲裁还是涉外仲裁,机构仲裁还是临时仲裁,其裁决的依据通常都是法律规范。因此,依法仲裁是最主要的仲裁类型。

友好仲裁,亦称友谊仲裁、依原则仲裁。是指依据双方当事人的授权,仲裁庭不以严格的法律规范为依据,而是以其所认为的公平的标准作出对当事人具有约束力的裁决。这种公平的标准包括自然公正的原则、商业惯例、公平善良的精神等。尽管友好仲裁具有很大程度的灵活性,但是友好仲裁必须以双方当事人的授权为前提,必须遵循仲裁地法的公共政策和强制性规定。同时,由于仲裁员是以"友好仲裁人"的身份出现,是根据他们所理解的公正、公平原则进行的仲裁,因此,仲裁裁决不可避免地带有一定的主观倾向性。而友好仲裁这种特有的缺陷也成为一些国家排除或限制这种方式适用的重要原因。

第三节　仲裁的性质

一、关于仲裁性质的各种理论

仲裁的性质是长期以来一直争论不休的问题。概括起来,在国内外的仲裁理论和实践中,主要有以下几种观点[1][2][3]。

(一)仲裁的司法权理论

仲裁的司法权理论,强调国家对于仲裁所具有的控制权和调整功能。该理论认为,仲裁虽然来自于当事人的协议,但在仲裁协议的效力、仲裁员的仲裁行为、仲裁裁决的承认与执行等方面,其权威性来自于国家的法律,来自于国家授权以及对国家司法权力的分割和让与。因此仲裁具有司法权的性质。

根据该理论,由于司法权是国家所有的权力,是国家授权法院行使的一种权力,因此主张仲裁具有司法权的属性,实质上就是认为仲裁庭是国家司法组织的一个组成部分。仲裁员的权力来自于当地的法律,仲裁裁决与法院的判决具有同等意义。该种观点的理由是,判案通常是由国家设立之国家法院实施的一种主权职能,当事人只能在仲裁地法明示允许或默示接受的范围内提交仲裁。如果没有法律的授权,仲裁员就没有进行仲裁的权力。因此,仲裁制度本质的理论依据,来源于国家审判权的授权。从这种意义上说,仲裁裁决也是一种经过授权的法院判决。由此可以看出,该学说认为仲裁是司法的一部分,仲

---

① 韩健:《现代国际商事仲裁法的理论与实践》,34～41页,北京,法律出版社,2000。

② 乔欣:《仲裁权论》,32～40页,北京,法律出版社,2009。

③ 杨荣新主编:《仲裁法的理论与适用》,152～154页,北京,中国经济出版社,1998。

裁权是国家司法权的一种让与。

(二) 仲裁的契约理论

仲裁的契约理论认为,仲裁是一种契约,具有契约的属性和特征。即仲裁是基于双方当事人之间的协议而设定的,仲裁程序也是根据当事人在协议中的约定确定的,仲裁就是履行当事人之间所订立的关于解决纠纷的协议的结果。这种理论之所以强调仲裁的契约性,是认为仲裁员的权力不是来自于法律的规定,而是来自于当事人之间的协议。

仲裁的契约性是基于仲裁来源于双方当事人的授权,即当事人之间存在着一种协议即契约,双方当事人依据自己的意愿和双方合意使仲裁庭获得仲裁权,从而作出裁决,解决纠纷。同时该理论认为,在仲裁庭与当事人之间也存在着一种契约,这种契约是一种委托代理契约。法国学者尼布耶那(Niboyet)认为:仲裁裁决具有契约性质,这是因为仲裁员权力的取得,不是来自法律或司法机构,而是来自于当事人之间的协议。仲裁员是按照当事人在协议中的意愿去裁定争议的。当事人让仲裁员以公断人身份作出裁定是一种真正的委托。由此,裁决也被注入了契约性,如同所有协议一样,裁决必然具有法定效力,而且具有终审判决的权威。

仲裁具有契约性的观点与仲裁的司法权观点相对抗,它否认国家对仲裁的影响,否认仲裁权来源于国家法律或司法机构的授权,也否认司法权对仲裁的影响。认为仲裁的本质是根据当事人的意志设立的,法律只是对当事人协议的补充,对仲裁程序的规范。因此,仲裁权的唯一来源是当事人之间的协议,即基于当事人的授权,仲裁庭有权对他们之间的争议进行裁决,因此,仲裁员实质上是当事人的"代理人",仲裁裁决相当于代理人代表当事人订立的一种协议。仲裁庭之所以要按照当事人的意愿行使仲裁权,当事人之所以能够服从仲裁权,履行仲裁裁决,正是由于当事人之间,以及当事人与仲裁庭之间存在着的契约的约束。仲裁的契约理论是对当事人自治权的肯定,意即仲裁庭必须尊重当事人的意愿,并在当事人授权范围内行使仲裁权。

(三) 仲裁的混合理论

混合理论是对司法权理论和契约理论的扬弃。该理论的倡导者索瑟-霍尔(Sauser-Hall)认为,仲裁起源于私人契约,仲裁员的人选和支配仲裁程序规则的确定,主要取决于当事人之间的协议。但是,仲裁却不能超越所有的法律体系,实际上总是存在着一些能够确定仲裁协议的效力和裁决可执行性的法律。因此,仲裁契约和司法因素是相互关联和不可分割的。仲裁是一种混合性的特殊的司法制度,它来自于当事人之间的协议,同时又从民事法律中获取司法上的效力。

根据这一理论,仲裁具有混合性。一方面,仲裁庭的权限取决于当事人之间的协议;另一方面,仲裁庭在裁决纠纷的过程中要遵守仲裁地国家的法律,它不能逾越任何一种法律制度。也就是说,仲裁既有司法权的属性,也有契约权的属性,是当事人的意愿与仲裁地法的一种协调。但是在司法性与契约性的协调上,该理论主张,仲裁应在仲裁地法允许的范围内,按照双方当事人的协议进行。只有在当事人没有明示的情况下,仲裁庭才可以直接根据仲裁地法的规则进行。如果仲裁裁决违反法院地的公共政策,或者仲裁审理的事项属于国家法院的专属管辖范围之内时,法院则有权拒绝执行仲裁裁决。

这一理论极具代表性,在仲裁理论中占有较大的优势。该理论所承认的仲裁与仲裁地国家法律之间的关系,以及仲裁在法律许可情况下受当事人意志支配的观点,既是对仲裁双重性质的肯定,也是对仲裁理论的重要突破。

(四)仲裁自治理论

这一理论的提出者是拉伯林·戴维其(Rubellin Devichi)女士。她认为,不能把仲裁绝然分为司法的或契约的,仲裁也不是一种混合制度。"问题是,应该知道仲裁是否在这两种构成之外形成了一种自治体系。确定该体系的性质不应参照合同或司法体系,而应根据仲裁的目的,以及不愿诉诸国家法院的当事人所作的保证或许诺对仲裁的法律权威进行论证。"她同时认为,仲裁制度是一种独创的制度,它摆脱了契约和司法权的观念,因此是一种超国家的自治体系。

仲裁的自治理论是从一个全新的角度审视仲裁,强调仲裁的自治与独立,承认当事人具有控制仲裁的绝对自由,肯定当事人无限的意思自治。从这一理论出发,仲裁是一种从顺利处理国际商事关系的基本需要出发,基于当事人的授权而对争议进行裁决的权力。仲裁协议和仲裁裁决之所以具有强制性,不是基于契约的约束,也不是司法权的让与,而是解决争议的实际需要。因此当事人的授权对仲裁权具有决定意义,当事人可以自由选择适用于仲裁的法律,无论是实体法还是程序法。如果当事人没有明示可适用的法律,仲裁员有权根据特定案件的具体情况,适用他们认为适当的法律与规则。从当事人的角度来看,这实际上也是当事人的一种授权形式,即默示授权;从仲裁庭的角度看,它是仲裁庭自由裁量权的体现。

(五)仲裁的准司法权理论

仲裁的准司法权理论主要是我国国内学者的一种观点。该观点认为,仲裁制度是司法制度的一部分,但又不同于司法制度;仲裁是国家法律认可的一种纠纷解决方式,但又区别于诉讼;仲裁裁决与法院判决具有同等的法律效力,具有可执行性,但仲裁机构无权执行。因此,仲裁是一种准司法手段,仲裁程序是准司法程序。

仲裁的准司法权理论与仲裁混合理论的区别在于,仲裁的准司法权理论更突出仲裁的司法性,而混合理论则侧重于契约性。仲裁的准司法性理论导致了仲裁是一种准司法性权力理论的产生，即仲裁既包括当事人授权，也包括国家法律的授权，当事人授权要服从于法律授权；仲裁权的行使既有任意性的一面，也有强制性的一面，任意性也要在法律规定的范围内；仲裁既有司法权的特征，也有民间性的属性；仲裁庭依仲裁权所作出的裁决，既与法院判决有同等效力，又有可能被法院撤销或不予执行。

（六）仲裁的行政性理论

仲裁的行政性理论，实际上是从我国长期的仲裁实践中总结出来的一种理论。该理论认为仲裁具有行政性质，因为仲裁机构是行政管理机构，是国家行政管理体系中的一个职能部门，它由行政机构组建，并受行政机构的监督；仲裁程序具有某些行政程序的特点，依靠行政权解决纠纷；仲裁裁决实质上是一种行政决定。

基于这种观点，仲裁来源于国家法律和行政法规的规定，仲裁庭依照法律赋予的职权进行仲裁。当事人的意愿要服从于法律的明确规定和仲裁机构的职权，仲裁庭所作出的决定具有强制性，但没有终局性，当事人对仲裁裁决不服，仍然可以通过诉讼的方式请求法院进行审理。

仲裁的行政性理论的实质是行政仲裁，行政仲裁是解决行政纠纷的一种方式，它与解决民商事纠纷的仲裁是两种完全不同的仲裁方式。如果硬性地将两种仲裁方式混为一谈，实质上是混淆了两种仲裁的性质，必然导致仲裁权的行政性，使当事人的意思自治原则无法得到体现，甚至违背当事人的真实意愿。我国以往的仲裁实践已经印证了这一点。

（七）仲裁的民间性理论

仲裁具有民间性的观点，是近年来学者提出的一种理论。该理论的特点是从仲裁权性质的角度来看仲裁的性质。该理论的主要观点包括：

（1）从仲裁权的基础来看，仲裁权产生于双方当事人的共同授权，即双方当事人必须在合同中订立仲裁条款，或者达成书面仲裁协议，才能通过仲裁方式解决争议。因为双方当事人的合意授权更多地体现为民间性，因而，仲裁机构根据双方当事人的合意享有的仲裁权所表现出来的也应该是民间性。

（2）从仲裁权的功能上来看，因为设置仲裁权的目的在于解决纠纷，所以，仲裁权的功能主要表现为对当事人之间争议的解决。而仲裁权之所以具有解决争议的功能，其根本原因就在于争议双方当事人对仲裁权的信任，也就是广大社会公众对仲裁权的信任，这种公众信任完全表现为民间性。

（3）从仲裁权的运作过程来看，对仲裁权的享有者——仲裁机构的选择、仲裁员的选任、仲裁庭的组成形式、仲裁地点以及提交仲裁的争议事项，均由双方当事人合意决定；而仲裁权运作的结果——仲裁裁决，也可能因当事人申请人民法院对仲裁的司法监督而归于无效。所有这些无不说明仲裁权的民间性和非国家强制性。因此,仲裁权是建立在社会公众信任基础上的,来源于民间性契约授权的权力。

二、对仲裁性质的认定

对仲裁法律属性的认识过程是对以往仲裁法律属性界定的扬弃和提炼过程,可以说,任何理论都是在扬弃与提炼中得到发展的,通过比较不同理论观点,吸取其精髓,摒弃不合理因素。通说认为,仲裁的性质既不是司法性的,也不是行政性的;既不是单纯的契约性的,也不是纯民间性的。仲裁的性质是包含了民间性与司法性因素在内,并以民间性为基础,融入了一定的国家司法权性质的混合性纠纷解决方式。

(一)仲裁的民间属性

仲裁的民间属性是仲裁的基本属性。仲裁具有民间属性是现代仲裁制度的显著特征,仲裁的民间性主要反映在社会所普遍接受和认可的各项仲裁的原则中。

(1)仲裁以双方当事人的合意为基础,通过双方达成的仲裁协议,授权仲裁庭解决他们之间的纠纷。这种契约授权的方式是在双方当事人完全自主,没有任何强制性约束的情况下进行的,是一种自由的、民间性的行为。因此仲裁也就反映了其民间性的属性。

(2)仲裁权行使的主体是仲裁庭,仲裁庭的组成人员是各行各业的专家、学者等,他们是根据双方当事人的任意选定(临时仲裁),或者在具有民间性质的仲裁委员会所提供的仲裁员名册上选定(机构仲裁),或者委托仲裁委员会指定而组成仲裁庭,进行仲裁的。因此,仲裁庭是一种临时性的民间性组织,仲裁也必然带有民间性的色彩。

(3)仲裁是以解决双方当事人之间的争议为目的的。之所以通过仲裁能够解决当事人之间的纠纷,并不仅仅在于仲裁协议本身具有强制力,而主要在于争议主体对仲裁公正性的渴望和信任,正是在这种渴望与信任基础上产生的公信力,使得仲裁具有了非国家意志的权力属性,并进一步体现了其民间性的属性。

(4)仲裁的运作过程,自始至终贯穿了双方当事人的自由意志,他们可以自主地选择临时仲裁或者机构仲裁(法律另有规定的除外);自主地选定任一常设仲裁机构和仲裁地点;自主指定仲裁员;自主决定放弃或变更仲裁请求,或者承认或反驳对方的仲裁请求,有权提出反请求;他们可以自主地设定或选用仲裁程序,并决定仲裁程序的进程;自主选择所适用的法律。即使对于仲裁庭所作出的仲裁裁决,当事人也可以要求国家司法机关——法院,予以撤销或不予执行。这些不仅反映出当事人在仲裁中的自主地位,更表明了仲裁的民间性属性。

(二) 仲裁的司法属性

仲裁的司法属性主要体现在有关仲裁的法律制度中。一般来说,各个国家在承认仲裁作为解决纠纷方式的同时,均以成文法的形式认可并规定仲裁权的取得、行使及其实现的保障。

1. 仲裁权来源于国家法律授权

尽管当事人授权是仲裁权的基础和重要来源,但是法律也同样赋予仲裁庭一定的权力,这使得仲裁具有了与国家司法审判相同的权力——解决纠纷的权力。正是由于仲裁权所具有的这种司法属性,才使得有些纠纷无法按照双方当事人的意志排除司法管辖而请求仲裁解决。

2. 仲裁程序受到国家法律的约束

虽然仲裁庭可以在法律允许的范围内按照当事人之间的协议进行仲裁,但是,对于法律所确定的程序和赋予仲裁庭解决纠纷所必需的权力,双方当事人不能以协议与之抗衡。例如,根据我国《仲裁法》的规定,"仲裁庭认为有必要收集的证据,可以自行收集"。2013 年修订的《联合国国际贸易法委员会仲裁规则》赋予了仲裁庭采取强制措施的权力,第 26 条第 1 款规定:"经一方当事人请求,仲裁庭可准予临时措施。"这些均表明了仲裁具有一定的司法属性。

3. 仲裁裁决是与法院判决具有同等效力的法律文书

仲裁庭具有裁决权,这一权力具体表现为仲裁庭有权对双方当事人之间的争议作出仲裁裁决。现代各国的仲裁法律一般都赋予仲裁裁决具有与法院判决同等的法律效力,即裁决等同于判决,这使得仲裁裁决因此具有了强制执行性。同时,一些国家的仲裁立法还确定了一裁终局的仲裁制度,赋予仲裁裁决相当于法院终局判决的效力,对仲裁庭作出的仲裁裁决双方当事人必须自动履行,否则,经一方当事人申请,法院可以强制执行该裁决。也有的国家允许当事人就仲裁庭的仲裁裁决向上诉法院上诉,即赋予了仲裁裁决相当于初审法院判决的效力。这些立法规定也同样表明仲裁具有司法的属性,或者说,仲裁庭从国家的司法中获得了带有一定司法性判决的权力。

(三) 仲裁的民间属性与司法属性的融合

毫无疑问,按照通说的观点,仲裁是一种民间性与司法性的混合体,它巧妙地将"民间性"与"司法性"这两种似乎并不相干,甚至彼此对立的权力融合在一起。但是在它们的结合上,不同的国家之间、一国的国内仲裁与涉外仲裁之间却不尽一致,甚至存在着很大的区别。在有的国家,仲裁更多地表现为民间性特征,双方当事人的意愿在仲裁过程中占有主导地位;而在另外一些国家,仲裁则主要体现为司法性特征,即在司法权与双方当事人的意愿相冲突时,仲裁庭首先要遵循法律的意志,当事人的意愿也要服从于法律的意志。然而,不论仲裁所表现出来的哪种属性更多一些,仲裁都是以双方当事人的授权为基础,同时又从国家法律中获得法律效力的一种混合性权力。但是，从仲裁制度的发展趋势上来看，仲裁的民间性将越来越突出，而其司法性将被逐渐削弱。

第四节　仲裁与民事诉讼

一、仲裁与民事诉讼的相同点

作为民商事纠纷的解决方式，仲裁和民事诉讼具有许多相同之处。主要表现在以下几个方面：

（一）仲裁与民事诉讼都是民事程序的重要组成部分

民事程序是指解决民商事关系中权利义务纠纷的程式、规则和方法。民事程序体系由民事诉讼、仲裁、公证和人民调解等具体程序组成，它们各自发挥着应有的功能，为民商事法律的顺利贯彻排除障碍，通过纠纷的解决实现社会的稳定。仲裁和民事诉讼都是用以解决特定纠纷的方式，共同构成民事程序的重要组成部分。

（二）仲裁与民事诉讼解决的纠纷性质具有相同性

根据我国《仲裁法》的规定，平等主体的公民、法人和其他组织之间发生的合同纠纷和其他财产权益纠纷，可以仲裁。《中华人民共和国民事诉讼法》（以下简称《民事诉讼法》）规定，人民法院受理公民之间、法人之间、其他组织之间以及他们相互之间因财产关系和人身关系提起的民事诉讼。因此，仲裁和民事诉讼都解决平等主体的当事人之间的纠纷，对当事人之间发生的合同纠纷和其他财产权益纠纷，当事人既可以选择仲裁的方式给予解决，也可以通过诉讼的途径主张权利。

（三）仲裁与民事诉讼都是由第三方作为纠纷的公断人

仲裁机构是行使仲裁权，以仲裁方式解决纠纷的机构；法院是行使审判权，通过民事诉讼程序解决纠纷的机构。仲裁机构和法院都是以公正为原则的纠纷解决机构，它们的权力和职责都是由法律规定的，在行使权力的过程中，也必须遵循法定程序对当事人之间的纠纷在事实上加以认定，在法律上加以裁决，从而解决纠纷。

（四）仲裁与民事诉讼所遵循的某些规则和制度是一致的

无论仲裁程序还是民事诉讼程序，都必须遵循程序法的特有规则，如辩论原则，处分原则，调解原则，以事实为根据、以法律为准绳的原则等；必须遵循回避制度、时效制度、保全制度等；对举证责任的分担、证据的认定、当事人适格的标准等规则的运用也是相同的。

（五）仲裁裁决书、调解书和民事判决书、调解书具有同等的法律效力

依据仲裁程序作出的仲裁裁决书、调解书和依据民事诉讼程序作出的民事判决书和调解书具有同等的法律效力。它们都具有对作出机构的约束力、对当事人的约束力、对当事人以外的其他人和机构的约束力，以及强制执行力。一方当事人不履行生效仲裁裁决书和民事判决书时，对方当事人均可以向人民法院申请强制执行。

二、仲裁与民事诉讼的区别

仲裁与民事诉讼均属于民事程序的范畴，有许多共同之处。但它们毕竟是两种不同的纠纷解决方式，具有不同的特点，这就决定了仲裁与民事诉讼存在着差异性。它们之间的区别主要体现在以下几个方面：

（一）仲裁与民事诉讼的性质不同

仲裁是争议的双方当事人通过达成仲裁协议自愿将纠纷提交仲裁机构予以解决的制度，因此具有民间性和司法性的混合性质。仲裁机构并不是代表国家行使纠纷解决的权力，而是以中立第三者的身份对所发生的纠纷进行裁决。

民事诉讼是一国司法制度的重要组成部分，是由代表国家的法院通过行使审判权对当事人之间所发生的纠纷进行裁判，因此民事诉讼是具有司法性质的纠纷解决方式。

（二）仲裁机构与法院的性质不同

在我国，仲裁机构是仲裁委员会。根据《仲裁法》的规定，仲裁委员会是民间性质的组织，其设立在直辖市和省、自治区人民政府所在地的市，也可以根据需要在其他设区的市设立，不按行政区划层层设立。仲裁委员会与行政机构没有隶属关系。因此，仲裁机构不是行使国家权力的审判机构、行政机构，而是民间机构。

法院是国家的司法审判机构，通过行使国家宪法赋予的民事审判权、执行权来解决当事人之间的纠纷，实现当事人的合法权利。法院的组织原则、任务、机构设置由《中华人民共和国人民法院组织法》确定，审判人员由国家权力机构任命。

（三）案件管辖权的基础不同

仲裁机构受理仲裁案件的管辖权来自于双方当事人的授权，即当事人之间只有签订了合法、有效的仲裁协议，才能通过仲裁方式解决纠纷。因此，仲裁案件的管辖权建立在双方当事人达成的仲裁协议的基础上。

法院受理案件的管辖权来自于法律授权，即法院受理的民事案件必须属于法律规定的法院受理民事诉讼的范围，并且属于受诉法院管辖，当事人之间无

须达成协议即可直接向有管辖权的法院提起诉讼。

（四）仲裁与民事诉讼的具体程序不同

在仲裁程序中，当事人可以选择所适用的程序规则和对具体程序进行约定。仲裁程序不公开进行，但也可以在一定条件下公开进行；可以开庭审理，也可以经当事人授权后进行书面审理。具体的审理程序虽然也需要经过申请和受理、仲裁庭的组成、审理和裁决几个阶段，但相对简单易行，具有快捷性的特点。而且仲裁实行一裁终局制，不服仲裁裁决时，当事人不能上诉，也不能请求其他仲裁机构重新仲裁，只能在法律规定的范围内向法院申请撤销仲裁裁决或不予执行仲裁裁决。

在民事诉讼程序中，诉讼程序只能依据民事诉讼法的规定严格进行，而不能由当事人选择。一审程序中以公开审理为原则，不公开审理为例外，审理必须开庭进行；二审程序可以采用开庭审理和迳行判决的方式，但不能进行书面审理。当事人对一审裁判不服的，可以在法定期间内提出上诉；对生效裁判不服的，还可以申请再审。

三、仲裁与民事诉讼的联系

仲裁与民事诉讼的关系不仅表现为它们之间的相同点和不同点，还表现为它们之间具有的联系性。这些联系表现在以下几方面：

（一）民事诉讼是保证仲裁裁决公正性必不可少的手段

仲裁实行一裁终局制。尽管仲裁程序可以最大限度地保证仲裁的公正性，但出现错误也在所难免。为了最大限度地使纠纷能够公正解决，我国《仲裁法》和《民事诉讼法》都规定了当事人可以向法院申请撤销仲裁裁决，人民法院对违背社会公共利益的仲裁裁决，可以直接裁定撤销。人民法院裁定撤销仲裁裁决后，当事人可以重新达成仲裁协议申请仲裁，也可以向法院提起民事诉讼，通过诉讼程序使纠纷得以最终解决。

（二）仲裁与民事诉讼在法律渊源上具有联系性

仲裁和民事诉讼都属于民事程序法的范畴，因此，有关仲裁的立法，在有些国家包含于民事诉讼法中，即使对仲裁单独立法的国家，也在民事诉讼法和仲裁法中，分别规定有仲裁和民事诉讼的联系与衔接等问题。这些都体现了仲裁与民事诉讼在法律渊源上的联系，反映了两种程序的一致性。

（三）仲裁裁决通过民事诉讼程序中的执行程序来实现

仲裁机构的民间性决定了仲裁机构不具有对仲裁裁决的强制执行力，当一方当事人不履行仲裁裁决时，对方当事人只能向人民法院申请强制执行，而人民法院按照民事诉讼程序中的执行程序来实现仲裁裁决所确定的权利。如果没有执行程序,仲裁裁决的执行力就没有法律保障。

(四)仲裁程序中的保全措施由法院行使

仲裁中的保全包括财产保全、行为保全和证据保全。不论财产保全、行为保全,还是证据保全,都属于一种临时性的强制措施。在仲裁程序中,当事人提出保全申请时,由于仲裁机构的性质使其无权采取强制措施。因此,根据《仲裁法》的规定,仲裁机构应当将当事人的申请提交人民法院,由人民法院按照民事诉讼程序对当事人的申请进行审查,并采取保全措施。仲裁机构将保全申请提交人民法院,是人民法院采取保全措施的前提,而人民法院对相关财产或证据采取保全措施,是仲裁保全的继续和目的。

 ◆配套测试

1. 以下选项中关于仲裁的表述正确的是:(　　　)。

A. 仲裁是一种以诉讼程序为基础的纠纷解决方式和制度

B. 仲裁是一种独立于诉讼的纠纷解决方式和制度

C. 仲裁具有一定的行政性质,是一种行政性的纠纷解决方式和制度

D. 与其他纠纷解决方式相比,仲裁是一种最快捷、最经济、最专业、最公正的纠纷解决方式和制度

2. 仲裁作为一种纠纷解决方式有其自身的特点,下列关于我国仲裁特点的表述正确的是:(　　　)。

A. 仲裁必须以双方当事人的自愿为前提,由双方当事人协商是否将纠纷提交仲裁解决

B. 仲裁员只能是具有高素质的专门法律人士

C. 按照我国《仲裁法》的规定,仲裁的程序应当严格遵照诉讼程序进行

D. 仲裁机构由行政机构组建,隶属于仲裁机构所在地的行政机关

3. 下列关于民事诉讼和仲裁关系的表述,正确的选项是:(　　　)。

A. 甲、乙双方所签订的合同中有仲裁条款。因该合同发生争议后,乙向仲裁条款中约定的仲裁委员会申请仲裁,甲因对该仲裁条款的效力有异议,遂向人民法院请求确认该仲裁条款的效力,人民法院受理了该案件

B. 甲、乙双方在货物买卖合同中约定,与该合同有关的一切纠纷应当向某仲裁委员会申请仲裁。之后一方当事人向人民法院提起诉讼,人民法院在审查起诉时,发现双方当事人签订的合同中含有仲裁条款,因此未予受理

C. 甲、乙双方因所签订的购销合同在履行中发生纠纷,甲依据合同中的仲裁条款向仲裁委员会申请仲裁。仲裁庭在开庭审理过程中,乙对

仲裁条款的效力提出异议,并向人民法院申请确认该仲裁条款的效力。人民法院未予受理

D. 甲、乙双方就合同纠纷进行了仲裁,仲裁裁决支持了甲的仲裁请求。由于乙拒绝履行仲裁裁决,甲向人民法院申请强制执行。人民法院组成合议庭对仲裁裁决进行了审查,发现仲裁裁决认定事实的主要证据不足,因此,裁定不予执行

4. 下列关于民事诉讼和仲裁异同的表述正确的有:( )。

A. 法院调解达成协议一般不能制作判决书,而仲裁机构调解达成协议可以制作裁决书

B. 从理论上说,诉讼当事人无权确定法院审理和判决的范围,仲裁当事人有权确定仲裁机构审理和裁决的范围

C. 对法院判决不服的,当事人有权上诉或申请再审,对于仲裁机构裁决不服的可以申请重新仲裁

D. 当事人对于法院判决和仲裁裁决都有权申请法院裁定不予执行

5. 关于仲裁的类型,下列说法正确的是:( )。

A. 根据仲裁当事人、所发生纠纷提交仲裁的法律关系等要素是否具有涉外因素,仲裁可分为国内仲裁和涉外仲裁

B. 根据是否在常设的专门仲裁机构进行仲裁,仲裁可以分为机构仲裁和临时仲裁。根据我国《仲裁法》的规定,当事人既可以选择机构仲裁,也可以进行临时仲裁

C. 根据仲裁裁决所依据的实体规范的不同,仲裁可以分为民商事仲裁、劳动争议仲裁和农业承包合同纠纷仲裁

D. 友好仲裁是以公平的标准和商业惯例作出的对当事人具有约束力的仲裁

6. 仲裁可以分为国内仲裁和涉外仲裁两种,下列哪种情况不属于涉外仲裁?( )

A. 香港 A 某公司与南京 S 公司关于技术转让合同争议的仲裁案件

B. 山东省 A 外贸公司与在深圳市设立的 C 中美合资企业关于产品销售合同争议的仲裁案件

C. 广东省两家企业在日本投资办厂所产生争议的仲裁案件

D. 中国 H 公司与德国某 D 公司关于在华投资争议纠纷的仲裁案件

7. 王某是某法律院校的学生,在参加该校组织的义务法律宣传活动中,前来咨询的群众向他请教了以下几个方面的问题,王某回答正确的是:

(1) 在有关仲裁与民事诉讼二者的关系问题上,王某表述正确的有:( )。

A. 所有民商事纠纷既可以用诉讼的方式解决,也可以用仲裁的方式

解决

B. 仲裁案件,通常情况下贯彻保密原则,一般不开庭进行;而法院审理民事案件,通常情况下应公开开庭审理

C. 审理案件的仲裁员可以由双方当事人选定,也可以在法定条件下由仲裁委员会主任指定,而审理案件的法官不可以由当事人选定

D. 诉讼采取两审终审制,而仲裁则实行一裁终局制度

(2) 我国法院对仲裁裁决的监督主要表现在哪些方面?(　　　)

A. 当事人对于仲裁协议的效力有异议的,可以向人民法院申请确认仲裁协议的效力

B. 当事人认为仲裁裁决具有仲裁法所规定的可撤销情形的,可以向有管辖权的法院申请撤销仲裁裁决

C. 人民法院在执行仲裁裁决过程中发现仲裁裁决有错误,可以依职权直接改判

D. 当事人以"仲裁的程序违反法定程序"为由申请法院撤销仲裁裁决,法院可以通知仲裁庭在一定期限内重新仲裁

(3) 依据我国仲裁法的规定,我国法院对仲裁活动的支持表现在下列哪些方面?(　　　)

A. 法院可以适当的方式对仲裁委员会的仲裁业务进行业务指导

B. 当事人在仲裁中申请财产保全且符合条件的,由人民法院裁定采取财产保全措施

C. 在仲裁过程中,需要调取证据的,仲裁庭可以向人民法院申请协助调查取证

D. 具有给付内容的仲裁裁决生效后,在债务人拒不履行义务时,债权人可以向有关法院申请执行仲裁裁决

本章导读

　　1995 年 9 月 1 日,我国第一部仲裁法——《中华人民共和国仲裁法》(以下简称《仲裁法》)开始实施,这成为中国仲裁制度史上一个新的里程碑。《仲裁法》的颁布实施,结束了国内仲裁的混乱局面,恢复了仲裁的本来面目,明确了仲裁这种纠纷解决方式的适用范围,确立了自愿、独立、根据事实符合法律规定、公平合理解决纠纷的仲裁原则,以及协议仲裁、或裁或审、一裁终局的仲裁制度,为我国仲裁制度的发展提供了法律依据。

　　本章是关于仲裁法相关问题的概述,在了解仲裁法的含义和特点的基础上,着重把握仲裁的适用范围,理解仲裁法的基本原则和制度。

第一节　仲裁法的含义及特点

一、仲裁法的含义

　　仲裁法是国家制定或认可的,规范仲裁法律关系主体的行为和调整仲裁法律关系的法律规范的总称。仲裁法规定了仲裁的适用范围、仲裁的基本原则和制度、仲裁机构的设立和地位、仲裁庭的组成和仲裁程序的进行、仲裁主体在仲裁中的权利和义务以及仲裁裁决的效力和执行等内容。

　　仲裁法有广义和狭义之分。狭义的仲裁法即仲裁法典,是国家最高权力机关制定颁行的关于仲裁的专门法律。我国在 1994 年 8 月 31 日由第八届全国人民代表大会常务委员会第九次会议通过的《仲裁法》即为狭义的仲裁法。广义的仲裁法,按照通说,是指除了仲裁法典外,还包括所有涉及仲裁制度法律中的相关法律规范。包括但不限于：

（一）《民事诉讼法》中的相关规定

我国现行《民事诉讼法》分别在第十二章"第一审普通程序"、第二十章"执行的申请和移送"、第二十六章"仲裁"和第二十七章"司法协助"中涉及仲裁的相关规定。例如，该法第124条第(2)项规定：依照法律规定，双方当事人达成书面仲裁协议申请仲裁、不得向人民法院起诉的，告知原告向仲裁机构申请仲裁。第237条规定：对依法设立的仲裁机构的裁决，一方当事人不履行的，对方当事人可以向有管辖权的人民法院申请执行。受申请的人民法院应当执行。被申请人提出证据证明仲裁裁决有法定情形之一的，经人民法院组成合议庭审查核实，裁定不予执行。第272条规定：当事人申请采取保全的，中华人民共和国的涉外仲裁机构应当将当事人的申请，提交被申请人住所地或者财产所在地的中级人民法院裁定。

（二）国家立法机关制定的民商事实体法中有关仲裁的规定

国家立法机关制定的民商事实体法中，也包含有仲裁的相关规定。例如，《著作权法》第55条规定：著作权纠纷可以调解，也可以根据当事人达成的书面仲裁协议或者著作权合同中的仲裁条款，向仲裁机构申请仲裁。当事人没有书面仲裁协议，也没有在著作权合同中订立仲裁条款的，可以直接向人民法院起诉。《合伙企业法》第103条规定：合伙人违反合伙协议的，应当依法承担违约责任。合伙人履行合伙协议发生争议的，合伙人可以通过协商或者调解解决。不愿通过协商、调解解决或者协商、调解不成的，可以按照合伙协议约定的仲裁条款或者事后达成的书面仲裁协议，向仲裁机构申请仲裁。

（三）我国加入的国际公约或条约

我国加入的涉及仲裁的国际公约，主要是1958年《纽约公约》[①]和1965年《解决国家与他国国民间投资争议的公约》。[②] 此外，我国还与世界各国签署了一系列涉及仲裁的双边贸易协定、司法协助协定。我国与其他国家之间缔结的双边贸易协定、双边投资保护协定和民商事司法协助协定，以及我国参加的具有仲裁内容的国际条约中，大都涉及通过仲裁解决争议及相互承认与执行仲裁裁决的内容。

（四）有关仲裁的司法解释

有关仲裁的司法解释，主要是最高人民法院为使仲裁法及相关法律能够得到正确实施，所作出的规定和解释。多年来，为了贯彻实施我国参加的有关仲

---

① 我国于1986年12月2日加入该公约，1987年4月22日该公约对我国生效。
② 我国于1990年2月9日在华盛顿签署，1992年7月1日决定批准。

裁的国际公约或条约,以及已颁布实施的《仲裁法》,最高人民法院作出了诸多司法解释。主要包括:《关于执行我国加入的〈承认及执行外国仲裁裁决公约〉的通知》《关于适用〈中华人民共和国民事诉讼法〉的解释》(以下简称《民诉法解释》)、《关于实施〈中华人民共和国仲裁法〉几个问题的通知》《关于确认仲裁协议效力几个问题的批复》《关于内地与香港特别行政区相互执行仲裁裁决的安排》,等等。2006 年 8 月 23 日公布,2006 年 9 月 8 日施行的最高人民法院《关于适用〈中华人民共和国仲裁法〉若干问题的解释》(以下简称《仲裁法解释》),结合我国自《仲裁法》颁布实施以来的仲裁实践,整合了以往最高人民法院作出的相关通知、批复、意见等,是仲裁法颁布实施以来涉及面最广、内容最全面的关于仲裁法的司法解释。近几年以来,最高人民法院又颁布了一系列关于仲裁的司法解释,包括自 2018 年 1 月 1 日起施行的《最高人民法院关于审理仲裁司法审查案件若干问题的规定》(以下简称《仲裁司法审查规定》)、《最高人民法院关于仲裁司法审查案件报核问题的有关规定》(以下简称《报核问题的规定》);自 2018 年 3 月 1 日起施行的《最高人民法院关于人民法院办理仲裁裁决执行案件若干问题的规定》(以下简称《仲裁裁决执行问题的规定》)等。上述司法解释无疑已经成为仲裁实践中重要的法律依据。

二、仲裁法的特点

1994 年 8 月 31 日,第八届全国人民代表大会常务委员会第九次会议通过了《仲裁法》。1995 年 9 月 1 日该法的实施,结束了国内仲裁的混乱局面,恢复了仲裁的本来面目,确立了协议仲裁、或裁或审、一裁终局的仲裁制度。《仲裁法》的制定和实施成为中国仲裁制度史上的一个新的里程碑。

我国现行《仲裁法》由八章八十条组成,规定了总则、仲裁委员会和仲裁协会、仲裁协议、仲裁程序、申请撤销裁决、对仲裁裁决的执行、涉外仲裁的特别规定和附则等内容。作为国家制定或认可的,规范仲裁法律关系主体的行为和调整仲裁法律关系的法律规范,我国仲裁法体现了以下特点:

(一)机构仲裁

根据我国《仲裁法》和相关仲裁法司法解释的规定,当事人订立仲裁协议时,应当选定具体的仲裁委员会,对仲裁委员会没有约定或者约定不明确的,可以补充约定,如果达不成补充协议,又无法推定出具体的仲裁机构的,仲裁协议无效。这表明,机构仲裁是我国仲裁的唯一方式,我国仲裁法不承认临时仲裁。

尽管如此,对于涉外案件,当事人事先在合同中约定或争议发生后约定,在国外由临时仲裁庭或非常设仲裁机构仲裁的,我国原则上应当承认该仲裁条款的效力,法院不得再受理当事人的起诉。

(二)对涉外仲裁进行特别规定

基于涉外仲裁自身的特点,《仲裁法》以专章对涉外仲裁的相关事项作出了有别于国内仲裁的特别规定。包括涉外仲裁机构的设立、仲裁员资格、采取保全措施的法院、涉外仲裁裁决的撤销、不予执行等。

(三)仲裁与调解相结合

我国《仲裁法》明确规定,仲裁庭在作出裁决前,可以先行调解。当事人自愿调解的,仲裁庭应当调解。调解不成的,仲裁庭应当及时作出裁决。调解达成协议的,仲裁庭应当制作调解书或者根据协议的结果制作裁决书。调解书与裁决书具有同等的法律效力。这表明仲裁程序与调解程序的有机结合是我国仲裁的显著特点。

第二节　仲裁范围

仲裁范围,也称仲裁对象,是指通过仲裁方式解决的争议事项范围。仲裁范围既包括仲裁法所规定的仲裁适用范围,即"可仲裁"事项的范围,也包括当事人提交仲裁解决的具体争议事项,即仲裁审理范围。

一、我国《仲裁法》确定的仲裁适用范围

仲裁的适用范围是由《仲裁法》加以规定的。仲裁的适用范围是指仲裁作为一种解决纠纷的方式,可以解决哪些纠纷,哪些纠纷不能通过仲裁解决,也就是纠纷的可仲裁性问题。

(一)仲裁适用范围的确定标准

根据我国《仲裁法》第 2 条的规定,平等主体的公民、法人和其他组织之间发生的合同纠纷和其他财产权益纠纷,可以仲裁。根据这一规定,确定仲裁适用范围的标准为:

1. 纠纷主体的平等性

纠纷主体的平等,是指发生纠纷的双方当事人在法律地位上的平等,享有民事权利和承担民事义务的资格平等。主体之间发生的法律关系在民商事法律调整的范围内,意味着他们之间不存在隶属关系或者从属关系,是独立的民事主体。即使纠纷发生的主体之间客观上有上下级的行政隶属关系,但只要他们之间发生纠纷的法律关系属于民商事法律调整的范畴,他们之间发生的争议也是平等主体之间发生的争议。例如,工作中,甲是乙的行政领导,两人因借款发生纠纷,他们之间所发生纠纷的法律关系仍然属于平等主体之间的纠纷,只

要双方当事人协议仲裁,该纠纷就可以通过仲裁方式予以解决。

争议的双方当事人是平等主体,确定了争议事项属于横向法律关系的范畴,纵向法律关系的事项不能仲裁。例如商标、专利的有效性争议,涉及行政权的内容,因其属于纵向法律关系,应该排除在可仲裁性之外。行政合同的双方当事人不是平等的主体,针对行政合同所产生的争议也不具有可仲裁性。

2. 纠纷的可争讼性

纠纷的可争讼性,确定了争议事项的特点是争议存在于特定的相向主体之间,争议主体具有直接、公开地遏制、排斥对方的对抗性。实际生活中的契约性法律关系争议就是典型的具有争讼性质的事项,具有可仲裁性。反之,如果当事人之间争议的事项不具有争讼性质,即非争讼事项,比如认定财产无主案件、认定公民民事行为能力案件等,应该排除在可仲裁性之外。因为这些案件不是当事人之间发生的具有争讼性质的争议,而是申请人要求确认某种法律事实或权利是否存在的案件。

3. 纠纷事项的可自由处分性

可自由处分,是双方当事人对于争议的实体权利可以在法律规定的范围内自由处置,可以根据自己的意愿决定行使权利、主张权利、放弃权利。既然争议所涉及的利益或权利,当事人在实体上可以自由处分,那么通过何种程序和步骤来处分,国家也就没有必要干涉。因此,只有当事人可以自由处分的事项,才能选择解决争议的方式;反之,当事人无权自由处分的事项,则不能选择纠纷解决方式。

可自由处分的实质在于,争议事项的双方当事人可以自由和解。一般说来,与当事人个人利益相关,且不被法律禁止或不违反法律、公共秩序及善良风俗的权益纠纷均可和解。据此标准,有关民事地位、自然人能力、遗嘱有效性等问题以及刑法和税法、外汇管理等行政法规范的事项不具有可仲裁性。

4. 争议内容的财产性

争议内容的财产性,即双方当事人之间发生的争议涉及财产权益。这一标准界定了只要签订仲裁协议的双方当事人对仲裁的适用具有财产利益,就可以进行仲裁。从我国仲裁法的规定中可以看出,仲裁范围是合同纠纷和非合同的财产权益纠纷。

(二)不可仲裁的争议事项

我国《仲裁法》对仲裁适用范围的规定,在肯定了可仲裁事项的范围外,还明确规定了不可仲裁的争议事项,这是我国《仲裁法》规范仲裁适用范围的特色所在。《仲裁法》第3条明确规定下列纠纷不能仲裁:(1)婚姻、收养、监护、扶养、继承纠纷;(2)依法应当由行政机关处理的行政争议。同时第77条还规定,对劳动争议和农业集体经济组织内部农业承包合同纠纷的仲裁另行规定。

1. 婚姻、收养、监护、扶养、继承纠纷的不可仲裁性

婚姻、收养、监护、扶养、继承纠纷,虽属于民事纠纷,也往往涉及财产权益问题,但该类纠纷不能通过仲裁方式解决。原因在于这类纠纷所关涉的身份关系不能任由当事人自由处分。如婚姻纠纷中主要解决的是不可让与的人身权问题,继承纠纷中主要解决或首先解决的是当事人是否具有继承权的问题,不论是人身权还是继承权抑或其他涉及身份关系的权利,只能由代表国家行使司法权的人民法院加以认定。仲裁性质的民间性,决定了凡是具有身份关系的纠纷都不具有可仲裁性,不能通过仲裁方式予以解决。

2. 依法应当由行政机关处理的行政争议的不可仲裁性

行政争议,是国家行政机关之间,国家行政机关与企事业单位、社会团体以及公民之间,因行政管理而发生的争议。这类争议的性质决定了作为民间性质机构的仲裁机构无权处理该类纠纷,只能通过行政机关行使行政权或者人民法院行使司法权,并通过相应的程序予以解决。

我国《仲裁法》规定的仲裁适用范围排除了仲裁对行政争议的解决,并不意味着行政争议不能通过类仲裁方式得到解决。如我国人事部颁布的《人事争议处理暂行规定》中就确定了人事争议的仲裁解决方式。只是人事争议的仲裁解决方式与仲裁法规定的仲裁范围具有本质的区别,前者属于行政争议仲裁,后者属于民商事争议仲裁。

3. 对劳动争议和农业集体经济组织内部农业承包合同纠纷仲裁的另行规定

《仲裁法》除明确规定了不可仲裁的争议事项外,该法在第 77 条还规定,劳动争议和农业集体经济组织内部的农业承包合同纠纷的仲裁另行规定。这表明劳动争议和农业集体经济组织内部的农业承包合同纠纷,不属于仲裁法所规定的仲裁范围,而是应当通过专门的劳动争议仲裁和农业承包合同纠纷仲裁予以解决。之所以将劳动争议和农业集体经济组织内部的农业承包合同纠纷的仲裁另行规定,是由它们各自的性质和特点决定的。

劳动争议仲裁,是由劳动争议仲裁委员会,以仲裁的方式对特定劳动争议予以解决的制度。劳动争议仲裁的范围与民商事纠纷仲裁的适用范围明显不同。根据《中华人民共和国劳动争议调解仲裁法》第 2 条的规定,在中华人民共和国境内的用人单位与劳动者发生的下列劳动争议,适用本法:因确认劳动关系发生的争议;因订立、履行、变更、解除和终止劳动合同发生的争议;因除名、辞退和辞职、离职发生的争议;因工作时间、休息休假、社会保险、福利、培训以及劳动保护发生的争议;因劳动报酬、工伤医疗费、经济补偿或者赔偿金等发生的争议;法律、法规规定的其他劳动争议。除此之外,劳动争议仲裁在仲裁委员会的组成、仲裁当事人以及仲裁效力等方面也与一般的民商事仲裁存在区别:劳动争议仲裁委员会由劳动行政部门代表、工会代表和企业方面代表组成;仲裁双方当事人是发生劳动争议的劳动者和用人单位;劳动争议仲裁实行一裁两审制,即对劳动争议仲裁委员会作出的仲裁裁决不服,可以向人民法院提起诉讼。

农业承包合同纠纷仲裁,是指以仲裁的方式,由农业承包合同仲裁委员会,对农业承包合同纠纷进行审理和裁决的制度。农业承包合同纠纷主要是关涉农村家庭联产承包合同的纠纷,由于双方当事人是农村集体经济组织或者村民委员会与其内部成员之间签订的合同,所以双方当事人不具有平等主体的地位。农业承包合同仲裁委员会是依据行政区划,附属于乡(镇)、县(市)一级的农村经济管理部门,因此具有鲜明的行政性。根据我国法律的规定,当事人对农业承包合同仲裁委员会作出的仲裁裁决不服的,可以向人民法院提起诉讼,反映了农业承包合同纠纷仲裁与我国仲裁法规范的民商事仲裁的本质区别。

(三)仲裁适用范围的效力领域

仲裁适用范围的效力领域,是指《仲裁法》确定的适用范围对人、对事的效力范围,以及在时间上和空间上的效力范围。

1. 对人的效力范围

对人的效力范围,是指仲裁适用范围对何主体产生约束力。凡是在我国仲裁机构进行仲裁活动的双方当事人,必须遵守我国仲裁法,受仲裁法关于仲裁适用范围的约束,不论其是中国公民、法人和其他组织,还是外国公民、无国籍人、外国企业和其他组织。

2. 对事的效力范围

对事的效力范围,是指争议的可仲裁事项。即我国仲裁法规定的合同纠纷和其他财产权益纠纷。

合同纠纷是指合同法所规定范围内的各类合同纠纷,具体纠纷包括当事人之间基于合同的成立、效力、变更、转让、履行、违约责任、解释、解除等产生的纠纷。

(1)商事合同纠纷。商事合同纠纷一般包括:买卖合同纠纷、租赁合同纠纷、建筑工程合同纠纷、加工承揽合同纠纷、运输合同纠纷、保管合同纠纷及保险合同纠纷等。

(2)技术合同纠纷。技术合同纠纷主要是指技术开发合同纠纷、技术转让合同纠纷、技术咨询合同纠纷以及技术服务合同纠纷等。

(3)著作权合同纠纷。著作权合同纠纷主要指报刊出版合同纠纷、著作权许可使用合同纠纷、委托制作合同纠纷等。

(4)商标许可使用合同纠纷。

(5)房地产合同纠纷。房地产合同纠纷主要包括房地产转让合同纠纷、房地产抵押合同纠纷、房地产中介服务合同纠纷等。

（6）海事、海商合同纠纷。海事、海商合同纠纷主要包括海上货物运输合同纠纷、海上旅客运输合同纠纷、海上保险合同纠纷、船舶租赁合同纠纷等。

（7）其他民商事合同纠纷。其他民商事合同纠纷如企业承包合同纠纷、联营合同纠纷、合伙合同纠纷等。

其他财产权益纠纷，是指具有财产内容的非合同纠纷，主要是指因侵权而引起的各类纠纷。

3. 在时间上的效力范围

在时间上的效力范围，是指受仲裁法约束的时间范围，或曰仲裁法发生效力的时间范围。根据《仲裁法》第 80 条的规定，《仲裁法》自 1995 年 9 月 1 日起施行，施行之日即为发生法律效力之日，即时间效力范围从 1995 年 9 月 1 日起至终止施行之日止。

4. 在空间上的效力范围

在空间上的效力范围，是指受仲裁法约束的空间范围，即仲裁法发生法律效力的空间领域。《仲裁法》是全国人民代表大会常务委员会通过的基本法，是在中华人民共和国领域内发生效力的法律，因此，《仲裁法》的空间效力范围应当及于整个中华人民共和国领域。但根据我国"一国两制"的特殊国情，仲裁法只在我国内地地区发生效力，我国香港特别行政区、澳门特别行政区和台湾地区不适用《仲裁法》，不受《仲裁法》适用范围的约束。

二、仲裁审理范围

从广义上说，仲裁审理范围属于仲裁范围。即仲裁范围不仅包括仲裁法规定的可仲裁的争议范围，也包括仲裁庭的具体审理范围。仲裁审理范围是仲裁庭通过行使仲裁权，实际审理和裁决纠纷的范围。

在民商事仲裁纠纷案件中，由于当事人的意思自治是仲裁中的首要原则，因此，当事人协议提交仲裁的争议事项在确定仲裁审理范围中占据着首要位置。当事人将争议事项提交仲裁是当事人对仲裁庭的仲裁授权行为，目的是授予仲裁庭审理并裁决争议事项。仲裁授权通常包括两种情形，一是在仲裁协议中商定的提交仲裁的争议事项；二是申请人在仲裁申请书中实际提交仲裁的争议事项。因此，仲裁庭审理案件的范围，是根据当事人实际提交仲裁的并载于仲裁协议中的争议事项的范围来确定的。具体来说，就是案件中的当事人基于仲裁协议，在法律规定和许可的范围内，实际提交仲裁解决的争议事项范围。

（一）仲裁协议是确定仲裁审理范围的基础

作为双方当事人之间的契约，仲裁协议是双方当事人对他们之间已经发生或可能发生的争议提交仲裁解决的约定。仲裁协议对确定仲裁审理范围的基础作用，突出地表现为当事人必须在仲裁协议所约定的仲裁事项范围内申请仲裁。从仲裁协议本身的特点来看,当事人在仲裁协议中约定的仲裁事项,并不一定是仲裁庭实际仲裁审理的范围。

对于双方当事人订立于合同中的仲裁条款来说,由于该仲裁条款只有在双方当事人因该合同发生争议这一条件成就时,才可能转变成现实性的适用条款,所以当事人在仲裁条款中的授权仅属于局限在理论上的准备性授权;而对于仲裁协议的另一种形式即单独的仲裁协议来说,由于仲裁协议是在争议发生后双方当事人达成的,尽管与仲裁条款相比,通过这种形式的授权,更具有相对直接、现实的特点,但仍属于基础性授权的范围。这是因为,即使双方当事人在争议发生后签订仲裁协议,但该仲裁协议并不必然启动仲裁程序。要使仲裁庭取得对仲裁案件的审理权和裁决权,还需要当事人作进一步的授权,即将发生的争议实际地提交仲裁解决。

总之,仲裁协议只是仲裁审理的基础,其本身并不能直接地、自动地确定仲裁庭实际审理案件的范围。但是,仲裁协议是当事人仲裁授权的重要表现形式之一,是确定仲裁审理范围的前提条件。

(二)当事人申请仲裁的争议事项决定仲裁审理范围

当事人申请仲裁,实际上是当事人将已经发生的争议事项具体授权给仲裁庭进行审理和裁决的行为,这一授权行为是确定仲裁庭审理案件范围的关键。

根据我国《仲裁法》第22条的规定,当事人申请仲裁,应当向仲裁委员会递交仲裁申请书。向仲裁委员会递交仲裁申请书,并不意味着法律允许或者当事人授权仲裁委员会对所发生的争议进行仲裁裁决,这只是仲裁程序的启动形式。因为在我国机构仲裁的机制下,只有通过仲裁委员会启动仲裁程序,才能组成审理案件的仲裁庭。申请仲裁实际上是向仲裁庭提交含有授权意义的仲裁申请书,请求仲裁庭对争议事项进行审理和裁决,从而形成和确定仲裁审理范围。仲裁申请书应包括申请人和被申请人的基本情况;申请人提交仲裁所依据的仲裁协议;争议的基本事实和争议要点;申请人明确、具体的仲裁请求以及该请求所依据的事实和证据等。

在仲裁实践中,当事人申请仲裁必须遵循两个原则:

(1)当事人所提出的仲裁请求必须属于仲裁协议的范围,否则,该仲裁授权不能使仲裁庭实际拥有仲裁管辖权。例如,1988年×月×日,甲公司(申请人)与香港乙公司签订合资合同,经中国政府有关部门批准,设立中外合资丙公司,并于1990年2月正式投产。投产后不久,香港乙公司发生分立,成立了香港 C 公司,并约定香港乙公司对中外合资丙公司的权利义务转移给香港 C 公司。香港 C 公司即以合资方的身份参与中外合资丙公司的经营管理活动。自1990年2月至1991年9月,香港 C 公司通过由中外合资丙公司垫支款项,及由其派出的在中外合资丙公司任职的 A 先生,采取由中外合资丙公司发货,香港 C 公司收取货款不支付给中外合资丙公司等方式,使中外合资丙公司的资金长期被香港C公司占用。1993年5月初,经中外合资丙公司委托某投资财务咨询联合公司指派具有中国注册审计师资格的三位审计师对中外合资丙公司进行审计,香港C公司对中外合资丙公司的欠款为233万元。1995年初,甲公司根据1988年所签订的合资合同中的"由于本合同而发生或与本合同有关的任何争议,应由董事会通过友好协商,和睦解决,如在三十天内无法解决,则应提交中国国际贸易促进委员会进行仲裁,该仲裁是终局的,对各方均有约束力"的仲裁条款申请仲裁。该仲裁申请被仲裁委员会以不予受理的方式驳回,其理由为仲裁请求不属于仲裁协议的范围。

仲裁委员会之所以裁定不予受理,是因为双方当事人订立的仲裁条款是合资合同中的纠纷解决条款,也就是说,只有在因合资合同发生争议时才能适用这一条款,通过仲裁方式给予解决。本案中尽管双方当事人是签订合资合同的双方当事人,但他们之间的纠纷并不是因合资合同而发生的,因此通过仲裁方式解决缺乏仲裁的基础。

(2) 如果双方当事人所签订仲裁协议中的仲裁事项是可以分割的,当事人在申请仲裁时可以仅将发生争议部分的事项具体提交仲裁,而不能将没有发生争议的事项也一并提交仲裁,更无须等到所有仲裁协议项下的仲裁事项都产生争议后再进行仲裁授权。如果当事人仅将发生争议部分的事项提交仲裁后,双方当事人又对该仲裁协议项下的其他事项发生争议,任何一方当事人仍然可以依据同一仲裁协议申请仲裁。

三、当事人的仲裁授权与法定仲裁范围的冲突与协调

尽管仲裁审理范围来源于当事人的实际仲裁授权,即仲裁申请书中所提交仲裁的争议事项,但该授权不得违反仲裁法关于仲裁适用范围的规定,这是最基本的原则。然而,在仲裁实践中,当事人授权与法律规定的冲突是难免的,特别是法律规定采用宽泛形式时,由于法律规定的不具体,往往使当事人授权超出了法律规定的范围,从而形成一种积极的冲突,这种冲突的结果常常导致双方当事人授权仲裁庭解决争议的愿望落空;而如果尊重当事人对仲裁的选择,又可能会使仲裁裁决因不具有法律规定的可仲裁性被法院依法撤销或不予执行。因此,当事人仲裁授权与法律规定能否协调统一,直接关系到仲裁庭能否合法地对仲裁审理范围内的纠纷行使仲裁权。

(1) 当事人授权不得违背法律的强制性禁止规定。对于法律明确规定不具有可仲裁性的争议事项,不能以当事人授权来确定仲裁审理范围。同时,在当事人已经授权,而由于特定条件的变化,导致可仲裁性的争议成为法律规定的不可仲裁性的争议时,当事人的授权应服从于法律的强制性规定。

例如,《中华人民共和国民法典》(以下简称《民法典》)第535条规定:"因债务人怠于行使其债权或者与该债权有关的从权利,影响债权人的到期债权实现的,债权人可以向人民法院请求以自己的名义代位行使债务人对相对人的权利,但是该权利专属于债务人自身的除外。"根据这一规定,由于债权人行使代位权只能向人民法院请求,即使债务人和该债务人的债务人即次债务人之间的合同中订立了仲裁条款,该仲裁条款也会因债权人向人民法院请求代位行使债权而失效。即在债务人怠于行使到期债权时,债权人既不能自己直接向第三人请求清偿债务人的债务,也无法通过仲裁的方式要求行使代位权,只能通过人民法院主张自己的权利。

(2)基于当事人授权与法律规定的性质不同,当事人申请仲裁的范围必须在法律规定范围内,超出法律规定范围的当事人授权属于无效授权,仲裁庭不得依此取得仲裁管辖权。

(3)由于法律规定只是为仲裁管辖权的取得提供了一种依据,在当事人申请仲裁之前并不具有实际操作性,因此,只有经过当事人实际的仲裁授权,即签订仲裁协议并基于仲裁协议申请仲裁,法律规定的仲裁范围才具有现实意义,才能真正发挥作用。

第三节 仲裁法的基本原则与制度

仲裁法的基本原则与制度,是指仲裁法所规定的,在仲裁活动中仲裁机构、双方当事人和其他仲裁参与人必须遵循的基本行为规范,是指导仲裁程序依法有序进行的基本准则。在仲裁中,仲裁法的基本原则始终起着宏观指导作用,指引着仲裁程序的进行和仲裁程序各主体的行为;仲裁法的基本制度则通过具体的规范作用,保证着仲裁依法公正地进行。

一、基本原则

(一)自愿原则

仲裁最本质的特征即尊重当事人的意愿,遵循意思自治原则。自愿原则就是这一本质的反映,是当事人意思自治最充分的体现。自愿原则贯穿仲裁程序的始终,是仲裁制度的根本原则,是仲裁制度存在和发展的基础。仲裁的自愿原则主要体现在:

1. 当事人是否将他们之间所发生的争议提交仲裁,应由双方当事人自愿协商决定

我国《仲裁法》第4条规定:"当事人采用仲裁方式解决纠纷,应当双方自愿,达成仲裁协议。没有仲裁协议,一方申请仲裁的,仲裁委员会不予受理。"该条规定是自愿原则的法律依据。

仲裁与诉讼是两种不同的纠纷解决方式,当事人发生的纠纷只能通过其中一种方式解决。通过诉讼解决纠纷,按照我国民事诉讼法的规定,只要一方当事人依法向有管辖权的人民法院提起诉讼即可。而仲裁是双方当事人对纠纷解决方式共同的选择,没有双方当事人的合意,任何一方当事人不能将纠纷提交仲裁,同时,仲裁委员会对没有仲裁协议的当事人的仲裁申请也不应受理。

2. 当事人将哪些争议事项提交仲裁,由双方当事人在法律规定的范围内自行约定

争议事项是当事人提交仲裁解决的纠纷事项,也是仲裁庭的裁决事项。我国《仲裁法》第 16 条明确规定,仲裁协议应当包括仲裁事项,如果对仲裁事项没有约定或者约定不明确的,在达不成补充协议的情况下,仲裁协议无效。因此,将哪些争议事项提交仲裁解决,是双方当事人在不违反法律关于仲裁适用范围规定的前提下,共同意愿的体现,是当事人自愿的决定,对当事人没有提交仲裁的事项,仲裁庭无权仲裁。

3. 当事人将他们之间的争议提交哪个仲裁委员会仲裁,由双方当事人自愿协商决定

我国实行机构仲裁制度,按照仲裁法的规定,仲裁机构即仲裁委员会由双方当事人协议选定,仲裁不实行级别管辖和地域管辖。因此,仲裁委员会完全是根据双方当事人的选择确定的,法律不做硬性规定。当事人根据他们之间的协议,将案件提交给他们共同信任的仲裁委员会,而不受当事人的国籍、住所地、争议金额大小等因素的约束。

4. 仲裁庭如何组成,由谁组成,由当事人自主选定

仲裁与诉讼的重要区别之一,在于仲裁中当事人可以自主决定仲裁庭的组成形式和仲裁庭的组成人员。即在仲裁法规定的仲裁庭组成形式中,选择由独任仲裁庭或者合议仲裁庭审理本案,在仲裁委员会提供的仲裁员名册中确定审理本案的仲裁员。正是由于仲裁庭是当事人基于信任而自愿选定的,因此由该仲裁庭作出的仲裁裁决更易于双方当事人接受并自动履行。

5. 双方当事人可以自主约定仲裁的审理方式、开庭方式等有关的程序事项

仲裁的自愿原则还有一个重要的体现,即双方当事人可以对审理方式、开庭方式等程序事项予以协商确定。当事人可以自愿决定案件是否公开进行审理,当事人协议公开的,除涉及国家秘密的以外,可以公开进行。当事人可以自愿决定是否开庭审理,当事人协议不开庭的,仲裁庭可以根据书面材料对案件进行审理和裁决。除此之外,当事人还可以在自愿的前提下,协议确定对具体程序的选择,对仲裁裁决书是否写明争议事实和裁决理由等也有选择权。

（二）根据事实，符合法律规定，公平合理解决纠纷的原则

我国《仲裁法》第 7 条规定："仲裁应当根据事实，符合法律规定，公平合理地解决纠纷。"这一原则是对"以事实为根据，以法律为准绳"原则的肯定和发展。即在仲裁中要坚持以事实为根据，以法律为准绳的原则，同时，在法律没有强制性规定或者规定不完备的情况下，仲裁庭可以按照公平合理的一般性原则来解决纠纷。这一原则包含了如下内容：

（1）以事实为根据，以法律为准绳是我国的司法原则，仲裁作为国家法律认可的具有司法因素的纠纷解决方式，也必须遵循这一原则。仲裁应当以事实为根据，是指仲裁庭必须以客观事实为依据，在当事人举证、质证的基础上，通过对证据的审查判断查清事实，作出仲裁裁决。仲裁以法律为准绳，是指仲裁庭在查清事实的基础上，应当依照现行法律的规定，确定双方当事人的权利义务关系。符合法律规定则意味着，首先，要符合民事实体法的规定，包括立法机关依法制定的法律法规，最高人民法院作出的相关司法解释，以及对双方当事人具有约束力的国际公约等的规定。其次，必须符合仲裁程序法的规定，依法进行仲裁活动，维护当事人的程序性权利，保障仲裁程序的顺利进行。根据事实，符合法律是公正解决纠纷的基础和核心，是我国实行依法仲裁的依据。

（2）仲裁庭应当依照公平合理的原则解决纠纷。公平合理是纠纷解决的一般性原则，是友好仲裁的精髓所在。仲裁法将公平合理解决纠纷作为原则，更加符合仲裁的本质，也与国际商事仲裁的发展趋势相一致。公平合理的原则，首先强调仲裁庭应当平等地对待双方当事人，给予他们平等的陈述和辩论机会。尽管仲裁员是当事人自主选择的结果，但仲裁员不是当事人的仲裁员，而是案件的仲裁员。因此仲裁员要公平地维护双方当事人的合法权益，不得偏袒或者歧视任何一方当事人。其次，公平合理原则意味着仲裁庭应当遵循法律的精神和理念，并依据双方当事人的合同约定，参照国际惯例审理和裁决案件。特别是在法律没有强制性规定或者规定不完备的情况下，更应当本着公平合理的原则进行仲裁。

（三）独立仲裁原则

独立仲裁原则是仲裁的重要原则，是指仲裁独立于行政机关、社会团体和个人，依法独立进行。我国《仲裁法》第 8 条规定："仲裁依法独立进行，不受行政机关、社会团体和个人的干涉。"独立仲裁原则的内容体现在以下几方面：

1. 仲裁与行政脱钩

仲裁与行政脱钩是独立仲裁原则最核心的内容。确立仲裁独立于行政，对于纠正我国长期以来仲裁所具有的浓厚的行政色彩，恢复仲裁民间性的本来面目，具有积极作用。

在我国，仲裁的行政色彩主要表现为仲裁与行政存在着极其密切的联系。

仲裁机构隶属于行政机构,仲裁员由行政人员担任,仲裁权被赋予一种行政管理权,仲裁手段、职能也带有鲜明的行政特点,使得仲裁实质上是一种行政裁断。

我国《仲裁法》依据仲裁的本质属性,参考国际惯例,确立的独立仲裁原则,明确规定仲裁独立进行,不受行政机关的干涉,使仲裁与行政脱钩,仲裁机构与行政机构不再具有隶属关系,仲裁员不再是承担管理职能的行政人员,为我国独立、公正地进行仲裁提供了法律依据。

2. 仲裁委员会之间没有隶属关系

行政关系的特点之一,是行政机关之间具有上下级关系,下级行政机关必须服从上级行政机关的领导和监督。仲裁机构要摆脱行政干预和行政的属性,真正做到独立仲裁,就必须保证仲裁机构之间没有与行政属性相同或相类似的上下级关系,而使每一个仲裁机构都具有独立性,即仲裁委员会之间相互独立,没有高低之分,没有上下级之别,各自依据法律,独立仲裁案件。

3. 仲裁庭独立裁决案件

仲裁庭是行使仲裁权的主体,对仲裁案件具有独立的审理权和裁决权,仲裁庭的独立性是案件公正裁决的基础。因此,仲裁委员会以及其他行政机关、社会团体和个人不得以任何理由和借口对仲裁庭行使仲裁权的行为进行干预。

二、基本制度

(一) 协议仲裁制度

协议仲裁制度是我国仲裁法规定的仲裁自愿原则的具体体现。协议仲裁制度的核心是仲裁协议制度。该制度的主旨是通过仲裁协议体现当事人的仲裁意愿,如当事人是否通过仲裁解决纠纷,提交仲裁解决的争议事项的范围,提交哪个仲裁机构进行仲裁等都是通过仲裁协议加以确定的。没有仲裁协议对当事人意愿的展示,仲裁就失去了依据,仲裁机构就无法受理案件,仲裁程序也无法启动。所以,仲裁协议是仲裁制度的灵魂,协议仲裁制度是仲裁的根本制度。当事人申请仲裁、仲裁委员会受理仲裁案件以及仲裁庭对仲裁案件进行审理和裁决,都必须依据双方当事人之间所订立的有效的仲裁协议。应当说,没有仲裁协议就没有仲裁制度。

协议仲裁制度的确立是由仲裁的本质属性决定的,是各国仲裁制度所奉行的基本制度,也是我国已经由行政仲裁走向商事仲裁的标志。该制度为遵循仲裁的内在规律,独立、公正地解决各类民商事纠纷奠定了基础。

(二) 或裁或审制度

仲裁和诉讼是两种不同的争议解决方式,或裁或审制度就是确定具体纠纷解决方式所适用的制度,也是标志着仲裁作为独立的纠纷解决方式的制度。

或裁或审制度,是指双方当事人对所发生的争议,或者通过仲裁方式解决,或者通过诉讼方式解决的制度。我国《仲裁法》第 5 条规定:"当事人达成仲裁协议,一方向人民法院起诉的,人民法院不予受理,但仲裁协议无效的除外。"这是我国《仲裁法》对或裁或审制度的肯定,也是或裁或审制度的法律依据。或裁或审制度的含义主要体现在以下两个方面:

(1) 对于当事人来说,或裁或审制度意味着当事人对纠纷解决方式具有选择权。即当事人之间发生的争议只能由双方当事人在仲裁或者诉讼中选择其一加以采用。如果当事人达成了仲裁协议,当发生纠纷时,任何一方当事人即不能就该争议向人民法院提起诉讼,而应当依据仲裁协议向仲裁机构申请仲裁。如果当事人未能就争议的解决方式达成一致,或者所达成的仲裁协议依据我国仲裁法的规定为无效时,当事人只能就该争议通过诉讼方式解决,而不能向仲裁机构申请仲裁解决。

(2) 对仲裁机构来说,仲裁机构不能受理当事人之间没有仲裁协议的纠纷案件;对法院来说,人民法院不能受理当事人之间已经达成仲裁协议的案件。根据我国《民事诉讼法》第 124 条第(2)项的规定,依照法律规定,双方当事人达成书面仲裁协议申请仲裁、不得向人民法院起诉的,人民法院应当告知原告向仲裁机构申请仲裁。由此可见,仲裁协议是确定纠纷解决方式的唯一根据,有效的仲裁协议即可排除法院的管辖权,纠纷应当通过仲裁方式解决。只有在没有仲裁协议,或者仲裁协议无效、失效,或者双方当事人共同放弃仲裁协议等情况下,法院才可以行使司法管辖权。

(三) 一裁终局制度

一裁终局制度,是指当事人之间的纠纷,一经仲裁庭审理和裁决即告终结,该仲裁裁决具有终局法律效力的制度。我国《仲裁法》确立了一裁终局制度。《仲裁法》第 9 条规定:"仲裁实行一裁终局的制度。裁决作出后,当事人就同一纠纷再申请仲裁或者向人民法院起诉的,仲裁委员会或者人民法院不予受理。"《仲裁法》第 62 条进一步规定:"当事人应当履行裁决。一方当事人不履行的,另一方当事人可以依照民事诉讼法的有关规定向人民法院申请执行。受申请的人民法院应当执行。"一裁终局制度具有如下含义:

(1) 当事人之间的纠纷经仲裁庭审理和裁决后,任何一方当事人不得就同一纠纷再次向仲裁委员会申请仲裁。

(2) 当事人之间的纠纷经仲裁庭审理和裁决后,任何一方当事人不得就同一纠纷向人民法院提起诉讼。

(3) 仲裁庭所作出的仲裁裁决与人民法院所作出的终审判决具有同等的法律效力,当事人应当履行裁决,一方当事人不履行的,另一方当事人可以依照民事诉讼法的有关规定向人民法院申请执行。

一裁终局制度被世界各国普遍认可和广泛遵循,是仲裁制度区别于诉讼制度的标志性制度之一。该制度为仲裁迅速、经济地解决纠纷提供了保障。

◆配套测试

一、不定项选择

1. 我国仲裁法的一项基本原则是独立公正原则,下列选项哪些是该原则所包含的含义?(   )

    A. 仲裁庭审理案件,仲裁委员会不得干涉

    B. 仲裁庭在遇到重大、复杂的案件时,应当提交仲裁委员会讨论决定

    C. 仲裁庭进行仲裁应当接受人民法院的领导和指导

    D. 仲裁庭进行仲裁不受行政机关、其他组织的干涉

2. 根据我国《仲裁法》的规定,以下选项所列纠纷,哪些属于即使当事人有仲裁协议,仲裁委员会也不予以受理的?(   )

    A. 甲贸易公司与乙建筑公司就所供应水泥质量问题发生的纠纷

    B. 徐敏的生父母与其养父母就是否解除收养关系发生的纠纷

    C. 孙林与张阳因是否离婚发生的纠纷

    D. 工商局对违纪干部李某作出处分决定,李某不服与工商局发生的纠纷

3. 甲、乙因遗产继承发生纠纷,双方书面约定由某仲裁委员会仲裁。后甲反悔,向遗产所在地法院起诉。法院受理后,乙向法院声明双方签订了仲裁协议。关于法院的做法,下列哪一选项是正确的?

    A. 裁定驳回起诉

    B. 裁定驳回诉讼请求

    C. 裁定将案件移送某仲裁委员会审理

    D. 裁定仲裁协议无效,对案件继续审理

4. 根据我国《仲裁法》的规定,下列纠纷可以适用《仲裁法》所规定的仲裁程序的是:(   )。

    A. 席聪与席明之间的遗产继承纠纷

    B. 张明泽与邵凯之间的融资租赁合同纠纷

    C. 王胜与大江水产公司之间的劳动争议纠纷

    D. 杨如意与鸭鸽营村之间的果树承包合同纠纷

5. 南方生命科学研究所与华夏投资公司签订了一份联合开发增高设备的合同,后因华夏投资公司出资不到位,导致该增高设备的研究工作停顿,使南方生命科学研究所的先期投入无法产生预期的效益。南方生命科学研究所根据

合同中的仲裁条款向北京仲裁委员会申请仲裁,北京仲裁委员会对该争议作出仲裁裁决后,下列哪个表述是正确的?（　　）

　　A. 如果当事人不服,可以向人民法院起诉

　　B. 如果当事人不服,可以向人民法院上诉

　　C. 如果当事人不服,可以申请仲裁委员会重新仲裁

　　D. 该裁决一经作出即产生法律终局效力

　　6. 自愿原则是我国《仲裁法》所规定的基本原则之一,下列关于自愿原则在仲裁活动中的体现表述正确的是:（　　）。

　　A. 原则上,当事人是否将他们之间所发生的纠纷提交仲裁,由双方当事人自愿协商决定,但也存在强制仲裁的情形,如劳动争议案件必须先行仲裁

　　B. 当事人可以自行约定将哪些争议提交仲裁,而不受法律强制性规定的约束

　　C. 当事人可以约定将他们之间的纠纷提交哪个仲裁委员会仲裁,仲裁庭的组成也可以由当事人选定

　　D. 当事人可以任意约定仲裁案件是否公开进行

　　7. 一裁终局制度是我国仲裁法的基本制度,下列关于一裁终局制度表述正确的是:（　　）。

　　A. 仲裁裁决依法作出后,当事人不得再就同一纠纷向人民法院起诉

　　B. 仲裁裁决依法作出后,当事人不得再就同一纠纷向仲裁机构申请仲裁

　　C. 仲裁裁决依法作出后,只要符合法律规定的可撤销事由,仲裁机构均可以撤销该裁决

　　D. 仲裁裁决被撤销后,当事人只能向人民法院起诉,不能再次申请仲裁

　　8. 方成与方圆二人达成如下协议:"双方如就祖传古董的继承发生争议,则提交北京仲裁委员会或者上海仲裁委员会进行裁决,并将自动履行其裁决。"后双方果然在继承问题上发生争议,下列说法不正确的是:（　　）。

　　A. 任何一方当事人既可以向北京仲裁委员会申请仲裁,也可以向上海仲裁委员会申请仲裁

　　B. 二人可以协议选择北京仲裁委员会或者上海仲裁委员会申请仲裁

　　C. 如果二人不能就仲裁机构的选择达成一致,该仲裁协议无效

　　D. 该仲裁协议选择了两个仲裁机构,所以仲裁协议无效,当事人只能向有管辖权的法院起诉

二、论述题

2010 年 5 月甲公司与乙公司签订了一加工承揽合同,在该合同中订有仲裁

条款,约定"凡因本合同发生的纠纷若协商不成,应提交北京仲裁委员会仲裁"。2011年3月,双方在履行该合同时发生争议,在几经协商未能达成协议的情况下,甲公司即依民事诉讼法的规定向加工行为地法院提起诉讼。法院受理后向乙公司送达了起诉状副本,乙公司在法律规定的时间内应诉答辩。

【问题】 试以本案为基础分析仲裁管辖权和诉讼管辖权的关系。

第三章
仲裁组织与仲裁员

依据性质和职责的不同,仲裁组织可以分为仲裁协会、仲裁委员会和仲裁庭。根据《仲裁法》的规定,仲裁协会是以仲裁委员会为会员的社会团体法人,仲裁委员会是我国的常设仲裁机构,仲裁庭是仲裁程序中行使仲裁权审理案件的主体。仲裁员是组成仲裁庭的基本单位。因此,仲裁协会、仲裁委员会、仲裁庭和仲裁员之间存在着内在的、紧密的关系。

本章是关于仲裁组织与仲裁员等基本问题的论述。第一,了解各种仲裁组织与仲裁员的基本概念和特点;认识仲裁协会的性质、设立程序、组成与职责;理解仲裁协会与仲裁委员会的关系;第二,了解仲裁委员会的设立条件,仲裁委员会的组成、职权及其地位;第三,熟练掌握仲裁庭的组成形式和程序、仲裁庭的权利与职责等;第四,熟练掌握我国对仲裁员资格条件的规定,仲裁员行为规范,仲裁员的回避与更换的情形和程序,以及我国法律对仲裁员责任的规定。除此之外,还要充分理解仲裁规则与仲裁法的关系,以及仲裁规则的内容和作用。

第一节　仲裁协会与仲裁委员会

一、仲裁协会

(一)仲裁协会的含义及性质

仲裁协会是仲裁行业协会的简称,是以仲裁委员会和仲裁员为成员的自律性、管理性的行业组织。设立仲裁协会的目的,在于加强对仲裁的行业管理,排除政府和司法机关对仲裁的不当干涉，使仲裁这种民间性的纠纷解决机制得以健康发展。

我国长期以来没有仲裁协会，国内仲裁曾经完全隶属于行政单位，按照行政区划和行政隶属关系设立仲裁机构，并进行行政管理。随着《仲裁法》的颁布和实施，明确了仲裁与行政脱钩，还原仲裁的本来面目，使仲裁成为独立的民间性的纠纷解决机制。因此，仲裁协会是仲裁民间性、自治性发展的必然产物。按照我国《仲裁法》第 15 条的规定，中国仲裁协会是社会团体法人，是仲裁委员会的自律性组织。法律的这一规定，肯定和体现了仲裁协会民间性、自治性的性质。

（二）仲裁协会的设立

中国仲裁协会是社会团体法人。设立仲裁协会，应当按照《社会团体登记管理条例》的规定向民政部门办理法人登记手续。申请登记时应当向民政部门提交下列材料：(1)由仲裁协会筹备组负责人签署的登记申请书；(2)有关部门的审查文件；(3)中国仲裁协会章程草案；(4)拟设的中国仲裁协会的住所；(5)仲裁协会筹备组负责人的姓名、年龄、简历；(6)会员状况。

仲裁协会经民政部登记后成立，并取得社会团体法人资格。

仲裁协会应当有自己的章程。仲裁协会章程应载明下列事项：(1)名称，即中国仲裁协会；(2)宗旨；(3)组织机构；(4)仲裁协会会长的产生程序和职权；(5)职责；(6)对仲裁委员会和仲裁员的监督；(7)经费来源；(8)章程的修改程序；(9)其他必要事项。

中国仲裁协会章程由全国会员大会制定。

（三）仲裁协会的组成及职责

仲裁协会实行会员制，各仲裁委员会是仲裁协会的法定会员。仲裁协会以团体会员为主，也可以接纳个人会员。

仲裁协会是仲裁委员会的自律性组织。仲裁协会的职责是：

(1) 根据章程为仲裁委员会及其组成人员、仲裁员提供服务，并对其违纪行为进行监督。

(2) 根据仲裁法和民事诉讼法的有关规定，制定仲裁规则以及其他仲裁规范性文件。

(3) 指导、协调各仲裁委员会的工作，组织仲裁员交流仲裁经验，对仲裁员进行业务培训，组织对仲裁理论与实践问题的探讨等。

（四）仲裁协会与仲裁委员会的关系

根据仲裁法的规定，仲裁协会与仲裁委员会的关系体现在以下方面：

(1) 从组织关系上看，仲裁协会是以仲裁委员会和仲裁员为成员的自律性行业管理机构,仲裁委员会是仲裁协会的成员。仲裁协会应当保障仲裁委员会的行业利益,促进仲裁委员会的发展。仲裁委员会应当自觉遵守协会制定的各项章程和纪律,履行其应当尽到的责任和义务。

(2)从职能上来看,仲裁协会和仲裁委员会是监督与被监督的关系。监督与被监督的关系,并不意味着上下级关系,而是行业内部组织体与其成员之间的监督和被监督的关系。仲裁协会在为其会员提供服务的同时,有权对仲裁委员会及其组成人员的违纪行为进行监督,这是由仲裁协会的性质决定的。仲裁委员会作为仲裁协会的成员,应当接受仲裁协会的监督,并及时纠正自己的违纪行为。

(3)从业务上来看,仲裁协会和仲裁委员会各有自己的业务范围,各司其职,互不干涉。尽管仲裁协会对仲裁委员会及其组成人员具有监督权,但监督权仅限于仲裁委员会及其组成人员的违纪行为,仲裁协会不得对仲裁委员会的仲裁业务进行干涉,不得对仲裁委员会具体仲裁程序的事务管理权进行干涉。

二、仲裁委员会

仲裁委员会是我国对常设性民间仲裁机构的称谓,在其他国家的称谓则各不相同。有的国家称为仲裁院,如伦敦国际仲裁院、瑞典斯德哥尔摩商会仲裁院等;有的国家直接称为仲裁协会,如美国仲裁协会、日本商事仲裁协会等;也有的国家称为仲裁中心,如新加坡国际仲裁中心等。

(一)我国仲裁委员会的设立

1. 仲裁委员会的设立条件

根据我国《仲裁法》第11条的规定,仲裁委员会的设立应当具备下列条件。

(1)有自己的名称、住所和章程。仲裁委员会的名称是一个仲裁委员会区别于其他仲裁委员会的标志。仲裁委员会的名称应当规范,即一律在仲裁委员会前冠以仲裁委员会所在市的地名,如北京仲裁委员会、上海仲裁委员会等。

仲裁委员会的住所是仲裁委员会作为常设仲裁机构的固定地点,是其主要办事机构所在地。

仲裁委员会的章程是规定仲裁委员会的设立宗旨、组成、结构,规范其行为的准则。仲裁委员会的章程应按照仲裁法的规定具体制定。

(2)有必要的财产。仲裁委员会应具备必要的物质条件,即应当具有业务活动所必需的,与业务活动相适应的财产和经费,以保证仲裁机构日常工作的正常运转。必要的财产包括但不限于办公用房、必备的办公设施、装备和独立的经费等。

(3)有仲裁委员会的组成人员。仲裁委员会必须由一定的人员组成,包括主任、副主任和委员,以组织、管理仲裁委员会的日常仲裁工作。

（4）有聘任的仲裁员。仲裁员是直接行使仲裁权的主体，没有仲裁员就没有纠纷的审理和裁判者。我国《仲裁法》明确规定，仲裁委员会应当从具备仲裁员资格的人员中聘任仲裁员，并按照不同的专业设置仲裁员名册。仲裁委员会不设专职仲裁员。

2. 仲裁委员会的设立机制与程序

根据我国《仲裁法》第 10 条的规定，仲裁委员会可以在直辖市和省、自治区人民政府所在地的市设立，也可以根据需要在其他设区的市设立，不按行政区划层层设立。

依法可以设立仲裁委员会的市只能组建一个统一的仲裁委员会，不得按照不同专业设立不同的专业仲裁委员会或者专业仲裁庭。直辖市、省、自治区人民政府所在地的市和其他设区的市已有的仲裁委员会，应当按照仲裁法的规定重新组建。设区的市已有的仲裁委员会未重新组建的，自《仲裁法》施行之日起届满 1 年时，即 1996 年 9 月 1 日终止。县级已有的仲裁委员会和其他不符合《仲裁法》规定的已有的仲裁委员会，自《仲裁法》施行之日，即 1995 年 9 月 1 日终止。

仲裁委员会由可以设立仲裁委员会的市的人民政府组织有关部门和商会统一组建，并经省、自治区、直辖市的司法行政部门登记。未经设立登记的，作出的仲裁裁决不具有法律效力。

根据《仲裁委员会登记暂行办法》的规定，办理设立登记手续，应当向登记机关提交如下文件：①设立仲裁委员会申请书；②组建仲裁委员会的市的人民政府设立仲裁委员会的文件；③仲裁委员会章程；④必要的经费证明；⑤仲裁委员会住所证明；⑥聘任的仲裁委员会组成人员的聘书副本；⑦拟聘任的仲裁员名册。

登记机关应当在收到上述文件之日起 10 日内，对符合设立条件的仲裁委员会予以登记，并发给登记证书；对符合设立条件，但所提供的文件不符合登记规定的，在要求补正后予以登记；对不符合规定的，不予登记。

（二）仲裁委员会的组成及职权

1. 仲裁委员会的组成

根据我国《仲裁法》第 12 条的规定，以及国务院《重新组建仲裁机构方案》的相关规定，仲裁委员会应当由主任 1 人、副主任 2～4 人和委员 7～11 人组成。其中，驻会专职组成人员 1～2 人，其他组成人员均为兼职。仲裁委员会应当设秘书长 1 人，可以由驻会专职组成人员兼任。

仲裁委员会下设办事机构，其设置和人员配备应当遵循精简、高效的原则。

仲裁委员会的主任、副主任和委员由法律、经济贸易专家和有实际工作经验的人员担任。仲裁委员会的组成人员中，法律、经济贸易专家不得少于 2/3。

2. 仲裁委员会的职权

仲裁委员会会议作为仲裁委员会的管理机构,行使仲裁委员会的职权。仲裁委员会会议由仲裁委员会主任或者主任委托的副主任主持。仲裁委员会会议的主要职责包括:

(1) 审议仲裁委员会的工作方针、工作计划等重要事项,并作出相应决议;

(2) 审议、通过仲裁委员会秘书长提出的年度工作报告和财务报告;

(3) 决定仲裁委员会秘书长、专家咨询委员会负责人人选;

(4) 审议、通过仲裁委员会办事机构设置方案;

(5) 决定仲裁员的聘任、解聘和除名;

(6) 仲裁委员会主任担任仲裁员的,决定主任的回避;

(7) 修改仲裁委员会章程;

(8) 决议解散仲裁委员会;

(9) 仲裁法、仲裁规则和章程规定的其他职责。

在仲裁委员会会议闭会期间,由仲裁委员会主任、副主任和秘书长组成主任会议,负责仲裁委员会的重要日常工作。

仲裁委员会下设的办事机构,即秘书处,在秘书长的领导下负责处理仲裁委员会的一般性日常事务。其主要职责包括:

(1) 具体办理仲裁案件的受理、仲裁文件的送达、档案管理等程序性事务;

(2) 负责仲裁费用的收取与管理事务;

(3) 办理仲裁委员会交办的其他事务。

(三) 仲裁委员会的性质及地位

对于仲裁委员会的性质,并没有现行法律加以明确规定。但从《仲裁法》的相关规定以及仲裁委员会的设立及职权等方面考察,不难看出仲裁委员会应当是民间性、自治性机构。仲裁委员会与行政机构没有隶属关系,其行使权利不受任何机关、团体和个人的干涉,只根据法律和当事人的授权受理仲裁案件,并为仲裁程序的进行,为公正、迅速地解决当事人之间的纠纷提供管理和服务。

仲裁委员会具有独立性。仲裁委员会的独立性地位体现在其不隶属于任何行政机关,仲裁委员会之间没有隶属关系,所有依法成立的仲裁委员会都独立地行使自己的权力,履行自己的职责。

第二节　仲　裁　庭

一、仲裁庭的含义及其特征

仲裁庭,是指由当事人选定的,或者仲裁委员会主任依当事人授权或法律规定指定的仲裁员组成的,对当事人申请仲裁的案件进行审理,并作出仲裁裁决的仲裁组织。同为仲裁组织,仲裁庭与仲裁协会、仲裁委员会有显著的区别。仲裁庭具有如下特征:

(一)仲裁庭是行使仲裁权的主体

所谓仲裁权,是指在法定范围内,基于双方当事人的协议授权,对当事人提交仲裁的争议进行审理并作出裁决的权力。因此,仲裁权以当事人的意思自治为根本原则,以当事人授权和法律授权为权力来源,以仲裁机构的民间性与独立性作为其组织保障,并以国家司法权为其实现保障。

仲裁委员会是行使仲裁事务管理权的主体,仲裁事务管理权不是仲裁权,二者的本质区别在于仲裁事务管理权是一种管理权,属于事务性的服务和协调权。其功能在于管理、协调仲裁机构的内部工作关系,而不对具体案件进行审理和裁决。

仲裁协会则是仲裁行业协会,是仲裁委员会的自律性组织。其职责在于制定仲裁规则,提供服务,以及根据章程对仲裁委员会及其组成人员、仲裁员的违纪行为进行监督。

(二)仲裁庭具有不同的组成形式

作为审理和裁决仲裁案件的仲裁组织,仲裁庭的组成根据法律的规定和当事人的约定具有不同的形式。以仲裁员的产生方式为标准,仲裁庭的组成形式可以表现为当事人约定的仲裁庭和由仲裁委员会主任指定的仲裁庭;以仲裁庭的组成人数为标准,仲裁庭的组成形式可以表现为由 3 名仲裁员组成的合议仲裁庭和由 1 名仲裁员组成的独任仲裁庭。

而作为仲裁委员会和仲裁协会,其组成形式则是固定的,是按照法律的规定所形成的具有特定组成形式的组织。

(三)仲裁庭具有临时性的特点

仲裁庭是临时性的组织,不同的纠纷案件可能会产生相同或者不同的仲裁庭。每一个仲裁庭都是基于争议发生后,当事人的选定或者仲裁委员会主任依当事人授权或法律规定予以指定而产生,并基于对当事人提交仲裁的争议案件的审理和作出裁决而消灭。

仲裁委员会和仲裁协会则是常设性的仲裁组织,其组成人员是相对固定的,没有法定事由,不经法定程序不得变更和解散。

二、仲裁庭的组成形式

从世界范围的仲裁立法来看,仲裁庭的组成形式基本上是一致的,即由 1

名仲裁员组成的独任仲裁庭和由 3 名仲裁员组成的合议仲裁庭。[①] 不论由 1 名仲裁员还是 3 名仲裁员组成仲裁庭,仲裁庭的组成呈现出如下特点:

(1)仲裁庭的组成人数必须为奇数。奇数规则是行使表决权、裁决权等的通用规则,仲裁庭的组成人数为奇数,是为了在行使仲裁权时,能够通过运用少数服从多数的规则,达到仲裁裁决的公正性。因此,奇数规则不仅有利于仲裁庭行使仲裁权,对当事人之间的争议作出仲裁裁决,更有利于运用仲裁权及时、经济、公正地解决纠纷。

(2)仲裁庭的组成人数以少为宜。各国对仲裁庭组成人数的规定,一般都限于 1 人或者 3 人,尽管有些国家仲裁立法规定,仲裁庭可以由 1 名或者多名仲裁员组成,但仲裁实践中由超过 3 名的仲裁员组成仲裁庭的情况极为罕见,一般只发生在国家之间的仲裁中。究其原因,是因为仲裁本身是迅速、经济地解决纠纷的方式,如果仲裁员人数过多,不仅会造成仲裁程序时间的延长,还会使仲裁费用、仲裁资源增加,不符合仲裁本身的特点和仲裁所遵循的原则。

与世界上多数国家的仲裁立法相一致,我国《仲裁法》对仲裁员人数的规定,明确限定为 1 人或者 3 人。《仲裁法》第 30 条规定:"仲裁庭可以由 3 名仲裁员或者 1 名仲裁员组成。由 3 名仲裁员组成的,设首席仲裁员。"根据这一规定,在我国,仲裁庭的组成形式有两种,即合议仲裁庭和独任仲裁庭。

(一)合议仲裁庭

合议仲裁庭是指由 3 名仲裁员组成的仲裁庭,对当事人提交仲裁的争议案件进行集体审理和裁决的组织形式。合议仲裁庭的特点是:

(1)以集体合议的方式对争议案件进行审理并作出裁决。合议制的最大特点是仲裁庭对纠纷案件进行集体审理,并按照少数服从多数的原则进行裁决。因此,合议仲裁庭审理和裁决案件,体现了集体的力量,体现了民主集中制的原则,最大限度地保障了审理和裁决的公正性。

(2)合议仲裁庭中设立首席仲裁员。首席仲裁员是合议仲裁庭中的主持者,主持仲裁案件的审理和裁决工作,推动仲裁程序有序地进行。但按照法律的规定,首席仲裁员与其他仲裁员拥有同等的权利,只是在裁决不能形成多数意见时,仲裁裁决按照首席仲裁员的意见作出。

合议仲裁庭的特点,不可避免地带来在仲裁庭的组成、案件的审理、评议和

[①]　在有些国家也存在二人仲裁庭。二人仲裁庭是指对当事人所争议案件进行审理和裁决的仲裁庭由两名仲裁员组成。尽管大多数国家的仲裁立法排斥这种由偶数仲裁员组成的仲裁庭,但在一些临时仲裁中或少数西方国家的仲裁立法与实践中,这种仲裁庭的组成形式仍然存在。如英国仲裁立法中即有此规定。实际上,对二人仲裁庭的运用往往有一个后续条件,即在两名仲裁员意见不一致无法作出最终裁决的情况下,由一名公断人或称为首席仲裁员的人参加仲裁并作出裁决,该公断人或者首席仲裁员的地位相当于独任仲裁员。详见乔欣:《仲裁权论》,51 页,北京,法律出版社,2009。

裁决上的复杂性,并会造成一定程度的时间上的延长,但其审理机制所带来的审理和裁决的正确性、公正性等优势却是难以替代的。

(二)独任仲裁庭

独任仲裁庭是指由1名仲裁员组成的仲裁庭,对当事人提交仲裁的争议案件进行审理和裁决的组织形式。独任仲裁庭的最大特点在于:仲裁案件由1名仲裁员组成的仲裁庭进行审理并作出裁决。独任仲裁庭的运用,突出体现了仲裁迅速、经济地解决纠纷的特点,可以避免合议仲裁庭中因集体讨论、意见不一等所造成的时间的拖延,同时也可以节约仲裁资源,减少仲裁成本。

尽管如此,独任仲裁庭审理纠纷案件可能出现的问题也是显而易见的。由于案件的审理和裁决自始至终由1名仲裁员进行,没有其他仲裁员参与对案件审理和裁决的讨论,因此,独任仲裁员的个人素质,认识、分析和判断问题的能力以及相关业务水平等,往往决定了案件审理的质量甚至其公正性。

三、仲裁庭的组成程序

仲裁庭由仲裁员组成,仲裁庭的组成程序是仲裁员的产生程序和仲裁庭的最终形成过程。根据我国《仲裁法》的规定,仲裁庭的组成必须按照法定程序进行。这一程序包括:

(一)确定仲裁庭的组成形式

仲裁庭的组成,首先要确定仲裁庭的组成形式。所谓仲裁庭的组成形式,是指仲裁庭由几名仲裁员组成的模式。具体表现为仲裁庭是合议仲裁庭形式还是独任仲裁庭形式。仲裁庭的组成形式首先是由法律规定的,但在法律规定的范围内,当事人具有选择权。因此,仲裁庭的组成形式主要表现为法定范围内的当事人约定。

(1)根据我国《仲裁法》和仲裁委员会的仲裁规则,仲裁庭的组成形式可以由双方当事人进行约定,即当事人在收到仲裁委员会的仲裁规则和仲裁员名册后,对仲裁庭的组成形式进行约定,并在仲裁规则规定的期间内加以确定。由于我国《仲裁法》规定仲裁庭可以由3名仲裁员组成,也可以由1名仲裁员组成,因此,当事人既可以约定由3名仲裁员组成合议仲裁庭,也可以约定由1名仲裁员组成独任仲裁庭。当事人对仲裁庭组成形式的约定,是仲裁庭组成的基础。

(2)由于特定的原因,双方当事人可能无法对仲裁庭的组成形式达成一致意见,或者当事人自己无法确定哪种仲裁庭的组成形式更好,应当采用哪种仲裁庭的组成形式等。这时,按照由双方当事人约定的通常做法,无法确定仲裁庭的组成形式。因此,法律规定,如果当事人没有在仲裁规则规定的期限内约定仲裁庭的组成方式,则仲裁委员会主任有权指定仲裁庭的组成形式。

（二）确定仲裁员

仲裁员的确定是仲裁庭组成的重要内容,以何种方式和程序确定仲裁员更是各国仲裁制度所关注的焦点。综观世界各国仲裁制度,对仲裁员的确定方式的规定虽有所不同,但也基本一致。通常采用的方式有三种,即由当事人选定、由仲裁机构指定和法院决定等。① 根据我国《仲裁法》的规定,在我国的仲裁制度中确定仲裁员的方式是由当事人选定和由仲裁机构指定相结合。②

1. 当事人选定

当事人选定仲裁员包括两种情形,即由当事人共同选定和由双方当事人分别选定。

（1）当事人共同选定仲裁员。当事人共同选定仲裁员,主要是针对独任仲裁庭中仲裁员的选定和合议仲裁庭中首席仲裁员的选定。我国《仲裁法》第31条规定,如果当事人约定由1名仲裁员成立仲裁庭的,应当由当事人共同选定该独任仲裁员。当事人约定由3名仲裁员组成仲裁庭的,第三名仲裁员由当事人共同选定。第三名仲裁员是首席仲裁员。

（2）当事人分别选定仲裁员。当事人分别选定仲裁员,主要适用于由1名以上仲裁员组成仲裁庭的情形。我国《仲裁法》第31条对此也作了明确规定。即当事人约定由3名仲裁员组成仲裁庭的,应当各自选定1名仲裁员。

2. 仲裁机构指定

仲裁机构指定仲裁员,是指由常设仲裁机构按照法律所规定的程序确定审理案件的仲裁员。仲裁机构指定仲裁员,包括仲裁机构根据当事人的委托指定仲裁员,以及仲裁机构依其职权指定仲裁员。

（1）仲裁机构根据当事人的委托指定仲裁员。仲裁机构根据当事人的委托指定仲裁员,一般是指当事人无法或不愿自行选定或共同选定仲裁员时,授权仲裁机构指定仲裁员。我国《仲裁法》第31条规定,当事人约定由3名仲裁员组成仲裁庭的,应当各自选定或者各自委托仲裁委员会主任指定一名仲裁员,第三名仲裁员由当事人共同选定或者共同委托仲裁委员会主任指定。

（2）仲裁机构依职权指定仲裁员。仲裁机构依职权指定仲裁员,是指仲裁机构根据自己所制定的仲裁规则,有权在一定条件下指定仲裁员组成仲裁庭。

---

① 在仲裁实践中,仲裁员的确定方式并不限于这三种,比如,有国家规定,由3名仲裁员组成仲裁庭的情形下,先由双方当事人各自选定1名仲裁员,第三名仲裁员由已被选定的两名仲裁员决定,等等。

② 我国《仲裁法》没有由法院指定仲裁员的规定。但在有些国家,法院在一定条件下,经当事人的申请有权决定仲裁员的人选,这也是法院支持与协助仲裁的表现之一。如《美利坚合众国统一仲裁法》第3条规定:"如果仲裁协议规定有选任仲裁员的方法,就按规定的方法执行。如果没有规定,或者有规定而没有执行,或由于某种原因不能执行,或者选任的仲裁员没有或不能履行职务而其继任者又没有及时选任时,法院依一方当事人的申请,应当选任一个或几个仲裁员。"德国、法国、瑞士等也都有类似的规定。

仲裁机构依职权指定仲裁员的条件,是当事人没有在仲裁规则规定的期限内选定仲裁员或者委托仲裁机构指定仲裁员。仲裁机构指定仲裁员的职责属于仲裁委员会主任。

关于仲裁员的确定,在我国采取仲裁员名册制度,即仲裁机构将其聘任的仲裁员名单编制成册,提供给当事人、仲裁机构等在确定仲裁员时进行选择,当事人、仲裁机构所确定的仲裁员应当是仲裁员名册中的仲裁员。我国仲裁法也规定,"仲裁委员会按照不同专业设仲裁员名册"。基于这一规定,我国仲裁委员会的仲裁规则一般也要求不论是当事人选定,还是委托仲裁委员会主任指定,或者由仲裁委员会主任依职权指定,被确定的仲裁员必须是在当事人所选定的仲裁委员会的仲裁员名册中的仲裁员。①

随着仲裁制度的发展和对仲裁本质理解的深入,特别是与国际商事仲裁发展趋势相一致的要求,我国的强制名册制已经有所松动,这体现在仲裁委员会对仲裁规则的修改中。例如,中国国际经济贸易仲裁委员会从 2005 年的仲裁规则开始,就解除了对强制名册制的限制,现行《中国国际经济贸易仲裁委员会仲裁规则》(以下简称《贸仲仲裁规则》)第 26 条和第 67 条针对国际商事仲裁和国内仲裁均规定:仲裁委员会制定统一适用于仲裁委员会及其分会/仲裁中心的仲裁员名册,当事人从仲裁委员会制定的仲裁员名册中选定仲裁员。当事人约定在仲裁委员会仲裁员名册之外选定仲裁员的,当事人选定的或根据当事人约定指定的人士经仲裁委员会主任确认后可以担任仲裁员。北京仲裁委员会从 2008 年仲裁规则开始,直到现行仲裁规则《北京仲裁委员会仲裁规则》(以下简称《北仲仲裁规则》),均在国际商事仲裁的特别规定中明确规定,当事人可以从本会提供的仲裁员名册中选择仲裁员,也可以从仲裁员名册外选择仲裁员。当事人从仲裁员名册外选定仲裁员的,应当向本会提供候选人的简历和具体联系方式,经本会确认后可以担任仲裁员。但在国内仲裁中仍然适用强制仲裁员名册制。

四、仲裁庭的权力

仲裁庭的权力是指仲裁庭在仲裁程序中,为解决当事人提交仲裁的争议案件所拥有的权力。其本质上是对仲裁权的具体运用。仲裁庭的权力主要包括审理权、调解权以及仲裁裁决权。

---

① 关于仲裁员名册制度,世界各国的规定不尽一致,有的实行强制名册制,即必须在仲裁名册中确定仲裁员;有的实行推荐名册制,即审理个案的仲裁员既可以在仲裁员名册中产生,也可以在仲裁员名册之外,当事人任意确定符合法定资格的任何人;也有的不实行仲裁员名册制,当事人可以任意确定审理案件的仲裁员,只要其根据法律具有作为仲裁员的资格。

（一）仲裁庭对纠纷案件的审理权

审理权是一个较宽泛的概念,它所包容的不仅仅是某一个具体的权力,而是包括了对程序的指挥权、证据的获取与认定权以及事实的确定权等在内的一系列权力。

1. 推进仲裁程序的指挥权

仲裁程序的推进是仲裁庭审理案件有序性的标志,而这种有序性不是仲裁程序进行中的"自然现象",仲裁庭具有仲裁程序的控制权、支配权,仲裁庭以其认为适当的方式控制着仲裁程序的进行,它是仲裁庭行使仲裁程序指挥权的必然结果。换句话说,正是基于仲裁庭行使仲裁程序的指挥权,仲裁审理程序才得以有序地进行,当事人之间的纠纷才得以一步步地解决。

仲裁庭所行使的推进仲裁程序进行的指挥权具体表现为:

（1）对于具体程序事项的决定权。在仲裁程序进行中,往往会遇到许多具体的程序问题,如何时开庭,能否变更期日,当事人需要提交哪些书状等,这些都属于仲裁庭决定的具体程序事项范围。如《贸仲仲裁规则》第 37 条规定:开庭审理的案件,仲裁庭确定第一次开庭日期后,应不晚于开庭前 20 天将开庭日期通知双方当事人。当事人有正当理由的,可以请求延期开庭,但应于收到开庭通知后 5 天内提出书面延期申请;是否延期,由仲裁庭决定。当事人有正当理由未能按上述规定提出延期开庭申请的,是否接受其延期申请,由仲裁庭决定。

（2）主持并指挥开庭审理权。主持并指挥开庭审理是仲裁庭行使仲裁程序指挥权的最集中体现,也是仲裁审理权行使的关键。一般来说,除非当事人之间另有约定,仲裁庭对这一权力的行使具体包括:仲裁庭有权决定开庭审理的程序,有权决定当事人陈述、辩论等的顺序以及当事人举证、质证等其他具体程序,从而推进仲裁程序的进行。

（3）对特殊情况的处理权。在仲裁程序进行中,由于当事人的行为或其他原因,仲裁权的行使并不一定按照预期的程序进行,可能会出现一些特殊情况。为保证仲裁权的行使,仲裁庭应及时对该特殊情况进行处理,如对于当事人撤回仲裁申请的处理,对当事人申请延期审理问题的处理,以及决定是否中止或终结仲裁程序,是否进行缺席审理并作出缺席裁决,等等。

2. 证据的获取与认定权

证据是仲裁庭作出仲裁裁决的基础,仲裁庭对证据的获取与认定权是整个仲裁权行使中最重要的权力之一,它直接决定着仲裁庭对事实的确定和当事人之间权利义务的分配。

仲裁庭获取证据的权力,是指仲裁庭有权通过不同的渠道获得作为认定事实和裁决案件的证据。具体包括:

(1) 有权要求当事人提供证据。当事人提供证据是仲裁庭获取证据最重要的途径。因此,各国仲裁法和仲裁规则一般都规定仲裁庭有权要求负有举证责任的当事人提供证据。

(2) 有权指定专家并获取专家证据。当仲裁庭所仲裁之案件涉及某些专业性或技术性问题,需要通过仪器设备检验或进行其他方式的科学鉴定时,专家提供的鉴定报告即专家证据是非常关键的证据形式。根据各国法律对仲裁庭的授权,仲裁庭在审理纠纷案件时,一般都被赋予了指定专家、获取专家证据的权力。我国《仲裁法》也规定,仲裁庭对专门性问题认为需要鉴定的,可以交由当事人约定的部门鉴定,也可以由仲裁庭指定的鉴定部门鉴定。根据当事人的请求或者仲裁庭的要求,鉴定部门应当派鉴定人参加开庭。当事人经仲裁庭许可,可以向鉴定人提问。①

(3) 有权在特定条件下自行收集证据。当事人对自己的主张或辩解负有举证责任,这是已被各国认可的理论,而且有些国家还规定了法院对仲裁庭获取证据的支持,即法院可以在证据被非当事人持有或控制,而其拒绝提供时采取强制措施。除此之外,为了保证仲裁庭正确行使仲裁权,对争议案件作出公正裁决,有些国家规定,仲裁庭可以在特定条件下自行收集证据。根据各国仲裁法和仲裁规则的规定,所谓"特定条件",一是指仲裁庭认为有必要,即如果仲裁庭不自行收集证据,可能会导致由于证据的缺乏而影响对事实的认定。如双方当事人提供了互相矛盾的证据,或者由于客观情况,当事人无法自行收集的证据等。二是在特定范围内仲裁庭可以自行收集证据,如对与争议有关的场地或物品进行勘验等。② 我国《仲裁法》第 43 条,在肯定"当事人应当对自己的主张提供证据"的同时,进一步规定:"仲裁庭认为有必要收集的证据,可以自行收集。"

收集证据是为了认定与案件事实相关的证据,确定该证据的真实性、关联性,从而认定案件事实。可以说对证据的认定权是仲裁庭在获取证据权力基础上的又一重要权力。

3. 事实的确定权

仲裁庭获取证据并认定证据的目的是确定案件事实。事实的确定权就是仲裁庭在所认定证据的基础上,对当事人之间的纠纷事实进行认定的权力。事实的确定权是一种在客观证据基础上的主观确定权,即这种确定不是简单地适用现有的法律规定,而是综合考虑各种因素的结果。对仲裁庭这一权力的认

---

① 《仲裁法》第 44 条。

② 授予仲裁庭自行收集证据的权力并没有得到绝大多数国家的认可,但在有些国家的仲裁法或仲裁规则中有所规定。例如,《伦敦国际仲裁院仲裁规则》第 13 条规定:仲裁庭可以命令各方当事人准备好任何财产或物品,以便在当事人在场的情况下,由仲裁庭或者专家进行检验。

可,在各国仲裁立法中得到了体现。

一般来说,仲裁庭所具有的事实确定权包括:①对纠纷事实发生的时间、地点及经过的确定权;②对纠纷事实所依据的合同基础效力的确定权;③对有效合同基础上的双方当事人之间权利义务关系的确定权;④对当事人违约行为的确定权;等等。

仲裁庭对事实的确定权是获取和认定证据的结果,也是仲裁裁决的基础。可以说,没有对事实的确定权,就不可能有公正的裁决权。

(二)仲裁庭对纠纷案件的调解权

调解权具有两种含义:其一是作为一种独立的调解程序中的调解员所拥有的调解权;其二是在仲裁程序中,仲裁庭所享有的调解权。尽管都是调解权,但却存在着很大的差别:

(1)从主体来看,行使调解权的主体不同:前者意义上调解权的主体是专门的调解员,一般由商会任命,而且在通常情况下,该调解员不得在以后开始的仲裁程序中再充任仲裁员;而后者意义上调解权的主体就是在已经开始的仲裁程序中,行使仲裁权的仲裁员,仲裁员往往是当事人自己选定的。

(2)从程序上来看,前者意义上调解权的行使是在专门规定的调解程序中运作的;而后者意义上调解权的行使则是在仲裁程序中进行的。

(3)从权力的效力上来看,根据前者意义上调解权所达成的协议不具有强制执行的效力;而根据后者意义上的调解权,达成调解协议后制作的调解书或裁决书具有法律上的效力,即具有强制执行力。仲裁庭对调解权的运作,即仲裁程序中的调解权显然是指后者意义上的调解权。

仲裁中的调解权是指在仲裁程序中,仲裁庭所拥有的,在双方当事人的请求或同意下,主持双方当事人自愿协商,相互谅解,达成协议,以解决纠纷的权力。仲裁中的调解权是仲裁权的内容之一,因此,仲裁中的调解是调解与仲裁相结合的具体体现,而对调解权的具体运作也就是行使仲裁权的一种表现形式。

(三)仲裁庭对纠纷案件的仲裁裁决权

仲裁裁决权,是仲裁庭对仲裁当事人所提交的争议事项,通过行使审理权而作出的,具有权威性及结论性意见的一种权力。仲裁裁决权的最终行使,及其行使仲裁裁决权的结果,标志着仲裁程序的终结和仲裁权行使的结束。

仲裁庭对仲裁裁决权的行使方式是多样化的,从各国的仲裁立法与仲裁实践来看,仲裁裁决权一般包括中间裁决权、部分裁决权和最终裁决权。

1. 中间裁决权

中间裁决权,也称临时裁决权,是指在仲裁程序中,仲裁庭作出最终裁决之前,对程序进行中出现的特定事项作出裁决的权力。中间裁决不是终局性的裁决,行使中间裁决权的目的是通过对该权力的行使,仲裁庭可以对程序进行中出现的问题以裁决的方式加以处理,不仅节省时间和费用,还可以使仲裁权行使程序有序地进行。

一般来说,中间裁决权只是针对一些程序性问题而行使的,不对当事人之间权利义务的实体法律关系运用此权力,如对程序进行中保全措施的采取,有些国家就用中间裁决的方式作出。因此,中间裁决权的行使只是为最终裁决提供条件。《北仲仲裁规则》第50条规定了中间裁决,即仲裁庭认为必要或者当事人申请经仲裁庭同意时,仲裁庭可以就案件争议的程序问题或者实体问题作出中间裁决。当事人不履行中间裁决的,不影响仲裁程序的进行和最终裁决的作出。

2. 部分裁决权

部分裁决权,在我国《仲裁法》中称为先行裁决权。它是指仲裁程序进行中,仲裁庭认为案件的一部分事实已经清楚,就可以行使部分裁决权,对该争议部分作出先行裁决。我国《仲裁法》第55条规定:"仲裁庭仲裁纠纷时,其中一部分事实已经清楚,可以就该部分先行裁决。"《贸仲仲裁规则》和《北仲仲裁规则》等都有部分裁决的规定。

部分裁决是终局性的裁决,通过行使部分裁决权作出的裁决,从性质上来说与最终裁决的效力是一样的,具有同等的法律效力。因此,仲裁庭在仲裁程序中已经作出的部分裁决即约束其在以后的终局裁决中不得对该已作出裁决部分的结果进行变更。由于部分裁决权是在仲裁权行使过程中先行作出的,因此,在对争议事项作终局裁决时,也不得对部分裁决中的事项再进行裁决。

3. 最终裁决权

最终裁决权,也称为终局裁决权,是指仲裁庭对当事人之间的纠纷经过审理后,对权利义务关系作出的终局性裁决的权力。最终裁决权的行使根据不同的情况又可作具体划分:

(1)根据当事人双方是否均参加了仲裁审理,可以分为对席裁决权和缺席裁决权。

对席裁决权,是指仲裁庭在程序进行的整个过程中,在双方当事人均按照规定的仲裁程序参加了仲裁审理的情况下作出仲裁裁决的权力。对席裁决是一种在正常程序下行使权力的结果。

缺席裁决权,是指仲裁程序中,在一方当事人无故没有参加仲裁审理的情况下,仲裁庭作出裁决的权力。尽管缺席裁决权是在一方当事人缺席的情形下行使的,但各国仲裁立法均赋予了仲裁庭在满足正当程序的前提下作出缺席裁决的权力。我国《仲裁法》第42条规定,被申请人经书面通知,无正当理由不到庭或者未经仲裁庭许可中途退庭的,仲裁庭可以缺席裁决。

（2）根据裁决结果是否因当事人之间的合意而产生，仲裁裁决可以分为合意裁决权和仲裁裁决权。

合意裁决权，是指仲裁程序中，在双方当事人达成了和解协议的情况下，经双方当事人授权，仲裁庭根据和解协议作出裁决的权力。我国《仲裁法》第49条规定，当事人达成和解协议的，可以请求仲裁庭根据和解协议作出裁决书，也可以撤回仲裁申请。合意裁决权是在当事人授权基础上产生的一种权力，与其他形式的裁决权一样具有法律的约束力。因此，相对于当事人撤回仲裁申请的方式来说，由仲裁庭行使合意裁决权可以有效地避免当事人由于反悔而拒绝履行义务的情况发生，更有利于纠纷的迅速解决。

仲裁裁决权，相对于合意裁决权而言，即裁决权的行使不是根据当事人之间的和解协议，而是仲裁庭行使审理权的结果。仲裁庭行使仲裁裁决权的结果是作出仲裁裁决书。例如，根据我国法律的规定，仲裁庭有权以仲裁裁决的方式对当事人之间约定的违约金进行调整；可以通过行使仲裁裁决权来变更或者撤销当事人所订立的合同；也可以以仲裁裁决的方式确定当事人之间的权利义务关系。一般来说，除了合意裁决权之外，仲裁庭所行使的裁决权均为仲裁裁决权。

五、仲裁庭的职责

有权力就有与其相对应的责任，仲裁庭的责任即仲裁庭的职责。赋予仲裁庭广泛的权力，是为了保障仲裁程序的有序进行，使当事人之间的纠纷得以公平合理地解决，维护当事人的合法权益。同时，仲裁庭也必须承担相应的责任，以约束仲裁庭正当行使仲裁权，防止滥用权力给当事人带来损害。根据我国《仲裁法》的相关规定，仲裁庭的职责主要体现在以下几方面：

1. 依据仲裁程序规则及时高效地审理纠纷案件

程序是权力行使的依托和保障，也是对权力行使的约束。仲裁程序规则是仲裁庭行使仲裁权的行为规则，即仲裁庭在行使权力的过程中，必须按照仲裁规则所规定的程序进行。但在仲裁实践中，仅仅依据程序按部就班地解决纠纷还是不够的，依据仲裁程序规则及时审理案件是仲裁庭最基本的职责，也是公正高效解决当事人之间纠纷的基础。

随着市场经济的发展，效益的观念已经融入人们的生活，也不可避免地融入现代立法的精神之中，追求高效益的纠纷解决程序，并通过该程序获得高效益的纠纷解决结果，已成为人们普遍的价值取向。仲裁是双方当事人自愿选择的纠纷解决方式，这种选择意味着对其他纠纷解决方式的放弃。之所以如此，当事人除了有对仲裁公正性的认可之外，还有对仲裁程序效益性的期望，以及对不同程序投入与产出的权衡，这也是重要原因之一。仲裁程序的效益性意味着仲裁庭行使权力的效益性,意味着仲裁庭必须以效益性为原则行使仲裁权。

及时高效地审理纠纷案件的标准是准确与速度的统一。准确的基本含义是正确,与标准、准则相符;速度即过程或程序进行的快慢。准确与速度是仲裁庭行使权力过程中效益性原则不可缺少的两个因素,任何一方面的瑕疵都将对权力行使的效益性造成影响,如果只追求准确性而忽略速度,就会使权力行使的程序过于缓慢,失去其优于其他纠纷解决方式的特点;反之,如果只追求速度而忽略准确性,就会使权力行使的质量下降,形成徒具外表,毫无效益实质的权力行使过程。总之,依据仲裁程序规则及时高效地审理纠纷案件是仲裁庭的首要职责。

2. 公平合理地解决纠纷

公平合理地解决纠纷是仲裁的原则,也是仲裁庭最核心的职责。公平合理地解决纠纷是人们将纠纷提交仲裁的主要目标,也是仲裁赖以存在和发展的前提和基础。公平合理,首先意味着仲裁庭必须保持中立的立场,不偏袒任何一方当事人,以客观的态度审理案件。其次,仲裁庭应当确保仲裁的双方当事人及其他仲裁参与人在正当程序下参加案件的审理,如给予双方当事人参加仲裁程序的适当通知,使他们不致因未经正当程序而遭缺席裁决的后果。再次,仲裁庭应当公平地对待作为冲突主体的每一方当事人,保证他们有充分、平等地表达自己意愿、主张和请求的机会与场所。这不仅应当包括仲裁立法赋予双方当事人在程序上的平等地位,更应当包括仲裁庭为其营造的、充分行使程序上权利的空间。最后,仲裁庭应当将程序公正所达到的实体公正通过行使仲裁权体现出来,即以仲裁裁决对当事人之间的实体权利义务的裁决形式反映程序的公正,公平合理地作出裁决。

3. 制作规范的法律文书和庭审笔录

根据我国《仲裁法》的规定,仲裁庭应当根据具体情况,制作符合法律规范的法律文书。《仲裁法》第51条规定,调解达成协议的,仲裁庭应当制作调解书或者根据协议的结果制作裁决书。调解书应当写明仲裁请求和当事人协议的结果,由仲裁员签名,加盖仲裁委员会印章。[①] 裁决书应当写明仲裁请求、争议事实、裁决理由、裁决结果、仲裁费用的负担和裁决日期,由仲裁员签名,加盖仲裁委员会印章。[②]

庭审笔录是由记录人员在庭审中如实记载的,反映案件审理全过程的书面记录。我国《仲裁法》第48条规定,仲裁庭应当将开庭情况记入笔录。庭审笔录的规范性体现在应当客观、全面、准确地记载庭审的时间、地点、参加人员、庭审经过及庭审结果等,并由仲裁员、记录人员、当事人和其他仲裁参与人签名或

---

① 参见《仲裁法》第52条。
② 参见《仲裁法》第54条。

者盖章。

制作规范的法律文书和庭审笔录是仲裁庭的具体职责,对仲裁程序、当事人和仲裁结果都具有重要意义。

第三节　仲　裁　员

一、仲裁员的资格

仲裁员是组成仲裁庭的基本单位,是仲裁庭不可分割的组成部分,仲裁员的资格直接关系到仲裁庭的组成是否有效,是否具备对仲裁权的行使资格。大多数国家的仲裁法律、仲裁机构的仲裁规则以及对仲裁员条件的要求等都对仲裁员资格作了明确规定,只是规定的严格程度不同。有些国家对仲裁员资格的要求比较宽松,如只要具备法律规定的行为能力,即满足了法律对仲裁员资格的一般要求;有的国家在法律上没有对仲裁员资格的具体要求,只要当事人选择,任何人都可以作为仲裁员解决纠纷。由于仲裁员的资格对仲裁质量的直接影响,大多数国家都有对仲裁员资格的明确规定。① 我国《仲裁法》也不无例外,《仲裁法》第 13 条从以下两方面提出了仲裁员的资格条件。

(一)道德品质

仲裁员应当具有良好的道德修养和品质,这是仲裁员应当具备的最基本素质。仲裁员是行使仲裁权的主体,仲裁员是否公正,是否诚实守信,是否认真勤勉地工作,都直接关系到仲裁程序和裁决结果能否正当、公平和公正。因此,我国《仲裁法》明确规定,仲裁委员会应当从公道正派的人员中聘任仲裁员。可见,公道正派即是仲裁法对仲裁员道德品质方面的具体要求。

(二)专业素质

仲裁本身是一项专业性很强的工作,为了使仲裁员能够胜任,并使仲裁能够真正成为独立、公正的纠纷解决方式,我国《仲裁法》在规定仲裁员必须具备道德品质方面的资格外,还明确规定了仲裁员应当具有的专业素质条件。根据

---

① 例如,《比利时司法法典》第 1680 条规定:"有订立合同能力的人士都能充当仲裁员,但是未成年人,即使是不在父母监护下的未成年人,受监护的人以及永久或暂时无选举权的人都不能充当仲裁员。"《意大利民事诉讼法典》第 812 条第 2 款规定:"未成年人、无法律行为能力人、破产者以及被开除公职的人,不能担任仲裁员。"《日本商事仲裁协会商事仲裁规则》第 20 条规定:"任何与仲裁案件有利害关系的人,均不得担任仲裁员。"《韩国仲裁法》第 5 条规定了具有下列情形之一的人没有资格担任仲裁员:(1)无行为能力或限制行为能力的人;(2)尚未复权的破产人;(3)被处以监禁以上的刑罚且该处罚执行完毕或不执行该刑罚的决定作出后不满 3 年的人;(4)任何被处以监禁以上刑罚且刑期未满的人;(5)任何被处以监禁以上刑罚而缓刑的人,其缓刑期未满的人;(6)任何被限制民事权利或停止其资格的人。在英国,如果一个人在案件中是证人,或者其是精神病患者,就不具有作为仲裁员的资格。

《仲裁法》第13条的规定,仲裁员的专业素质应当符合下列条件之一:

1. 通过国家统一法律职业资格考试取得法律职业资格,从事仲裁工作满8年

仲裁是一种法律职业,具备法律职业资格是从事法律职业最基本的要求。仲裁法要求仲裁员应当通过国家统一法律职业资格考试取得法律职业资格,有利于建立起统一的法律职业入门"门槛",促进法律职业的实质统一,体现出专业岗位必须具备专业知识的思路。

从事仲裁工作满8年,是指仲裁员受聘之前已经从事仲裁工作满8年。长期从事仲裁工作可以更深入地了解仲裁的性质和特点,从实质上把握正确行使仲裁权的方法,有利于当事人纠纷的迅速解决。

2. 从事律师工作满8年

律师可以担任仲裁员已为各国仲裁立法和仲裁实践所接受,只不过法律对律师担任仲裁员的具体条件的规定有所不同。有些法律的规定具有强制性,即仲裁员必须是律师。[①] 在国际商事仲裁实践中,由于国际商事仲裁的法律性质,大多数国际商会的仲裁员是律师。在仲裁庭的组成程序中,如果仲裁庭的组成采用独任仲裁员的形式,则一般任命1名律师为独任仲裁员;如果仲裁庭由3名仲裁员组成,其中至少应有1名是律师或具有法律专长的人,仲裁庭的另2名仲裁员是否是律师,则因情况不同而异,如果争议主要涉及法律问题,则可指定律师为仲裁员。如《德国仲裁协会仲裁规则》第2条第2款规定:"除非当事人另有约定,首席仲裁员或独任仲裁员应为律师。"

我国《仲裁法》规定,从事律师工作满8年的,才可以被聘任为仲裁员。这是一条比较严格的规定,之所以从事律师工作满8年才有资格作为仲裁员,主要是考虑通过多年的律师经验,可以具有更强的分析问题、解决问题的能力,具有更好的驾驭当事人之间纠纷解决的能力,而不是仅从某一方当事人的利益或者角度出发进行审理和裁决。

尽管律师作为仲裁员本无可非议,只要当事人根据自己的真实意愿加以选定,律师就可以成为仲裁员审理案件。但并不是所有律师在任何情况下均可以担任仲裁员。比如作为一方当事人的法律顾问或代理人,就不能同时担任该案的仲裁员。因此,律师作为仲裁员在仲裁实践中仍有一定的限制。

3. 曾任审判员满8年

仲裁员和法官是两种不同性质的职位,他们用以解决纠纷的权力不同,行使权力的方法也不同。因此,对法官能否有资格作为仲裁员在各国的规定不尽

---

① 例如,《西班牙仲裁法》第12条第2款规定:"当争议须依法决定时,仲裁员必须是执业律师。"按照《瑞士联邦仲裁协约》第7条的规定,如果当事人在仲裁条款中规定,禁止律师在仲裁中担任仲裁员的,则该仲裁条款无效。

相同。有些国家明令禁止法官具有仲裁员的资格;[①]有些国家有条件地允许法官担任仲裁员;[②]还有些国家原则性地允许法官作为仲裁员,至少是不明确排斥法官担任仲裁员。比如,那些仅对仲裁员资格进行一般性规定的国家,只要求仲裁员具有完全的行为能力,而不对他的职业或其他情况予以限制,在这种情况下法官当然可以担任仲裁员。

根据我国《仲裁法》的规定,曾任审判员满8年的可以担任仲裁员。这一规定表明:(1)现任法官不具有仲裁员资格,即禁止现任法官担任仲裁员。为进一步明确《仲裁法》的这一规定,最高人民法院于2004年还专门发布了《关于现任法官不得担任仲裁员的通知》。[③] 因此,即使当事人协议选定现任法官为仲裁员,该选定亦无效。(2)曾经具有8年从事审判员经历的人才有资格成为仲裁员。尽管仲裁员与法官行使权力的性质不同,法律依据不同,甚至方法手段也不同,但是从程序的角度出发,两者又具有诸多相同点,如对证据的调查收集,对案件审理的程序把控,对调解权、裁判权的运用等。因此,对长期从事审判的审判员来说,通过运用丰富的程序指挥经验,有利于仲裁纠纷案件的顺利进行与纠纷的解决。

4.从事法律研究、教学工作并具有高级职称

具有高级职称的法律研究、教学工作者是长期站在法律研究和教学第一线,从事理论研究和探讨理论与实践相结合的专家,他们具有深厚的理论功底、严谨的科研态度和较强的分析问题、解决问题的能力,往往对于法律的理解,纠纷中当事人之间的权利义务关系的分析,以及解法说理方面等都具有突出的优势。从实践中看,相当多的从事法律研究、教学工作的学者正在承担仲裁员的角色,并对仲裁制度的发展起着积极作用。

---

① 如《奥地利联邦民事诉讼法典》第578条明确规定:"担任法官职务的人,在其任职期间,不得充任仲裁员。"《波兰民事诉讼法》第699条第2款规定:"国家的法官不能充当仲裁员。"《西班牙仲裁法》第12条第4款规定:"无论代理法官、地方法官或检察官均不能担任仲裁员,就是那些行使公职按收费表获取报酬的人也不能担任仲裁员。"

② 比如,《南斯拉夫民事诉讼法典》第472条第3款规定:"法院的法官和联合劳工法院之法官只能被选择为仲裁庭的主席。"根据中国香港仲裁条例,香港高等法院的法官、地方法院法官、地方裁判署裁判官可以在一定条件下接受指定,作为独任仲裁员、共同仲裁员或公断人,即只有在首席按察司(Chief Justice)权衡法院业务后,同意其可以接受对他作为仲裁员或公断人的指定,方可接受对他的指定。在法国和美国的法律中,也允许法官在某些条件下成为仲裁员。

③ 最高人民法院《关于现任法官不得担任仲裁员的通知》规定:"根据《中华人民共和国法官法》《中华人民共和国仲裁法》的有关规定,法官担任仲裁员,从事案件的仲裁工作,不符合有关法律规定,超出了人民法院和法官的职权范围,不利于依法公正保护诉讼当事人的合法权益。因此,法官不得担任仲裁员;已经被仲裁委员会聘任,担任仲裁员的法官应当在本通知下发后一个月内辞去仲裁员职务,解除聘任关系。"

5. 具有法律知识、从事经济贸易等专业工作并具有高级职称或者具有同等专业水平

通过仲裁解决发生在经济贸易中的纠纷是仲裁解决纠纷的主要方面,特别是在国际商事活动中表现得更为明显,大多数经济贸易纠纷的当事人选择通过仲裁解决所发生的纠纷。而经济贸易纠纷的重要特点之一是专业性强,因此,赋予具有法律知识、从事经济贸易等专业工作并具有高级职称或者具有同等专业水平的人仲裁员资格,可以有效地解决仲裁中涉及的各种专业问题、疑难问题,对顺利、公正地解决纠纷具有积极意义。

仲裁法对仲裁员资格的规定严格而详细,为保证仲裁的公正性、效益性提供了保障。但是随着仲裁制度的发展,在仲裁实践中,也遇到了诸如外国人、国家公务员等能否具有仲裁员资格的问题,对此,仲裁法并未作明确规定。

对外国人能否担任仲裁员,各国有不同的规定。一些国家的法律不允许任命外国人为仲裁员,如葡萄牙和一些拉美国家对此都有明文规定。[①] 有些国家虽然允许任命外国人为仲裁员,但却采用了"对等原则",如原捷克斯洛伐克法律规定,如果某一国家允许任命捷克公民为仲裁员,捷克则也允许任命该国公民为仲裁员。在伊朗,可以任命外国人为仲裁员,但如要求法院任命仲裁员,法院所任命的仲裁员则必须是法院辖域内的公民。[②]

尽管有些国家对外国人担任仲裁员进行了限制,但更多的国家从尊重当事人意愿出发,为保证仲裁权的公正性,都规定非本国国籍的人可以具有担任仲裁员的资格。[③]

我国《仲裁法》只在涉外仲裁的特别规定中明确了"涉外仲裁委员会可以从具有法律、经济贸易、科学技术等专门知识的外籍人士中聘任仲裁员",未明确依照《仲裁法》成立的仲裁委员会能否聘任外籍仲裁员。允许非本国公民为仲裁员是现代仲裁制度的发展趋势,特别是随着国际交往的频繁,它将成为仲裁制度的一项重要内容和衡量仲裁制度是否完善的标志。同时,仲裁权行使主体的非本地化可以充分体现仲裁的公正以及仲裁权主体的独立与公正。正因如此,一些仲裁规则对此作出了明确规定。如《贸仲仲裁规则》《北仲仲裁规则》等诸多仲裁机构的仲裁规则都在《仲裁法》规定的仲裁员资格的基础上,明确了仲裁员应当由仲裁委员会从对法律、经济贸易、科学技术等方面具有专门知识和实际经验的中外人士中聘任。

---

① 参见丁建忠:《外国仲裁法与实践》,365 页,北京,中国对外经济贸易出版社,1992。

② 参见韩健:《现代国际商事仲裁法的理论与实践》,123 页,北京,法律出版社,1993。

③ 例如,《俄罗斯联邦国际商事仲裁法》第 11 条第 1 款规定:"除非当事人另有约定,否则不应以所属国籍为理由排除任何人担任仲裁员。"《意大利民事诉讼法典》第 812 条第 1 款规定:"仲裁员可以是意大利公民或他国公民。"

至于国家公务员及参照实行国家公务员制度的机关工作人员,如果符合《仲裁法》第13条规定的条件,并经所在单位同意,可以受聘为仲裁员,但不得因从事仲裁工作影响本职工作。

二、仲裁员的行为规范

仲裁员的行为规范并不是在仲裁法中规定的,一般由仲裁机构另行规定。仲裁员的行为规范是一种道德规范。目前情况下,并非各国仲裁机构都对此问题加以规定,国际社会对此也没有统一的标准。但规范仲裁员的行为,通过引导使仲裁员在行使权力时自我约束,却是一种趋势。现有的仲裁员行为规范,比如国际律师协会制定的《国际仲裁行为准则》、中国国际经济贸易仲裁委员会制定的《中国国际经济贸易仲裁委员会仲裁员守则》、北京仲裁委员会制定的《北京仲裁委员会仲裁员守则》等,以及仲裁实践,都要求仲裁员必须遵守一定的行为规范,以保证仲裁员自身的独立性和公正性。

(一)仲裁员应维护仲裁程序的廉正和公平

仲裁员对仲裁程序廉正性和公平性的维护,是仲裁员最基本的行为规范。这一规范主要表现在:

(1)仲裁员不可自己谋求指定任职,只可表明担任仲裁员的一般意愿,并且只有确信能立即抽暇进行仲裁的人,才应接受担任仲裁员的指定。

(2)在接受指定之后或担任仲裁员期间,应当避免建立金钱、商业、职业、家庭或社会联系,或谋求金钱或私利,因为这往往影响公平,并很可能造成不公平或偏袒的印象。即使在案件裁决后的相当一段时间,担任仲裁员的人也应当避免建立任何上述关系,或谋求任何此类利益,因为在某些情况下,这很可能造成在仲裁中因对这种关系或利益的期望或希冀曾使他们受到影响的印象。

(3)仲裁员应不偏不倚地进行仲裁,对所有当事人应显示公平,不得慑于外界压力、公众喧扰、担心批评或私利而摇摆不定,除非适用的仲裁规则或当事人的协议中另有规定,否则仲裁员不应于另一方不在场之时与任一方当事人讨论案件。无论何时,仲裁员与一方当事人的书面联络或仲裁员收到一方当事人还未寄给其余各当事人关于案件的任何书面通信,仲裁员都应寄给其余各当事人。同时,仲裁员也应尽力防止当事人或其他参与人的拖延、纠缠或对仲裁程序的滥用和扰乱。在仲裁过程中不应超越或缩小授权,应按照当事人协议中所规定的仲裁程序或适用规则完全行使授权。

(二)仲裁员应披露可能影响公正或可能造成不公平或偏袒印象的任何利害关系或亲属关系

仲裁员披露是一项被普遍接受的保证仲裁权主体公正性的制度,因此,它不仅被规定在仲裁员行为规范中,在仲裁法或仲裁规则中也有明确规定。

仲裁员所应披露的事项一般包括:

(1)与仲裁结果有任何直接或间接的金钱方面或个人的利害关系的情由。

(2)可能影响公正或可能在程序上造成不公平或偏袒印象的所有现存的或以往的金钱、商业、职业、家庭或社交方面的关系,包括与任何一方当事人或其律师,或已知将充当证人的任何个人的所有此类关系,以及此类关系中涉及其家庭成员,或其现在雇主、合伙人或业务上同事的情况。

(3)与案件有利害关系或其他关系,如直系亲属、债务、财产与金钱关系、业务及商业合作关系等,而有可能影响案件公正审理的。

(三)仲裁员应以公正、独立和审慎方式作出裁决

(1)仲裁员应独立行使裁决权,公正地决定问题,不受外界压力的影响。

(2)仲裁员不应把作出裁决的职责托付给任何人。

(3)如果各方当事人就争议问题达成协议,并请求仲裁员根据协议的内容制作调解书或裁决书时,仲裁员不应拒绝。

仲裁员行为规范为仲裁员提供了全面而详尽的权力正当行使的模式,其通过指引、约束和评价的方式促使仲裁员能够自律,尽可能避免权力的不当行使,不仅起到了约束和预防作用,也为当事人和社会公众提供了评价依据,对司法监督具有参考意义。

三、仲裁员的回避与更换

(一)仲裁员回避

仲裁员回避,是指符合法定回避情形的仲裁员退出仲裁案件审理的一项制度。

1. 仲裁员回避的法定情形

我国《仲裁法》第 34 条规定,仲裁员有下列情形之一的,必须回避,当事人也有权提出回避申请:

(1)是本案当事人或者当事人、代理人的近亲属;

(2)与本案有利害关系;

(3)与本案当事人、代理人有其他关系,可能影响公正仲裁的;

(4)私自会见当事人、代理人,或者接受当事人、代理人的请客送礼的。

2. 回避的形式

根据法律的规定,仲裁员回避的形式包括自行回避和申请回避。

(1)自行回避

自行回避即仲裁员认为自己具有法定的回避事由,从而主动提出回避的请求。仲裁员的自行回避,应当向仲裁委员会提出。该仲裁员是否回避,由仲裁委员会主任决定;仲裁委员会主任担任仲裁员时的自行回避,由仲裁委员会集

体决定。

（2）申请回避

当事人认为仲裁员具有应当回避的事由时，有权提出要求该仲裁员回避的申请。当事人提出回避申请，应当说明理由，并在首次开庭前提出。如果回避事由是在首次开庭之后知道的，可以在最后一次开庭终结前提出。当事人的回避申请既可以用书面形式提出，也可以用口头形式提出。我国《仲裁法》第36条规定，当事人申请仲裁员回避的，应当向仲裁委员会提出，由仲裁委员会主任决定该仲裁员是否回避。仲裁委员会主任担任仲裁员时，其是否回避，由仲裁委员会集体决定。

（3）自行回避和申请回避都是基于仲裁员具有仲裁法规定的回避事由，经仲裁委员会审查决定是否回避。《贸仲仲裁规则》第32条第（5）项规定，如果一方当事人请求仲裁员回避；另一方当事人同意回避请求，或被请求回避的仲裁员主动提出不再担任该仲裁案件的仲裁员，则该仲裁员不再担任仲裁员审理本案。上述情形并不表示当事人提出回避的理由成立。这是一种更加符合仲裁本质、更加灵活、更加人性化的规定，体现了仲裁员回避制度的趋势。

3. 仲裁员回避的法律后果

根据《仲裁法》第37条的规定，仲裁员因回避不能履行职责的，应当依照仲裁法的规定重新选定或者指定仲裁员。重新选定或者指定仲裁员后，当事人可以请求已进行的仲裁程序重新进行，但是否准许，由仲裁庭决定。仲裁庭也可以自行决定已进行的仲裁程序是否重新进行。

（二）仲裁员因其他原因的更换

仲裁员因其他原因的更换，主要是指仲裁员因有回避以外的其他原因，不能履行职责而被更换的情形。仲裁员更换的事由主要包括仲裁员死亡、生病、被除名以及拒绝履行职责等。

根据我国《仲裁法》的规定，仲裁员因回避以外的其他原因不能履行职责的，应当按照仲裁法的规定重新选定或指定仲裁员。

（三）多数仲裁员继续仲裁程序

多数仲裁员继续仲裁程序，是指特殊情形下由合议仲裁庭中的多数仲裁员对案件进行审理和裁决的制度。现行《贸仲仲裁规则》和《北仲仲裁规则》均对该制度作出了规定。即最后一次开庭终结后，如果三人仲裁庭中的一名仲裁员因死亡或被除名等情形而不能参加合议及/或作出裁决，另外两名仲裁员可以请求仲裁委员会主任按照规则的规定更换该仲裁员；在征求双方当事人意见并经仲裁委员会主任同意后，该两名仲裁员也可以继续进行仲裁程序，作出决定或裁决。

多数仲裁员继续仲裁程序，更加符合仲裁快速、高效的特点。为许多仲裁法律和规则所采用,是仲裁制度发展的趋势。

四、仲裁员的责任

仲裁员的责任,是指仲裁员在行使权力履行职责时,因违反行为规范的作为或不作为而应当承担的责任。仲裁员责任的产生应当具备两个条件:(1)仲裁员的行为违反了法律或者行为规范的规定;(2)违反法律或者行为规范的行为属于仲裁员的职务行为,即在仲裁程序中行使仲裁权的行为。

一般来说,责任有法律责任和行业责任之分,其中,法律责任又分为行政责任、民事责任和刑事责任。对仲裁员而言,法律责任仅应限定为民事责任和刑事责任。

(一) 有关仲裁员责任的理论

仲裁员应否承担民事责任,是有关仲裁员法律责任理论中争论最为激烈的问题。有关仲裁员责任主要存在三种理论:

1. 仲裁员责任论

仲裁员责任论的观点主要来自大陆法系国家的学者。他们认为仲裁员应就其履行职责时的不当行为对当事人承担民事责任。仲裁员责任论依据的理论基础是仲裁员与当事人之间存在契约关系。

大陆法系国家一般认为仲裁员和当事人之间的关系是一种契约关系。基于民事契约关系,仲裁员一旦履行职责不当,给当事人造成损失,就须承担民事赔偿责任。仲裁员责任论在大陆法系国家的立法中得到了体现,如《奥地利民事诉讼法》第584条规定,如果仲裁员不及时履行或不完全履行其在接受任命时所承担的职责,则要对由于他的错误拒绝或迟延给当事人造成的损失承担责任。荷兰、意大利、希腊、挪威等国家也都对仲裁员应当承担责任作出了相应的规定。

2. 仲裁员民事责任豁免论

与大陆法系国家不同的是,英美法系国家则主张"仲裁员民事责任豁免论"。仲裁员民事责任豁免论,是指仲裁员履行仲裁职责的行为应当免予民事责任的追究,仲裁员对仲裁过程中因其过失或其他原因造成的不当行为及给当事人带来的损失,不承担任何民事责任。仲裁员民事责任豁免论是由司法豁免扩展到仲裁领域形成的,其主要理论依据是:

(1) 仲裁是替代法院解决争议的一种方式,仲裁员履行的是一种司法或者准司法职能。"仲裁员是准司法官……与法官和陪审员一样,有正当理由保证仲裁员的公正、独立和不受不正当影响……司法豁免权应及于仲裁员。"①

（2）仲裁员享有民事责任的豁免，可以防止司法介入仲裁活动，保持仲裁程序的完整性，有利于发挥仲裁便捷、经济的优势。

（3）出于鼓励仲裁制度发展的考虑。如果仲裁员面临着承担责任的风险，可能导致仲裁员在仲裁过程中过于谨小慎微，甚至使一些有能力的人拒绝接受任命，以致阻碍仲裁事业的发展。反之，豁免仲裁员的民事责任能鼓励和促进仲裁事业的发展，就如美国最高法院在对一起案件的判决中曾指出的，仲裁免责是为鼓励以仲裁方式解决争议的一项重要的联邦政策。②

3. 仲裁员民事责任有限豁免论

无论是仲裁员责任论，还是仲裁员责任豁免论，都有其局限性，因此，有人提出了有限的仲裁员责任豁免论，即有条件地承认仲裁员在一定范围内的民事责任豁免。所谓"有条件"是指：其一，仲裁员必须是真正的仲裁员，区别于一般的调解人员或专家。其二，仲裁员的指定和仲裁协议均为有效。所谓"一定的范围"，主要是指仲裁员在以下情况下民事责任不得豁免：（1）仲裁员在其与案件有利害关系时没有回避。（2）仲裁员无正当理由终止职务。（3）仲裁员没有及时作出裁决。（4）仲裁员出于"恶意"，未能公正地审理和裁决，如仲裁员接受当事人贿赂等。

不少国家在仲裁实践中采取这种做法。如在德国，仲裁员不因其过失而对行使职务中的违约或侵权行为承担责任，但有关程序错误的责任不在免责范围中③。英国1996年《仲裁法》第29条第1款规定，仲裁员不对其在履行或试图履行其职权过程中的任何作为或不作为承担责任，除非该作为或不作为表明其违反了诚信原则。由此可见，法律中虽然明确赋予仲裁员以责任豁免权，但也排除了其出于"恶意"作为或不作为的情况。

（二）我国关于仲裁员责任的规定

我国关于仲裁员责任的规定，主要体现在《仲裁法》和《刑法》中。

《仲裁法》第38条规定：仲裁员有本法第34条第（4）项规定的情形，情节严重的，或者有本法第58条第（6）项规定的情形的，应当依法承担法律责任，仲裁委员会应当将其除名。根据这一规定，仲裁员应当承担责任的情形包括：

（1）仲裁员私自会见当事人、代理人，或者接受当事人、代理人请客送礼，情

———————

①　David J Braseon and Richard E Wallance J R , Immunity of Arbitrators in American Law, from *Julian D M. Lew* , *Immunity of Abitration* , London Lord Publishing Co. , 1990, p.87.

②　中国国际商会仲裁研究所编译：《国际商事仲裁文集》，246页，北京，中国对外贸易出版社，1998。

③　Volkerb Trible and Johns Hyden, Immunity of Arbitrators in Germany Law, from *Julian D M Lew* , *Immunity of Abitration* , London Lord Publishing Co. , 1990, p.46.

节严重的。

(2) 仲裁员在仲裁该案时有索贿受贿,徇私舞弊,枉法裁决的行为。

《仲裁法》虽然规定了仲裁员在上述情形下应当承担责任,但并未明确应当承担什么责任。尽管如此,我们也可以看出,我国实际上承认有限的仲裁员责任豁免,即只有在发生有法定情形时,仲裁员才应当承担责任,法定情形之外,仲裁员的行为豁免于仲裁员责任。

我国《刑法》第 399 条之一规定:依法承担仲裁职责的人员,在仲裁活动中故意违背事实和法律作枉法裁决,情节严重的,处 3 年以下有期徒刑或者拘役;情节特别严重的,处 3 年以上 7 年以下有期徒刑。这就是刑法所规定的"仲裁员枉法仲裁罪"。该规定的出台,使仲裁员应当承担刑事责任具有了法律依据。

第四节 仲 裁 规 则

一、仲裁规则的含义

仲裁规则是指规范仲裁程序,调整仲裁法律关系的准则。在仲裁程序中,仲裁机构、仲裁庭、仲裁员、当事人及其他仲裁参与人都应当遵守和适用仲裁规则,以保证仲裁程序的有序进行。

仲裁规则与仲裁法都是仲裁程序中重要的程序规范,是仲裁机构受理仲裁案件,仲裁庭行使仲裁权,以及当事人、仲裁参与人进行仲裁程序的依据。但仲裁规则又不同于仲裁法,表现在:

(1) 仲裁法是国家制定和颁行的,由国家强制力保障实施的程序规范;而仲裁规则是由商会或者各常设仲裁机构依据仲裁法制定的,供当事人仲裁时选择适用的行为规范。

(2) 仲裁法具有强制性,任何仲裁主体都必须严格遵守,认真执行,不得协议变更;而仲裁规则具有较强的任意性,有些内容允许当事人自行约定。但是仲裁规则不得违反仲裁法中的强制性规定。

(3) 仲裁法相对比较原则和概括,其主要规定仲裁的指导原则和基本制度,争议的可仲裁性,仲裁机构的设置及仲裁程序的基本规范;而仲裁规则是一种更为具体、细化的行为规范,在纠纷解决过程中起着引导仲裁程序进行的作用。

(4) 仲裁法是在全国范围内适用的法律,不论当事人在哪个仲裁机构进行仲裁,哪个仲裁机构受理了仲裁案件,仲裁主体都必须遵守法律的规定,即仲裁法具有普遍约束力;而仲裁规则的适用范围一般限于特定的仲裁机构及在该仲裁机构申请仲裁,进行仲裁程序的主体。大多数仲裁机构都有自己的仲裁规则,在仲裁规则中明确规定,凡当事人同意将争议提交本仲裁机构仲裁的,均视为同意按照本仲裁规则进行仲裁。随着仲裁越来越回归本质,对仲裁规则的选择和适用更加灵活,仲裁机构已允许当事人约定适用规则。当事人约定将争议提交仲裁委员会仲裁但对本规则有关内容进行变更或约定适用其他仲裁规则的,从其约定,但其约定无法实施或与仲裁程序适用法强制性规定相抵触者除外。当事人约定适用其他仲裁规则的,由仲裁委员会履行相应的管理职责。①。

二、仲裁规则的制定及其主要内容

(一)仲裁规则的制定

仲裁规则由仲裁机构制定,这是一般性的原则。仲裁机构在制定仲裁规则时应当依据《仲裁法》和《民事诉讼法》的相关规定。

根据我国《仲裁法》的规定,我国仲裁委员会仲裁规则的制定分为两种情况:

(1)根据《仲裁法》第 75 条的规定,依《仲裁法》设立的仲裁委员会的仲裁规则,应当由中国仲裁协会统一制定,在中国仲裁协会制定仲裁规则之前,各仲裁委员会可以按照仲裁法和民事诉讼法的有关规定制定仲裁暂行规则。我国现有的仲裁规则均为各仲裁委员会制定。如北京仲裁委员会制定有《北仲仲裁规则》,上海仲裁委员会制定有《上海仲裁委员会仲裁规则》等。

在这里需要强调的是,仲裁机构在制定仲裁规则时,首先,要遵守仲裁法的规定,并不得与仲裁法的强制性规定相冲突;其次,应当正确理解《仲裁法》第 75 条关于按照民事诉讼法的有关规定制定仲裁规则的规定。民事诉讼法是通过民事诉讼程序解决当事人之间纠纷所适用的程序法。基于仲裁与民事诉讼的区别,以及《仲裁法》与《民事诉讼法》适用范围的不同,仲裁规则的制定并非应当遵守民事诉讼法的全部规定或者全部强制性规定,而只是应当遵守民事诉讼法中与仲裁有关的规定,比如,《民事诉讼法》第 124 条第(2)项关于有仲裁协议不得向法院起诉的规定、第 237 条关于仲裁裁决有法定情形不予执行的规定、第 26 章关于仲裁的规定等。

(2)涉外仲裁委员会的仲裁规则由中国国际商会制定。我国传统的涉外仲裁委员会是中国国际经济贸易仲裁委员会和海事仲裁委员会。《贸仲仲裁规则》和《中国海事仲裁委员会仲裁规则》由中国国际贸易促进委员会/中国国际商会制定。

(二)仲裁规则的主要内容

仲裁规则的内容并没有统一的规定。由于仲裁规则是仲裁程序规范,因此凡涉及仲裁程序的相关内容均为仲裁规则的内容,也导致各仲裁委员会的仲裁

---

① 参见《贸仲仲裁规则》第 4 条;《北仲仲裁规则》第 2 条。

规则具有相同或者相类似的规定。一般来说,仲裁规则主要包括以下内容:

(1)仲裁规则的制定依据。仲裁规则根据《仲裁法》和《民事诉讼法》的有关仲裁的规定制定,不得与《仲裁法》和《民事诉讼法》的相关规定相违背。

(2)仲裁组织。仲裁规则由仲裁委员会制定,因此,各仲裁委员会在仲裁规则中规定有仲裁委员会的名称、组成、设置、职责、仲裁员的聘任等内容。

(3)受案范围。受案范围是对仲裁机构受理纠纷案件范围的规定,一般与仲裁法对仲裁范围的规定一致,但也会进行细化。如《贸仲仲裁规则》第3条将受理的争议案件范围确定为:国际或涉外争议案件;涉及香港特别行政区、澳门特别行政区及台湾地区的争议案件;国内争议案件。

(4)规则的适用。规定当事人申请仲裁与规则适用的关系,当事人对仲裁规则另有约定时的处理与仲裁机构的角色定位。

(5)仲裁协议。规定仲裁协议的形式、效力、对仲裁协议及案件管辖权的异议及处理。

(6)仲裁审理程序。包括仲裁的申请、答辩和反请求程序;仲裁庭的组成;仲裁开庭审理和裁决程序;仲裁委员会、仲裁庭和当事人的权利义务;通常程序、简易程序和涉外程序的审理和裁决的具体步骤、法律的适用和具体规则;仲裁语文、翻译、送达、仲裁费用等具体事项。

三、仲裁规则的作用

仲裁规则是进行仲裁活动时仲裁主体必须遵循和适用的程序规范。仲裁规则具有以下作用:

(一)为当事人提供一套科学、系统、明确的仲裁程序规则

仲裁规则作为仲裁程序规范,规定了从当事人申请仲裁到仲裁庭作出仲裁裁决的所有相关程序,当事人可以按照规则的指引进行仲裁程序,便于双方当事人在仲裁程序中适用和遵守,以有效地解决纠纷。

(二)为仲裁委员会和仲裁庭受理、审理和裁决当事人提交仲裁的纠纷提供适用的程序规则

仲裁机构受理案件,审理和裁决纠纷必须按照一定的程序规则进行,这是保证程序公正和实体公正的基础。仲裁规则使得仲裁机构受理和审理案件有章可循,便于当事人之间的纠纷能够得到公正、及时的解决。

(三)为仲裁员和当事人提供程序上的权利和义务规范

权利义务规范是仲裁规则的主要内容。在仲裁程序中,仲裁员、当事人拥有哪些权利,应当履行哪些义务,以及如何行使权利、承担义务,直接决定着仲裁程序的进行和仲裁结果的作出,以及当事人实体权益的实现。仲裁员、当事

人只有按照仲裁规则所规定的权利、义务规范参加仲裁,才能通过仲裁解决当事人之间的实体权利义务纠纷。

(四) 为支持、协助和监督仲裁提供依据

仲裁离不开司法的支持、协助和监督,而仲裁规则正是司法支持、协助和监督仲裁的依据。在仲裁活动中,人民法院依据仲裁规则决定对仲裁支持与协助的内容,并依据仲裁规则规定的程序实施支持与协助的措施,当仲裁违背仲裁规则的规定时,人民法院要通过撤销仲裁裁决或者不予执行仲裁裁决对仲裁实施司法监督。

 ◆配套测试

1. 根据我国《仲裁法》的规定,下列关于仲裁委员会的说法正确的是:(　　　)。

　　A. 仲裁委员会应当从公道正派的人员中聘任仲裁员

　　B. 仲裁委员会不按行政区划层层设立

　　C. 仲裁委员会是中国仲裁协会的会员

　　D. 仲裁委员会之间没有隶属关系

2. 根据我国《仲裁法》的规定,设立仲裁委员会应当具备以下哪些条件?(　　　)

　　A. 仲裁委员会应当有自己的组成人员和聘任的仲裁员

　　B. 仲裁委员会应当有自己的名称、住所和章程

　　C. 仲裁委员会应当经省、自治区、直辖市的司法行政部门登记

　　D. 仲裁委员会应当有必要的财产

3. 天海仲裁委员会为适应逐年增长的仲裁案件审理的要求,决定增加仲裁员数量,该仲裁委员会可以聘请公道正派的下列哪些人员担任仲裁员?(　　　)

　　A. 曾在某检察院从事 20 年民事案件抗诉工作的退休检察官王某

　　B. 从事律师工作 12 年并任某律师事务所主任的王律师

　　C. 在某高级人民法院已从事了 17 年经济审判工作的蔡庭长

　　D. 在某大学经济系从事对外贸易专业教学的陈教授

4. 关于仲裁委员会的设立,下列说法不正确的是:(　　　)。

　　A. 仲裁委员会只能在直辖市和省、自治区人民政府所在地的市设立

　　B. 仲裁委员会可以在县级行政区设立

　　C. 仲裁委员会按照行政区划层层设立

　　D. 依法可以设立仲裁委员会的行政区内,可以按照不同的专业设立不同的专业仲裁委员会或者专业仲裁庭,以保证仲裁专业化的实现

5. 下列关于我国仲裁协会的说法正确的是:(　　)。

    A. 仲裁协会是仲裁委员会的自律性组织,属于社团法人

    B. 设立仲裁协会应当向司法部申请登记

    C. 仲裁协会根据仲裁法和民事诉讼法的有关规定制定仲裁规则

    D. 仲裁协会对仲裁委员会作出的仲裁裁决进行审查,认为不合法的,可以予以撤销

6. 丰运公司与瑞熙公司在履行合同过程中发生了纠纷。按照合同中的仲裁条款,丰运公司向中国某仲裁委员会提交了仲裁申请。该案件中,仲裁庭的组成可以有下列哪几种方式?(　　)

    A. 双方当事人各自选定一名仲裁员,第三名仲裁员由当事人共同选定

    B. 三名仲裁员皆由当事人共同选定

    C. 三名仲裁员皆由当事人共同委托仲裁委员会主任指定

    D. 双方当事人各自选定一名仲裁员,第三名仲裁员由当事人共同委托仲裁委员会主任指定

7. B 市的京发公司与 T 市的蓟门公司签订了一份海鲜买卖合同,约定交货地在 T 市,并同时约定"涉及本合同的争议,提交 S 仲裁委员会仲裁。"京发公司收货后,认为海鲜等级未达到合同约定,遂向 S 仲裁委员会提起解除合同的仲裁申请,仲裁委员会受理了该案。在仲裁规则确定的期限内,京发公司选定仲裁员李某作为本案仲裁庭的仲裁员,蓟门公司未在规则规定的时间内选定仲裁员,双方当事人也未共同选定第三名仲裁员,S 仲裁委主任指定张某为本案仲裁员,刘某为本案首席仲裁员,李某、张某、刘某共同组成本案的仲裁庭,仲裁委向双方当事人送达了开庭通知。

    关于本案中仲裁庭的组成,下列说法正确的是:(　　)。

    A. 京发公司有权选定李某为本案仲裁员

    B. 仲裁委主任有权指定张某为本案仲裁员

    C. 仲裁委主任有权指定刘某为首席仲裁员

    D. 本案仲裁庭的组成合法

8. 根据《仲裁法》的规定,下列属于应当回避的情形是:(　　)。

    A. 合议仲裁庭中的两名仲裁员是同事关系

    B. 申请人选定的仲裁员是申请人公司的法律顾问

    C. 被申请人选定的仲裁员是被申请人代理人的大学同班同学

    D. 首席仲裁员于庭后接受了申请人安排的宴请

9. 甲公司与乙公司因合同纠纷向某仲裁委员会申请仲裁,第一次开庭后,甲公司的代理律师发现合议庭首席仲裁员苏某与乙公司的老总汪某在一起吃饭,遂向仲裁庭提出回避申请。关于本案仲裁程序,下列哪一选项是正

确的？（　　）

    A. 苏某的回避应由仲裁委员会集体决定

    B. 苏某回避后,合议庭应重新组成

    C. 已经进行的仲裁程序应继续进行

    D. 当事人可请求已进行的仲裁程序重新进行

10. 下列有关仲裁规则的表述正确的是：（　　）。

    A. 仲裁规则是进行仲裁程序应当遵循和适用的规范

    B. 仲裁规则为支持和监督仲裁提供了依据

    C. 涉外仲裁机构的仲裁规则由中国国际商会制定

    D. 国内仲裁委员会的仲裁规则由中国仲裁协会统一制定,在中国仲裁
       协会制定仲裁规则之前,各仲裁委员会可以制定仲裁暂行规则

第四章
仲 裁 协 议

本章导读

　　仲裁协议是仲裁制度的基石,是当事人仲裁意愿的体现。当事人之间是否存在有效的仲裁协议决定着当事人之间的纠纷能否通过仲裁的方式解决。

　　本章是关于仲裁协议的法律规定及其理解和运用,是全书的重点之一。在了解仲裁协议基础理论的基础上,应当深入理解和熟练掌握仲裁协议的含义、有效要件、内容、仲裁条款独立性问题及仲裁协议的效力等。

第一节　仲裁协议概述

一、意思自治原则与仲裁协议

　　意思自治原则,即契约自治或契约自由原则。这一原则是 16 世纪法国法学家杜摩兰(Charles Dumoulin,1500—1566)明确提出来的。杜摩兰认为,在合同关系中,应该把当事人双方都愿意让自己的合同受其支配的那个习惯法适用于合同,来决定合同的成立和效力问题;而在当事人未直接表明适用何种习惯法时,法院也应推定其默示的意向。[①] 由于意思自治原则的提出,符合资本主义经济发展的客观要求,因而逐渐为各国所采用,成为合同制度的重要原则。这一原则的法律精髓就是:自己是自己的立法者,自己是自己的执法者。即作为意思自治的最基本的体现和实现的契约,对于缔约人本人来说就是法律。[②]

　　当事人意思自治原则确立于合同领域,是国际私法上关于合同法律适用的重要原则,也是大陆法系国家近现代民法的基础。但由于这一原则的私权性

---

　　① 韩德培主编:《国际私法》(修订本),147 页,武汉,武汉大学出版社,1989。
　　② 邱本等:《论私法制度与社会发展》,载《天津社会科学》,1995 年 3 月,54 页。

质,它的意义已远远超出了国际私法的局限。随着社会的不断发展,意思自治的领域也在逐渐地不同程度地扩展,侵权、继承、婚姻家庭,以至于民商事纠纷的解决过程,无不渗透着、遵循着、体现着当事人的意思自治。

仲裁作为纠纷解决的重要方式之一,是对意思自治原则的充分运用和发展。"商事仲裁法中的首要原则是当事人意思自治。"①意思自治原则在民商事纠纷解决过程中的作用,主要表现为双方当事人对纠纷解决方式和内容的合意,尤其是根据双方当事人的仲裁合意,确定通过仲裁方式解决特定范围内的纠纷,更是意思自治原则的最充分体现。尽管合意是双方当事人意思表示一致的反映,承认合意,肯定合意的作用,是意思自治原则在纠纷解决领域得以扩展的结果,但是,在仲裁实践中,如果要以合意作为确定纠纷解决方式的依据,仅仅有双方当事人的合意还是不够的,合意这种仲裁的意愿只有通过一定的形式表现出来,才能被认可,而这种形式,这种仲裁意思自治的体现即仲裁协议。

然而,意思自治原则并不是任意性原则,也并非不受任何限制。恰恰相反,从杜摩兰提出意思自治这一原则时起,包括杜摩兰自己在内的绝大多数法学家都认为该原则所确定的自由是有限制的,并且随着国家对经济生活的干预的加强,已经把这种限制发展得十分系统化和制度化了。② 作为当事人的意志,必然无法与国家强制性法律相抗衡,必然无法超越仲裁法律中的禁止性规范,相反,它却要受到这些强制性、禁止性规范的限制和制约。这主要体现在:

(1) 当事人的意愿与仲裁法律或仲裁规则的任意性规范并存时,当事人的意愿应当被尊重和受到保护,因为法律的任意性规范实质上是对当事人意思不明确时的后续补充。这一原则已为各国仲裁立法和仲裁实践所采纳。如《贸仲仲裁规则》第2条第(6)项规定,当事人可以约定将争议提交仲裁委员会或仲裁委员会分会/仲裁中心进行仲裁;约定由仲裁委员会进行仲裁的,由仲裁委员会仲裁院接受仲裁申请并管理案件;约定由分会/仲裁中心仲裁的,由所约定的分会/仲裁中心仲裁院接受仲裁申请并管理案件。约定的分会/仲裁中心不存在、被终止授权或约定不明的,由仲裁委员会仲裁院接受仲裁申请并管理案件。如有争议,由仲裁委员会作出决定。由此可以看出,仲裁意思自治原则具有优先于仲裁法律任意性规范的效力。

(2) 当事人的意愿与仲裁法律或者仲裁规则的强制性规范相冲突时,当事人的意愿必须服从于法律的要求。例如,依照我国《仲裁法》第9条的规定,仲裁实行一裁终局的制度。在这一规定下,即使双方当事人约定对仲裁庭作出的仲裁裁决不服,当事人可以向人民法院提起诉讼,这一约定也是无效的,因为该约定违反了国家法律的强制性规定。再如,很多国家仲裁法规定,仲裁庭必须

---

①　施米托夫:《国际贸易法文选》,611页,北京,中国大百科全书出版社,1993。
②　韩德培主编:《国际私法》(修订本),148页,武汉,武汉大学出版社,1989。

由奇数仲裁员组成,如果双方当事人约定解决他们之间争议的仲裁庭由两名仲裁员组成,这一约定也当然无效。因此,"仲裁意思自治原则不具有超越仲裁中的强行法和其他基本原则的效力。相反,它受到仲裁法上的强行性法律规范的限制和制约,此种强行法不仅包括禁止性规范,而且包括效力性规范。这就是说,一方面,意思自治原则赋予仲裁当事人的意志自由受到仲裁强制执行法的限制,任何民事主体对其必须无条件地遵循,只有在这一范围内才谈得上意志自由问题。另一方面,意思自治原则所认许的意思表示效力也受到强制执行法的影响,仲裁当事人之间的合意行为只有在符合效力性规范的条件下才产生拘束力"。①

二、仲裁协议的含义及类型

(一)仲裁协议的含义

仲裁协议,是双方当事人自愿将他们之间已经发生或可能发生的争议,提交仲裁解决的书面契约。仲裁协议是双方当事人所表达的采用仲裁方式解决纠纷意愿的法律文书,是将双方当事人之间的仲裁合意书面化、法律化的形式。因此,仲裁合意是仲裁协议的基础,没有仲裁合意不可能产生仲裁协议,而仲裁协议是仲裁合意的延续和固定化,是仲裁合意存在和合意具体内容的证明。离开仲裁协议,仲裁合意往往具有不确定性,甚至成为一句空话。在仲裁实践中,如果双方当事人没有订立将争议提交仲裁庭仲裁的仲裁协议,即使有仲裁合意,也不会有仲裁。因此通过仲裁协议明确双方当事人的合意,体现当事人的意思自治尤为重要。

作为双方当事人仲裁合意的表现形式,仲裁协议是一种契约的特殊形态,除了具有一般契约的特征和表现形式外,还具有其独立的个性。

(1)仲裁协议是双方当事人意思表示一致的法律文书,是仲裁合意的基本表现形式。仲裁协议以双方当事人的自愿为基础,以授权仲裁庭通过仲裁的方式解决他们之间已经发生或可能发生的争议,并得到公正裁决为目的。

(2)仲裁协议中双方当事人的权利义务具有同一性,这使得作为契约表现形式之一的仲裁协议与其他的合同在内容上有所区别。一般的双务合同,双方当事人由于所追求的利益不同,导致他们的权利义务关系是对等的,即一方当事人的权利往往是其相对另一方当事人的义务;反之亦然。而在仲裁协议中,双方当事人具有共同的目标,即当发生特定纠纷后,通过仲裁方式予以解决,因此他们之间的权利义务是同一的。这主要表现为任何一方当事人都有权将所发生的争议提交仲裁解决,同时任何一方当事人也负有不得就该争议向法院提

---

① 江伟:《当事人意思自治与现代仲裁法》,载《研究生法学》,1996(3)。

起诉讼的义务。

（3）仲裁协议的内容具有特定性，即双方当事人提交仲裁解决的事项具有法律规定的可仲裁性。对于诸如人身权等当事人不可以自由处分的权利，即使发生了争议或当事人受到了侵害，双方也不得订立仲裁协议，以仲裁方式解决。

（4）仲裁协议具有广泛的约束力。这一约束力表现为：仲裁协议约束双方当事人，任何一方当事人不得就协议仲裁的争议事项向法院提起诉讼；仲裁协议约束法院，法院不得受理任何一方当事人已订有仲裁协议的争议事项；仲裁协议约束仲裁机构和仲裁庭，仲裁机构应当基于仲裁协议受理仲裁案件，仲裁庭应当依照当事人在仲裁协议中的授权行使仲裁权，解决当事人之间的纠纷。

（二）仲裁协议的类型

在我国的仲裁立法与实践中，仲裁协议具有不同的形式，表现为各种不同的类型。

1. 仲裁条款

仲裁条款，是指双方当事人在争议发生之前订立的，自愿将他们之间将来可能发生的争议提交仲裁解决的协议。由于这种协议一般订立在双方当事人所签订的合同中，构成合同的一个条款，故称为仲裁条款。仲裁条款是仲裁协议最普遍，也是最重要的类型之一。

2. 仲裁协议书

仲裁协议书，是指双方当事人在争议发生之前或者争议发生之后订立的，自愿将他们之间已经发生的，或者可能发生的争议提交仲裁解决的单独的协议。仲裁协议书与合同中的仲裁条款不同，是独立于合同而存在的契约，是将订立于该仲裁协议书中的特定争议事项提交仲裁的意思表示，具有更大的独立性。不论当事人所发生的是合同纠纷，还是其他财产权益纠纷，双方当事人均可以通过签订仲裁协议书，将所发生的争议提交仲裁解决。

3. 其他有关书面文件中包含的仲裁协议

其他有关书面文件中包含的仲裁协议，是我国《仲裁法》第16条规定的以其他书面方式在纠纷发生前或者纠纷发生后达成的请求仲裁的协议。按照最高人民法院《仲裁法解释》第1条的规定，所谓其他书面形式的仲裁协议，具体是指双方当事人以合同书、信件和数据电文（包括电报、电传、传真、电子数据交换及电子邮件）等形式达成的请求仲裁的协议。这种形式的仲裁协议是现代通信技术发展的必然结果，其有别于仲裁条款和仲裁协议书，相当于通过要约和承诺达成的一致的协议，即一方当事人提出仲裁解决纠纷的意愿，另一方当事人通过一定的通信手段表示接受，从而达成仲裁协议。

4. 当事人通过援引达成的仲裁协议

当事人通过援引达成的仲裁协议，是在仲裁实践中出现的，并已被最高人民法院《仲裁法解释》确定的一种仲裁协议的类型。

当事人通过援引达成的仲裁协议,是指当事人之间并没有直接订立仲裁协议,而是通过引用另一个合同中所订立的仲裁条款作为他们之间将纠纷提交仲裁的依据,即书面同意仲裁的一份协议;或者当事人只在合同或者仲裁协议中明确表明仲裁的意愿,其他仲裁协议所应包括的具体内容则按照某个现有的文件中的仲裁条款来认定。例如,1996年最高人民法院曾就内蒙古自治区高级人民法院向最高人民法院提出的《关于涉外经济合同未直接约定仲裁条款如何认定的请示报告》的答复中明确指出:"中外双方当事人订立的外贸合同中约定合同未尽事宜适用中国和蒙古国之间的交货共同条件的,因该交货共同条件即1988年11月4日《中华人民共和国对外经济贸易部和蒙古人民共和国对外经济供应部关于双边对外贸易机构之间相互交货共同条件的议定书》规定了因合同所发生或者与合同有关的一切争议在双方达不成协商解决的协议时,应予以仲裁解决,并规定了具体办法,应认定当事人愿意选择通过仲裁方式解决其纠纷,人民法院不应受理因该类合同引起的纠纷。"

最高人民法院在《仲裁法解释》第11条也明确规定"合同约定解决争议适用其他合同、文件中的有效仲裁条款的,发生合同争议时,当事人应当按照该仲裁条款提请仲裁。涉外合同应当适用的有关国际条约中有仲裁规定的,发生合同争议时,当事人应当按照国际条约中的仲裁规定提请仲裁"。

上述通过援引某个现有的合同、文件中的有效仲裁条款达成的仲裁协议,都是仲裁协议的有效形式。

总之,不论是仲裁条款还是仲裁协议书,不论是其他有关书面文件中包含的仲裁协议,还是当事人通过援引达成的仲裁协议,都是双方当事人合意的结果,是双方当事人仲裁意思自治的充分体现,因此,也都是仲裁立法与仲裁实践所认可的仲裁协议的类型。

第二节　仲裁协议的有效要件

仲裁协议是仲裁的基础,仲裁协议的有效性直接决定着仲裁权取得和行使的合法性,以及仲裁程序进行的有效性。仲裁协议的有效要件,是指仲裁协议有效成立所不可缺少的基本要素。仲裁协议的有效要件直接决定着仲裁协议的效力,决定着当事人之间的纠纷能否以仲裁方式予以解决,也决定着人民法院能否承认及执行仲裁裁决,因此对仲裁协议有效要件的规定应明确而具体。

一、仲裁协议的当事人是合格的签约主体

签约主体的合格,是指签约主体具有法律规定的行为能力。仲裁协议作为

一种特殊的契约,签订双方必须具有行为能力。

仲裁协议当事人的行为能力,是指当事人签订和履行仲裁协议的资格。当事人是否具有签约和履约能力,或者说当事人的行为能力有无瑕疵,决定着所签订的仲裁协议是否有效。对当事人的行为能力加以规定是各国法律的共识,具有行为能力瑕疵的主体签订的仲裁协议无效,是仲裁实践普遍遵循的原则。1958 年《纽约公约》和联合国《国际商事仲裁示范法》都规定,仲裁协议的当事人无行为能力时所签订的仲裁协议无效,经一方当事人的申请可拒绝承认和执行。① 我国《仲裁法》第 17 条第 2 款也规定,无民事行为能力人或者限制民事行为能力人订立的仲裁协议无效。

二、当事人的仲裁意思表示真实

仲裁协议是双方当事人意思表示一致的体现,是当事人自愿将争议提交仲裁解决的形式。仲裁有别于诉讼的特点之一,在于双方当事人的自愿性。自愿是意思自治原则的精髓,是"契约自由"原则的发展和完善,也是仲裁制度的灵魂。当事人仲裁的自愿性集中体现在仲裁协议中。

(1)仲裁协议当事人的自愿性,表现为当事人仲裁意思表示的真实性。它要求双方当事人对是否签订仲裁协议,以及所签订的仲裁协议的内容,出于完全自愿。意思表示通常是与当事人内心的真实意志相一致的,但在实践中,由于主观上或者客观上的原因,当事人的意思表示与其真实意愿不一致或不完全一致的情况时有发生。所以,强调仲裁协议当事人的自愿性就是要排除仲裁协议当事人的非自愿性,排除仲裁协议当事人的意思表示瑕疵。仲裁协议当事人的意思表示瑕疵,主要是指一方当事人采取恐吓、欺诈、胁迫等手段,迫使对方当事人订立仲裁协议,或者一方当事人乘对方当事人处于困难、危险等情况下,利用自己的优势,使对方当事人不得不按照自己的意愿订立仲裁协议,从而导致所签订的仲裁协议并非当事人的真实意思表示。

(2)对于仲裁当事人意思表示瑕疵而订立的仲裁协议,通常被认定为无效。我国《仲裁法》第 17 条规定:一方采取胁迫手段,迫使对方订立仲裁协议的,仲裁协议无效。然而,意思表示瑕疵也会由其他原因造成,如非恶意产生的非真实意思表示,双方当事人由于重大误解导致的一方或双方的意思表示瑕疵等。这种意思表示瑕疵能否作为仲裁协议无效的条件呢? 对此,有人认为,只要意思表示具有瑕疵,不论出于故意或非故意,都将导致仲裁协议无效,仲裁权也将由于没有合法根据而无效或失效。但我们认为,对此问题应根据仲裁实践中的实际灵活处理,不能采取单一的绝对的方式:

---

① 《承认及执行外国仲裁裁决公约》第 5 条第 1 款(甲);《国际商事仲裁示范法》第 36 条第 1 款(A)(a)。

（1）对恶意产生的意思表示瑕疵，如一方当事人采取胁迫等手段迫使对方订立的仲裁协议，绝对无效。

（2）当事人由于误解导致的意思表示瑕疵，包括对法律理解的不正确，或对对方当事人正当意思表示的误解，如因为自己误认为对仲裁庭仲裁裁决不服，可以向法院起诉，或误认为只要合同无效，仲裁条款就当然无效等，才订立了仲裁协议，则不能作为意思表示瑕疵的理由，应认定当事人仲裁的意思表示真实。

三、提交仲裁的争议事项具有法律规定的可仲裁性

仲裁协议中双方当事人约定提交仲裁的争议事项，必须具有法律规定的可仲裁性，即有关的仲裁立法允许采用仲裁方式解决的事项，才能提交仲裁，否则会导致仲裁协议的无效。这已成为各国仲裁立法、国际公约和仲裁实践所认可的基本准则。

我国《仲裁法》第 2 条和第 3 条对争议可仲裁性作出了明确规定："平等主体的公民、法人和其他组织之间发生的合同纠纷和其他财产权益纠纷，可以仲裁。""婚姻、收养、监护、扶养、继承纠纷"，以及"依法应当由行政机关处理的行政争议"不能仲裁。这实质上是将婚姻、监护、收养等涉及人身性质的争议排除在仲裁事项之外。

因此，当事人在签订仲裁协议时，必须考虑仲裁法律关于争议事项可仲裁性的规定，超出法律规定的争议可仲裁性范围订立的仲裁协议无效。

四、仲裁协议的内容合法

仲裁协议的内容合法，是指仲裁协议不得违反国家法律的规定，不得与现行法律相抵触。这是仲裁协议有效成立的重要条件。仲裁协议的内容是否合法的标准，是该仲裁协议是否满足了法律对仲裁协议内容的基本要求。一般来说，各国均通过仲裁立法明确规定仲裁协议所必须具备的内容。如我国《仲裁法》第 16 条第 2 款规定："仲裁协议应当具有下列内容：①请求仲裁的意思表示；②仲裁事项；③选定的仲裁委员会。"这三项内容只有同时存在或者同时被确定，仲裁协议才能符合《仲裁法》对仲裁协议内容的要求，才能成为有效的仲裁协议。

五、仲裁协议应当以书面形式订立

对于仲裁协议的合法形式，大多数国家及国际公约均以书面形式作为仲裁协议形式要件，否则仲裁协议无效。例如，联合国《国际商事仲裁示范法》第 7 条(2)规定："仲裁协议应是书面的。"1958 年《纽约公约》第 2 条第 1 款规定：

"当事人以书面协定承允彼此间所发生或可能发生之一切或任何争议,如关涉可以仲裁解决事项之确定法律关系,不论为契约性质与否,应提交仲裁时,各缔约国应承认此项协定。"由此可以看出,仲裁协议的书面形式,是该公约要求各缔约国承认彼此间仲裁协议,进而执行依此作出的仲裁裁决的重要条件。即使有些国家的国内法承认仲裁协议的口头形式,但根据国际公约中的统一规则优先于国内法的原则,对于加入了该公约的缔约国来说,只能承认以书面方式订立的仲裁协议。我国《仲裁法》也规定仲裁协议应当以书面形式订立。①

仲裁协议的书面形式,包括在合同中订立的仲裁条款和以其他书面方式在纠纷发生前或纠纷发生后达成的请求仲裁的协议。按照《纽约公约》的规定,书面仲裁协议或称书面协定,即当事人所签订或在互换函电中所载明之契约仲裁条款或仲裁协定。② 它可以理解为当事人之间以书信、电报、电传等其他合法形式达成的仲裁意愿均属于书面仲裁协议的一部分。对此,联合国《国际商事仲裁示范法》给予了非常宽泛的解释:"协议如载于当事各方签字的文件中,或载于往来的书信、电传、电报或提供协议记录的其他电讯手段中,或在申诉书和答辩书的交换中当事一方声称有协议而当事他方不否认即为书面协议。在合同中提出参照载有仲裁条款的一项文件即构成仲裁协议,如果该合同是书面的而且这种参照足以使该仲裁条款构成该合同的一部分的话。"③

尽管对仲裁协议的形式要件,各国及国际公约均规定应当是书面形式,但对书面形式的解释却呈逐渐扩大的趋势。④

---

① 《仲裁法》第 16 条规定:"仲裁协议包括合同中订立的仲裁条款和以其他书面方式在纠纷发生前或者纠纷发生后达成的请求仲裁的协议。"

② 《承认及执行外国仲裁裁决公约》第 2 条第 2 款。

③ 联合国《国际商事仲裁示范法》第 7 条(2)。

④ 继 1985 年《国际商事仲裁示范法》针对《纽约公约》的缺陷作了一定的弥补,将书面的仲裁协议扩大解释为包括通过能够"提供协议记录的其他通讯手段"订立的仲裁协议,并对双方当事人通过提交仲裁文件并不对仲裁管辖提出异议的行为,作为认定双方当事人之间存在书面仲裁协议的依据后,1996 年《英国仲裁法》从立法上肯定了在仲裁和司法程序当中仲裁协议书面形式的各种表现,该法第 5 条规定,仲裁协议的书面形式包括:①协议以书面形式达成,无论当事人签署与否;②协议以交换书面通信的形式达成;③协议有书面证据证实;该法同时规定,④如果当事人同意援引某书面条款,即使不是以书面形式的同意,也认为达成了书面协议;⑤如果协议是由协议当事人授权的一方当事人或第三方予以记录,该协议则被证明具备书面形式;⑥在仲裁或诉讼程序之文件交换中,一方当事人宣称存在非书面形式的协议,对方当事人在其答复中不作反对的,则该文件交换构成具有所宣称效力的书面协议。该法还特别强调本法所称书面形式是指可以将意思表示予以记录的任何方式。1998 年《德国民事诉讼法》、现行《香港仲裁法》等也均规定协议虽不是书面作出的,但具有证明该协议的书面证据,即视为以书面形式作出。

第三节　仲裁协议的内容

一份完整、有效的仲裁协议,必须具备法定的内容,否则,仲裁协议将被认定为无效。根据我国《仲裁法》第16条的规定,仲裁协议应当包括下列内容:

一、请求仲裁的意思表示

请求仲裁的意思表示,是仲裁协议的首要内容,因为当事人以仲裁方式解决纠纷的意愿正是通过仲裁协议中请求仲裁的意思表示体现出来的。对仲裁协议中意思表示的具体要求是明确和肯定。因此,当事人应当在仲裁协议中明确肯定将争议提交仲裁解决的意思表示。

请求仲裁的意思表示还应当满足三个条件:

(1)以仲裁方式解决纠纷,必须是双方当事人共同的意思表示,而不是一方当事人的意思表示。

(2)必须是双方当事人在协商一致基础上的真实意思表示,即当事人签订仲裁协议的行为是其内心的真实意愿,而不是在外界影响或强制下所表现出来的虚假意思。

(3)必须是双方当事人自己的意思表示,而不是任何其他人的意思表示。

在仲裁实践中,为了使当事人达成的仲裁协议符合法定内容,各仲裁机构往往都向当事人推荐有示范仲裁条款,以使其准确表达请求仲裁的意思表示。例如,中国国际经济贸易仲裁委员会的示范仲裁条款是:凡因本合同引起的或与本合同有关的任何争议,均应提交中国国际经济贸易仲裁委员会,按照申请仲裁时该会现行有效的仲裁规则进行仲裁。仲裁裁决是终局的,对双方均有约束力。北京仲裁委员会的示范仲裁条款是:因本合同引起的或与本合同有关的任何争议,均提请北京仲裁委员会按照该会仲裁规则进行仲裁。仲裁裁决是终局的,对双方均有约束力。

尽管示范仲裁条款为当事人订立仲裁协议,准确表达仲裁意愿起到了一定的示范作用,但在仲裁实践中,当事人所订立的仲裁条款却不尽相同。如何认定当事人具有请求仲裁的意思表示,是判断仲裁协议效力的关键。如当事人在仲裁协议中约定:发生争议后,双方既可以申请仲裁,也可以向法院提起诉讼;或者当事人在格式合同的争议解决条款中(一般该条款既包括仲裁条款选项,也包括诉讼条款选项),既没有选择仲裁条款,也没有选择诉讼条款,或者既选择了仲裁条款,也选择了诉讼条款,等等。上述形式的仲裁协议在双方当事人未能达成补充协议的情况下,通常被认定为无效。理由是当事人在纠纷解决方式的选择上,没有明确排除法院的管辖权,虽然有仲裁的意思表示,但也有诉讼的意愿;或者认为无法确定双方当事人之间存在明确、肯定的请求仲裁的意思表示。

然而,随着仲裁制度的发展与仲裁实践的深入,这种观点正在被逐渐改变,这从世界各国的法律、政策所给予仲裁的优先管辖权中能够得到启示。[①] 我国的仲裁法律对这一问题的规定也有所改变。如最高人民法院在《仲裁法解释》第 7 条中规定:"当事人约定争议可以向仲裁机构申请仲裁也可以向人民法院起诉的,仲裁协议无效。但一方向仲裁机构申请仲裁,另一方未在仲裁法第 20 第 2 款规定期间内提出异议的除外。"第 13 条规定:"依照仲裁法第 20 条第 2 款的规定,当事人在仲裁庭首次开庭前没有对仲裁协议的效力提出异议,而后向人民法院申请确认仲裁协议无效的,人民法院不予受理。"上述规定明确了以下几点:①当事人在仲裁协议中约定争议可以向仲裁委员会申请仲裁也可以向人民法院起诉的,该仲裁协议原则上无效,但不当然无效。②仲裁委员会可以受理当事人在仲裁协议中约定的争议可以向仲裁委员会申请仲裁也可以向人民法院起诉的仲裁案件,无须在审查时因该仲裁协议为"不确定仲裁协议"而不予受理。③当事人依据争议可以向仲裁委员会申请仲裁也可以向人民法院起诉的协议申请仲裁,另一方当事人提出仲裁协议无效的抗辩应当在仲裁庭首次开庭前。超出这一期限,视为当事人效力异议权的丧失,即当事人不得再以此为由对仲裁协议的效力提出异议。应当认定当事人之间达成了确定、有效的仲裁协议,具有仲裁的意思表示。

二、仲裁事项

仲裁事项,是指在特定仲裁案件中,当事人请求仲裁庭解决的具体争议事项。我国仲裁法规定,仲裁协议必须有仲裁事项,即当事人请求以仲裁方式解决纠纷,必须有具体的争议事项提交于仲裁庭。对仲裁事项没有约定或者约定不明确的,当事人应就此达成补充协议,达不成补充协议的,仲裁协议无效。[②]在仲裁实践中,当事人只有把订立于仲裁协议中的争议事项提交仲裁,仲裁机构才能受理。同时,仲裁事项也是仲裁庭审理和裁决纠纷的范围,即仲裁庭只能在仲裁协议确定的仲裁事项的范围内进行仲裁,超出这一范围进行仲裁,所

---

①　例如美国的仲裁法和判例法中,即认为在国际性商业交易合同中,只要当事人订有仲裁条款,就表明了仲裁的意愿,则不论其条文是否正确,陈述是否完善,争议都必须提交仲裁解决,地区法院不得任意裁定仲裁协议无效,也不得任意审理。1984 年,中国四川省某进口公司曾因一批货物买卖与一美国公司发生纠纷,双方当事人在仲裁协议中并没有明确规定仲裁地点和仲裁机构,最终美国法院判决此案应强制仲裁,由美国仲裁协会进行审理。参见《仲裁与法律通讯》,1992(1);以及《中国涉外仲裁年刊》,1993—1994,37 页。

②　参见《仲裁法》第 16 条和第 18 条。

作出的仲裁裁决经一方当事人申请，法院可以不予执行或者予以撤销。

根据法律规定，仲裁协议中订立的仲裁事项，必须符合以下两个条件：

（一）争议事项具有可仲裁性

仲裁协议中双方当事人约定提交仲裁的争议事项，必须具有法律规定的可仲裁性，即属于仲裁立法允许采用仲裁方式解决的争议事项，否则会导致仲裁协议的无效。这已成为各国仲裁立法、国际公约和仲裁实践所认可的基本准则。综观各国法律的规定，大多数国家是把当事人双方可以自由处分的，可以调解解决的争议事项作为可仲裁性的标准，将婚姻、监护、收养等涉及人身性质的争议排除在仲裁事项之外。[①] 我国也是如此，《仲裁法》第2条和第3条对此进行了明确规定。

随着仲裁制度的发展，争议事项的可仲裁性范围在逐渐扩大。国际上已出现将涉及专利权纠纷、不当得利纠纷等提交仲裁解决的情形。[②] 另外，如证券争议、股票发行与交易争议、消费者争议等在一些国家也已具有了可仲裁性。我国在遵守仲裁法原则规定的基础上，已明确将证券争议[③]、域名争议等纳入可仲裁性的范畴。因此，当事人在签订仲裁协议时，必须考虑仲裁法律关于争议事项可仲裁性的规定，对于涉外仲裁还要考虑仲裁地国的相关法律规定及其判例。超出法律规定的争议可仲裁性的范围订立的仲裁协议，该仲裁协议无效。

（二）仲裁事项的明确性

由于仲裁事项是仲裁庭进行审理和裁决的范围，故仲裁事项必须明确。按照我国《仲裁法》的规定，对仲裁事项没有约定或者约定不明确的，当事人应就此达成补充协议，达不成补充协议的，仲裁协议无效。

基于仲裁协议既可以在争议发生之前订立，也可以在争议发生之后订立，

---

① 如《瑞典仲裁法》第1条规定："当事人可以自行解决的任何争议，均可以依照协议，提交给一名或数名仲裁员作出决定。"《比利时司法法典》第1676条第1款规定："已产生或可能产生于特定法律关系并且属于允许和解的任何争议，可以作为仲裁协议的标的。"

② 如1982年，美国在一项《修正法令》中明确规定，因专利权的有效性和侵犯专利权或者属专利权的任何权利引起的所有争议是可仲裁的。美国联邦第二巡回上诉法院在"日本Kakiuckhi和Kakiuehi诉杰纳斯科公司"一案的判决中认为，不当得利、不正当竞争、欺诈行为均属可仲裁的事项；美国最高法院于1985年判决的"三菱汽车公司诉索勒·克莱斯勒—普利茅斯"一案中首次确认反托拉斯案件是可以通过仲裁解决的事项。英国高等法院在"Linrho公司诉壳牌石油公司和英国石油公司"一案中，印度最高法院在"Renusagar诉通用电气公司和国际商会"一案中，意大利最高法院在"Scherck股份公司诉Soe. De/Grand es Margues"一案中，分别判决侵权行为、商标许可协议争议等争议事项为可仲裁事项。

③ 最高人民法院于1996年12月给上海市高级人民法院的《关于证券经营机构之间以及证券经营机构与证券交易所之间因股票发行或者交易引起的争议人民法院能否受理的复函》中指出，根据《仲裁法》第4条、第5条的规定，证券经营机构之间以及证券经营机构与证券交易所之间因股票发行或者交易引起的争议，只要双方当事人没有仲裁协议或仲裁协议无效，一方向人民法院起诉，人民法院可以受理。明确了该类纠纷具有可仲裁性。

因此,仲裁事项也就包括了未来可能发生的争议事项和现实已经发生的争议事项。但不论争议是否已经发生,在仲裁协议中都必须明确约定提交仲裁解决的争议事项。对于已经发生的争议事项,其具体范围比较明确和具体;对于未来可能性争议事项要提交仲裁,应尽量避免在仲裁协议中作限制性规定,包括争议性质上的限制、金额上的限制以及其他具体事项的限制等。如双方约定"就该合同的解释所产生的争议提交仲裁"——该约定即排除了合同履行中可能出现的纠纷、合同本身是否有效的纠纷等通过仲裁解决的可能性,而这些因素往往是联系在一起的,均属于合同纠纷;再如,双方约定"就货物质量及其索赔所产生的争议提交仲裁"——该约定即排除了对货物数量、交货方式等问题所产生纠纷的仲裁可能性,而在货物买卖纠纷案件的索赔中,货物的质量、数量、交货方式等往往也密切相关。上述约定,因对争议事项不合理的限制而不利于实现当事人的真实意愿,不利于充分保护当事人的合法权益,相反却会造成纠纷解决的迟延。一般来说,当事人对仲裁事项范围的约定应以概括性约定为原则,当事人可以参照仲裁委员会的示范仲裁条款对仲裁事项的范围加以约定,以"因本合同引起的争议","凡因本合同发生的或与本合同有关的一切争议"等概括性约定作为仲裁事项的约定更有利于纠纷的彻底解决。最高人民法院在《仲裁法解释》的第 2 条对概括约定合同争议为仲裁事项作出了解释:"当事人概括约定仲裁事项为合同争议的,基于合同成立、效力、变更、转让、履行、违约责任、解释、解除等产生的纠纷都可以认定为仲裁事项。"该解释细化了仲裁法的规定,有利于对仲裁协议有效性和仲裁审理范围的认定。

三、选定的仲裁委员会

仲裁委员会是受理仲裁案件的机构。由于仲裁没有法定管辖的规定,因此,仲裁委员会是由双方当事人自主选定的。如果当事人在仲裁协议中没有选定仲裁委员会,仲裁程序就无法实际进行。

对于仲裁委员会的选定,原则上应当明确、具体,即双方当事人在仲裁协议中应当具体选定任一依法成立的仲裁委员会进行仲裁,如当事人可以选定发生争议由北京仲裁委员会仲裁等。通常来说,在机构仲裁条件下,对仲裁协议中选择仲裁机构的要求是明确和准确的。因为仲裁机构与审判机构不同,仲裁没有级别管辖、地域管辖的法律强制性规定,完全根据双方当事人的意愿对仲裁委员会进行选择。我国《仲裁法》明确规定,仲裁不实行级别管辖和地域管辖,也就是说,当事人可以在仲裁协议中任意选择仲裁委员会,不受当事人住所地、合同履行地、签订地、财产所在地等的限制。比如,广州的两个公司在深圳签订了仲裁协议,它们既可以选择北京仲裁委员会为仲裁机构,也可以选择上海仲裁委员会为仲裁机构。因此,如果当事人不能明确约定仲裁机构,在当今的仲裁实践中,当事人请求仲裁的意愿就将落空。如双方当事人约定,发生争议后,或者在中国国际经济贸易仲裁委员会进行仲裁,或者在北京仲裁委员会进行仲裁。这种不确定的仲裁机构的选择,即使一方在其中之一的仲裁机构申请仲裁,也常常因另一方的管辖权异议而导致仲裁协议无效。

尽管从原则上或在仲裁立法中,对仲裁机构的选择要求明确、准确,但在仲裁实践中,如果对仲裁机构的选择不明确或不准确,只要能从仲裁协议的文字上推定或判断出当事人的选择,或者从一方当事人的行为选择上推定或判断出当事人的意愿,仍应认为该仲裁协议有效。对此,我国最高人民法院在《仲裁法解释》中作了明确而具体的规定。

(一) 仲裁机构名称不准确时的推定

《仲裁法解释》第 3 条规定:"仲裁协议约定的仲裁机构名称不准确,但能够确定具体的仲裁机构的,应当认定选定了仲裁机构。"这是在当事人约定的仲裁机构名称不准确的情况下的推定。即允许对名称不准确的仲裁机构进行推定,只要可以通过推定判断出当事人所约定的仲裁机构,就应当认定当事人选定了仲裁机构。该规定的实质,是充分尊重当事人意愿原则的体现,即对当事人自愿达成的仲裁协议,且能够执行的,应当确认仲裁协议的效力。比如,当事人约定"由北京市仲裁委员会仲裁",尽管"北京市仲裁委员会"不存在,但却从中可以判断出双方当事人的意愿是由北京仲裁委员会仲裁。① 这一规定从根本上起到了鼓励仲裁的积极作用。

(二) 对仅约定纠纷适用的仲裁规则时仲裁机构的推定

《仲裁法解释》第 4 条对双方当事人在仲裁协议中仅约定了仲裁规则,没有明确仲裁机构的情形,同样作出了有利于仲裁的解释。该条规定:"仲裁协议仅约定纠纷适用的仲裁规则的,视为未约定仲裁机构,但当事人达成补充仲裁协议或者按照约定的仲裁规则能够确定仲裁机构的除外。"比如,双方当事人约定"基于本合同发生的争议,适用北京仲裁委员会仲裁规则通过仲裁解决",尽管当事人的上述约定,没有明确由北京仲裁委员会仲裁,但由于通常情况下,仲裁机构的选择与仲裁规则的适用具有一致性,当事人选定了仲裁机构往往意味着选择了该机构的仲裁规则,同样,当事人约定了纠纷解决适用的仲裁规则,推定适用该规则的仲裁机构为纠纷解决机构,合乎立法精神与情理。因此,上述案例中,当事人约定了纠纷解决适用北京仲裁委员会的仲裁规则,即可推定当事人选择了北京仲裁委员会为该纠纷解决机构。《仲裁法解释》的这一规定突破了《仲裁法》规定的对于仲裁协议瑕疵,当事人只有达成补充仲裁协议才能弥补

---

① 实践中已有多起案件涉及此问题。如中辰国际工程承包有限公司与北京建工集团有限责任公司一案、北京启蒙学校与中国新兴保信建设公司一案等。法院均裁定仲裁协议有效。

的规定,肯定了按照约定的仲裁规则能够确定仲裁机构的做法。其积极意义在于,如果当事人仅约定纠纷适用的仲裁规则,可以反向推断出当事人对仲裁机构的选择,从而满足《仲裁法》第 16 条的规定,使纠纷能够合法地通过仲裁方式予以解决。

然而,《仲裁法解释》对当事人在仲裁协议中同时约定两个仲裁委员会的情形作出了严格的规定。《仲裁法解释》第 5 条规定:"仲裁协议约定两个以上仲裁机构的,当事人可以协议选择其中的一个仲裁机构申请仲裁;当事人不能就仲裁机构选择达成一致的,仲裁协议无效。"第 6 条规定:"仲裁协议约定由某地的仲裁机构仲裁且该地仅有一个仲裁机构的,该仲裁机构视为约定的仲裁机构。该地有两个以上仲裁机构的,当事人可以协议选择其中的一个仲裁机构申请仲裁;当事人不能就仲裁机构选择达成一致的,仲裁协议无效。"这两条规定的实质是一样的,即在同时存在两个或者两个以上仲裁机构时,如果双方当事人不能协议确定出唯一的仲裁机构,该仲裁协议无效。例如,如果双方当事人在合同中约定,就本合同发生的争议,当事人可以向北京仲裁委员会申请仲裁或者向上海仲裁委员会申请仲裁。争议发生后,双方当事人对仲裁协议中约定的不确定的仲裁委员会再次协议,不论最终一致选择了向北京仲裁委员会申请仲裁,还是协议选择了向上海仲裁委员会申请仲裁,所订立的仲裁协议都是有效的。但是,争议发生后,如果双方当事人不能就向北京仲裁委员会申请仲裁,还是向上海仲裁委员会申请仲裁达成一致的协议,则该仲裁协议就是无效的,所发生的争议就不能通过仲裁方式解决。[①] 再如,双方当事人约定,发生争议后"向甲方所在地仲裁机构仲裁",尽管当事人没有写明仲裁委员会的名称,但如果"甲方所在地"只有一家仲裁机构,则认定当事人对仲裁机构的约定是明确的,仲裁协议有效,该仲裁机构视为约定的仲裁机构。如果甲方所在地有两个或者两个以上的仲裁机构,双方当事人不能就其中之一的仲裁机构达成一致的协议,该仲裁协议即为无效。

第四节 仲裁条款的独立性

仲裁条款的独立性,也称仲裁条款的可分割性或可分离性,是指作为主合同的一个条款,尽管仲裁条款依附于主合同,但仍然是与主合同的其他条款可

[①] 该规定与最高人民法院 1996 年 12 月 12 日答复山东省高级人民法院的《关于同时选择两个仲裁机构的仲裁条款效力问题的函》中规定的,如果当事人达成的仲裁协议中同时选择了两个仲裁机构,且对仲裁机构的约定是明确的,则该仲裁条款是可以执行的这一规定相冲突。虽然笔者认为《仲裁法解释》的规定是一种倒退,但根据法理,应当以后规定的《仲裁法解释》的规定作为法律依据。

以分离而独立判断其效力的,即仲裁条款不因主合同的无效而无效,也不因主合同的被撤销而失效,仲裁机构仍然可以依照该仲裁条款取得和行使仲裁管辖权,在该仲裁条款所确定的提交仲裁的争议事项范围内,解决当事人之间的纠纷。我国《仲裁法》第19条规定:"仲裁协议独立存在,合同的变更、解除、终止或者无效,不影响仲裁协议的效力。"

一、仲裁条款独立性的含义

从仲裁条款本身的特点来看,仲裁条款通常订立于双方当事人之间的争议发生之前,是双方当事人订立的主合同或称基础合同中的一个条款。因此我国传统观点认为,正是由于仲裁条款从属于、依附于主合同,是主合同不可分割的组成部分,而非独立的法律文件的特点,决定了主合同无效将导致合同中的仲裁条款无效,因为无效合同中的仲裁条款已失去了其存在和有效的基础和条件。随着仲裁制度的发展,特别是意思自治原则的确立和广泛适用,仲裁条款独立性原则已普遍为世界上大多数国家,包括中国在内的仲裁法律及仲裁机构的仲裁规则所认可与采纳。

仲裁条款之所以具有独立性,是由于仲裁条款与合同中的其他条款的差异性决定的。在一项合同中,主合同是关于双方当事人之间实体权利义务的规定,对这些条款的违反,权利方将依据实体法的规定,请求损害赔偿;而仲裁条款,是双方当事人关于纠纷解决方式的约定,即如果当事人之间因主合同发生争议,将只能根据程序法的规定,通过仲裁方式而非诉讼方式解决。换句话说,如果当事人之间未因主合同发生争议,仲裁条款就不会实际发生作用;同时,对仲裁条款的违反,也不产生损害赔偿的请求权,而直接导致对仲裁条款的强制适用。

二、仲裁条款独立性原则的适用

仲裁条款的独立性作为一项原则,已得到普遍认可。但不可否认的是,由于合同自身的复杂性,对该原则的适用,使得仲裁条款的独立性问题在仲裁理论和实践中呈现出其特有的复杂性。比如,仲裁条款的独立性是否受主合同的影响? 合同的转让、变更或解除等,是否会导致仲裁条款的独立性因此而发生变化? 主合同无效或根本不存在,仲裁条款是否能依据独立性原则仍然有效?等等。

(一)合同转让、变更或解除、终止条件下仲裁条款的独立性

1. 合同转让条件下仲裁条款的独立性

合同转让,是指合同有效成立后,履行完毕之前,合同的一方或双方当事人将合同的全部或部分债权债务转让给第三人。合同转让既包括合同权利的转

移即债权让与,合同义务的转移即债务的承担,也包括合同权利义务的一并转移即合同的继承。合同转让的实质是合同主体的变更。当合同权利人将合同权利转让给第三人,即发生合同权利当事人的变更;当合同义务人将合同义务转让给第三人,即发生合同义务当事人的变更;而当事人将合同的权利义务一并转移时,则发生合同当事人的变更。

合同转让是法律对当事人意思自治的肯定,在符合法律规定的转让程序的前提下,当事人的转让行为与被转让人的接受行为是受法律保护的。合同转让后,新的合同主体取代了原来的合同主体(全部转让),或者新的合同主体与原合同主体成为合同的共同主体(部分转让)。然而,不论合同主体如何变更,合同的内容并没有因此发生变化,新的合同主体应受原合同中合同条款的约束,这一约束当然包括受仲裁条款的约束。最高人民法院在《仲裁法解释》中对此给予了肯定。《仲裁法解释》第9条规定:"债权债务全部或者部分转让的,仲裁协议对受让人有效,但当事人另有约定、在受让债权债务时受让人明确反对或者不知有单独仲裁协议的除外。"因此,合同转让所产生的合同主体的变更,并不影响仲裁条款的独立性,仲裁条款对新的合同主体继续有效。发生纠纷后,仲裁庭的仲裁权仍可及于主体发生变化后的合同。除非当事人对此另有约定,或者在受让债权债务时受让人明确反对或者不知有单独仲裁协议的除外。

2. 合同变更条件下仲裁条款的独立性

合同变更,是指合同有效成立后,履行完毕之前,由双方当事人依照法律规定的条件和程序,对原合同内容所做的变更。

双方当事人在协商一致的前提下,可以对原合同的内容进行修改、补充,包括对纠纷解决方式的条款予以变更。合同变更后,在双方当事人之间即产生了新的权利义务关系,原有的权利义务关系不再约束当事人。因此,原仲裁条款是否仍然有效,取决于双方当事人是否对其进行了修订或者是否对纠纷解决方式进行了变更。如果双方当事人对原仲裁条款进行了修订,则修订后的仲裁条款对双方当事人产生约束力,并成为纠纷发生后,仲裁庭取得仲裁管辖权的依据;如果双方当事人协议对纠纷解决方式进行了变更,即纠纷发生后,通过诉讼而非仲裁方式解决纠纷,则原仲裁条款不再约束当事人,仲裁庭也失去了仲裁权的产生基础;但如果双方当事人只是变更了主合同条款,未涉及仲裁条款,根据仲裁条款独立性原则,原仲裁条款对双方当事人仍然具有约束力,仲裁机构因主合同变更后,有关新合同履行过程中发生的争议,经一方当事人的申请,仍然具有仲裁管辖权。

3. 合同解除或终止条件下仲裁条款的独立性

合同解除,是指合同有效成立后,在合同尚未履行或者尚未全部履行的情况下,合同法律效力的终止。合同解除有两种方式,即单方解除和双方当事人协议解除。

单方解除合同,根据《民法典》第563条的规定,包括如下情形:因不可抗力致使不能实现合同目;在履行期限届满前,当事人一方明确表示或者以自己的行为表明不履行主要债务;当事人一方迟延履行主要债务,经催告后在合理期限内仍未履行;当事人一方迟延履行债务或者有其他违约行为致使不能实现合同目的;法律规定的其他情形。

双方当事人协议解除,按照合同意思自治原则,只要双方当事人达成一致意见,在不损害国家利益和社会公共利益的前提下,协议解除已有效成立的合同是受法律保护的。由于协议解除是基于双方当事人意思表示一致的结果,因此,协议解除又称合意解除。实质上,协议解除合同是达成了一项新的合同。

合同的解除,不论是单方解除还是协议解除,都是针对合同中所约定的实体权利义务发生的,也就是说,合同的解除是双方当事人实体权利义务的解除,而基于仲裁条款独立性原则,并不包括仲裁条款的同时解除,仲裁条款因为所具有的独立于主合同的特性,在主合同是否解除以及被解除后发生争议时仍然有效,只是解除合同的纠纷发生前,它的效力处于一种静止状态。如果双方当事人达成了解除合同的协议且未发生争议,原合同不复存在,仲裁条款也因当事人之间没有出现争议而失去其实际作用;如果双方当事人无法就解除合同达成一致,如基于合同是否解除或合同解除后的法律后果发生争议时,当事人仍然可以依据合同中的仲裁条款申请仲裁,该仲裁条款也仍然是仲裁机构取得仲裁管辖权的根据。

在仲裁实践中,如果双方当事人已就解除合同达成了一致,但在履行解除合同的协议中,或者对解除合同的协议的解释发生了争议,而该协议无新的仲裁条款时,当事人是否可以依照原合同中的仲裁条款请求仲裁,一直以来都是一个有争议的问题。一种观点认为,当事人之间既然已经协议解除了原合同,就意味着双方当事人已同意解除合同中包括仲裁条款在内的全部内容,而解除合同的协议应被视为是一个新的合同,对新合同的履行或解释所发生的争议,应当依照新合同中是否有仲裁条款作为判定仲裁庭有无管辖权的依据。因此,如果解除合同的协议中未约定仲裁条款,则仲裁机构不能取得对解除合同协议的履行、解释中所产生争议的管辖权。与此相反的另一种观点则认为,解除合同的协议与原合同是相互联系的,其应被视为是原合同的从合同,当事人对原合同的解除并不意味着对原合同中仲裁条款的一并解除,解除协议本身不能独立存在。因此,对该解除协议的履行,以及对其的解释不能脱离原合同。有鉴于此,仲裁庭可以取得仲裁管辖权。

对于这一问题,我们不应就原合同中的仲裁条款是否有效一概而论,关键是要看解除合同的协议中是否规定有新的权利义务关系,当事人就何种权利义务关系发生了争议。如果双方当事人在解除原合同中权利义务的同时,规定有新的权利义务关系,而当事人是对该新产生的权利义务关系发生的争议,并不涉及原合同中的权利义务关系时,不能依照原合同中的仲裁条款请求仲裁,因为新的权利义务关系的产生是在解除了原权利义务关系的基础上确定了新的合同关系的结果。因此,纠纷解决方式也应以解除合同中是否有仲裁条款为标准;如果双方当事人在解除合同的协议中,没有规定新的权利义务关系,当事人之间的争议是基于或涉及原合同中权利义务关系的确定、责任或者是对该解除协议的解释等情形时,则应该适用原合同中的仲裁条款,通过仲裁方式解决。

合同终止,是指合同权利义务的终止,即合同法律关系的最终消灭。根据《民法典》第 577 条的规定,合同因下列情形之一而终止:债务已经按照约定履行;合同被解除;债务已相互抵销;债务人依法将标的物提存;债权人免除债务;债权债务同归于一人以及法律规定或者当事人约定终止的其他情形。合同终止条件下与合同解除条件下仲裁条款的独立性问题基本一致,如果双方当事人没有争议,合同终止后,仲裁条款失去其实际作用;如果双方当事人因合同的终止问题发生争议,当事人可以依据原合同中的仲裁条款请求仲裁庭通过仲裁解决该争议。

(二)主合同无效条件下仲裁条款独立性

合同转让、变更、解除与终止条件下仲裁条款的独立性,是以合同有效为前提的,而且不论转让、变更还是解除、终止,都是针对主合同中实体权利义务进行的。因此,在理论上,主合同中实体权利义务的任何变化都不会影响仲裁条款的独立性。然而,如果主合同无效,仲裁条款是否具有独立性?基于合同所发生的争议能否依据仲裁条款请求以仲裁方式解决?对此,理论上、实践中都存在不同的见解。

主合同无效,是指包含有仲裁条款的主合同因不具备法律规定的有效要件而不产生法律效力,它导致双方当事人所追求的实体权利义务的法律后果不能发生。一般来说,主合同无效即主合同自始无效或绝对无效。合同的无效必然导致合同条款的无效,但主合同的无效,是否必然带来其附属合同条款——仲裁条款的无效?

有观点认为,如果主合同自始无效,则仲裁条款就不可能有效地存在。比如,海曼诉达尔文思一案中,虽然确立了仲裁条款可独立于主合同而存在的原则,但这是有条件的。按照西蒙法官的意见,如果合同自始无效,如合同通过欺诈方式订立,或者一开始就是违法的,则该无效合同中的仲裁条款应随着自始无效的欺诈或违法合同的无效而无效。在此种情况下,仲裁条款也就无独立性可言了。① 在我国也有持这种观点的学者②,而且实践中也曾有过这样的案例。例如瑞士工业资源公司(Swiss Industrial Resources Company Inc., IRC)诱骗中国技术进出口总公司(以下简称中技公司)与之订立购买 9 180 吨钢材的合同一案。1985 年 4 月 19 日,中技公司按合同规定通知中国银行上海分行开出金额为 2 295 万美元,以 IRC 为受益人的信用证。尔后,IRC 向中技公司提供伪造的 6 种付款单据,将货物骗取到手。当中技公司掌握了证据材料后,在上海市中级人民法院对 IRC 提起侵权损害赔偿之诉。上海市中级人民法院于 1988 年 5 月 11 日对此案作出判决,判处被告 IRC 公司赔偿中技公司 500 多万美元。IRC 不服,向上海市高级人民法院提起上诉,其上诉理由之一就是:双方签订的购销钢材合同中有仲裁条款,中国已加入 1958 年《纽约公约》,因此中国法院对此案无管辖权。而中国法院对中技公司一案之所以主张其具有管辖权,理由是中技公司与 IRC 公司之间的合同是 IRC 以欺骗手段订立的,该合同自始无效,因此,其中的仲裁条款也随之无效。这一案例在国内外都引起了一定的关注。③

对此,我们认为,主合同的自始无效并非一定导致仲裁条款的无效。应该在分析导致主合同无效的具体条件的前提下,再认定其所包含的仲裁条款是否有效。

从理论上来分析,并结合我国的现行法律规定,造成主合同自始无效的原因通常有:签订合同的主体不合格;合同内容违反法律规定;违反国家利益和社会公共利益;以及当事人意思表示不真实。

1. 合同主体不合格时仲裁条款的效力

合同主体不合格,是指当事人不具备法律所要求的签订合同的主体资格,其实质在于当事人必须有订立合同的行为能力。

当事人具有法律所规定的行为能力,是当事人作为合同主体的前提条件,是缔结有效合约的法律资格,不具有行为能力的当事人签订的合同当然无效。但是,在这种情况下的合同无效是否包括其中的仲裁条款?

尽管仲裁条款的独立性表明仲裁条款具有独立于主合同而存在的特性,且当事人的行为能力是主合同有效与否的重要条件之一,但是当事人的行为能力又是否是仲裁条款有效与否的条件?

有学者认为,当事人具有行为能力不仅是合同成立的要件,也是仲裁协议有效的前提。该观点认为,当事人没有行为能力就没有签订合同的能力,当然也就没有签订合同中的仲裁条款的资格。比如,企业法人的主体资格要受到其

---

① 赵秀文:《论仲裁条款独立原则》,载《法学研究》,第 19 卷第 4 期。
② 郭成伟、张培田主编:《仲裁实用全书》,178 页,北京,中国政法大学出版社,1993。
③ 详见中国技术进出口总公司诉瑞士工业资源公司侵权损害赔偿案,载《中华人民共和国最高人民法院公报》1989 年第 1 号。

经营范围和行业特殊规定的限制,如果超越了这一限制签订合同,即表现为主体的不合格,所签订的合同,包括仲裁条款都是无效的。

对此,当事人的行为能力及对仲裁条款或仲裁协议的影响应作具体分析。如果当事人具有签约的一般能力,就应认为其具有签订仲裁条款或仲裁协议的能力,而不应因其在签订某一具体合同上的特殊行为能力的欠缺,如缺少特许权或超出经营范围等,而造成仲裁条款的无效。例如,根据中国《企业法人登记管理条例》第 35 条的规定,领取营业执照的非法人经济组织,包括企业法人的分支机构和由国家核拨经费的事业单位、科技性的社会团体或者设立的不具备法人条件的企业,可以在核准登记的经营范围内从事经营活动。这实际上是对这类经济组织在经营范围内主体资格的认定,即在其营业执照限定的范围内具有签订合同的资格,超出这一范围,所签订的合同无效。因此,如果该类经济组织超出这一范围签订了带有仲裁条款的合同,尽管合同无效,但仲裁条款是有效的,即应由仲裁机构对合同效力等争议行使管辖权。如果当事人不具有签约的一般能力,如系未成年人或者无行为能力或限制行为能力的成年人,在限制行为能力期间,其所签订的仲裁条款或仲裁协议无效。对于不能独立承担民事责任的法人内部的非独立核算单位,因不具有主体资格,不能对外签订合同,所签订的仲裁条款也当然无效。

2. 合同内容违法或者违反国家利益、社会公共利益时仲裁条款的效力

合同内容违法,一般是指合同所包含的内容直接违反国家法律、行政法规的强制性规定,或者合同成立的程序违反法律、行政法规的规定(如按照法律规定应该经过批准而未经批准),或者以合法形式掩盖非法的合同目的(如当事人为逃避法院强制执行其财产,而以合同形式转移该财产)等。违反国家利益或社会公共利益,是指订立合同的目的、依据合同所进行的活动以及履行合同的后果,违反了国家的政治、经济利益,有损国家主权,危及国家安全,违反社会秩序及公序良俗等。

合同内容违法等条件下仲裁条款是否具有独立性,关键要看主合同的违法内容是否影响到了仲裁条款。如果仲裁条款同样违反法律,则仲裁条款是因为自身的违法而无效;如果只涉及主合同是否违法问题,仲裁条款本身代表着双方当事人就争议事项提交仲裁的合法的意思表示,基于仲裁条款具有的独立性,仲裁条款并不因主合同的无效而无效。主合同的内容是否违法,如何处理,由仲裁庭通过行使仲裁权进行裁决。

3. 以欺诈、胁迫等手段或者乘人之危签订的合同条件下仲裁条款的效力

意思表示真实是签订合同的基本准则,而以欺诈、胁迫等手段或者乘人之危所签订的合同正是违背了这一合同成立的要件。因此,世界各国立法均把在此情形下签订的合同宣布为无效。

以欺诈手段订立的合同,是指一方当事人故意告知对方虚假情况,或者故意隐瞒真实情况,诱使对方作出错误意思表示,从而与之签订合同。以胁迫手段订立的合同,是指一方当事人采用暴力、恐吓、威胁、诽谤等手段迫使对方违反自己的真实意愿与之签订合同。乘人之危订立的合同,是指一方当事人乘对方当事人处于危难之时,迫使对方违背自己的真实意愿与之订立的合同。

仲裁条款作为合同的一个条款或一种形式,与合同一样,将意思表示真实视为最重要的原则。如果仲裁条款是以欺诈、胁迫等手段签订的,该仲裁条款当然无效。但如果主合同是在一方当事人采用欺诈、胁迫等手段的条件下订立的,能否推断出仲裁条款也是违背当事人真实意愿的结果呢?世界上大多数国家,包括我国,承认仲裁条款的独立性,但从各国的仲裁立法来看,一般只是明确规定,一方采取胁迫手段,迫使对方订立的仲裁协议无效,但对于主合同系欺诈、胁迫等手段所订立情况下的仲裁条款的效力并未有明确规定。

从我国司法实践来看,已经肯定了通过欺诈等方式签订的合同自始无效,其中所包含的仲裁条款也随之无效。[①] 在理论上也有学者主张,仲裁条款与主合同之间有着密切的联系,影响主合同效力的那些因素,往往也要影响到仲裁条款的效力。由于仲裁条款的签订与主合同的签订是同一过程,很难设想在签订主合同时存在欺诈、胁迫或乘人之危的情况下,仲裁条款的签订是自由意思的表示。所以当主合同意思表示不真实而无效时,仲裁条款也应无效。[②]

然而,仲裁条款是在双方当事人就主合同所约定的权利义务关系发生纠纷时的救济条款,是双方约定通过仲裁解决纠纷的意思表示,它与主合同条款的性质、作用都是完全不同的。在合同履行过程中,如果双方当事人按照合同中的约定履行,并不会涉及仲裁条款的内容,也就是说,在主合同与仲裁条款之间、主合同的效力与仲裁条款的效力之间并没有紧密的甚至是必然的因果关系。只有当因主合同发生纠纷的条件成就,仲裁条款才得以适用。在这种关系条件下,即使主合同是以欺诈、胁迫等方式签订的,但仲裁条款并不能被认定就是欺诈、胁迫的产物或结果。毕竟仲裁条款具有独立于主合同存在的特性。以欺诈、胁迫等手段签订主合同主要是以获取非法利益为目的,而以同样的手段使对方违背自己的真实意愿订立纠纷解决条款似乎缺少明确的目的基础,它既不能通过订立仲裁条款获得经济利益,也不能获得其他好处。而且与诉讼相比,仲裁的灵活性更大,公正性更强,因此欺诈方承担违法后果的可能性就更大。另一方面,仲裁条款是双方当事人共同的意思表示,即使一方有欺诈的心理,它也要表示出来,只要经对方当事人同意,其原来意义上的"欺诈",也就不成其为"欺诈"了。所以,从理论上讲,这种可能性极小,但并不能排除它的存

---

① 参见中国技术进出口总公司诉瑞士工业资源公司侵权损害赔偿纠纷上诉案。

② 黄进主编:《国际私法与国际商事仲裁》,223页,武汉,武汉大学出版社,1994。

在,即如果有证据证明仲裁条款也是以欺诈、胁迫等手段订立的,该仲裁条款则与主合同一样无效。

(三) 主合同不存在条件下仲裁条款的独立性

主合同无效条件下仲裁条款的独立性及其效力认定,原则上已得到仲裁理论与仲裁实践的认可,但在主合同不存在的情况下,仲裁条款是否具有独立性,则是一个争论很大的问题。

主合同不存在,是指合同成立后未生效或者被撤销,或者合同未成立等情形。按照通常的理解,上述情形相当于没有合同,没有合同就不可能有合同条款,缺少主合同,也就失去了附属于此的仲裁条款的存在基础。"皮之不存,毛将焉附?"因此,当主合同根本不存在的条件下,连仲裁条款都不可能存在,更谈不上仲裁条款的独立性了。

在仲裁理论研究中,当分析仲裁条款与所谓不存在的主合同之间的关系时,往往是在一种假设的条件下进行的,即拟制的主合同不存在前提下的仲裁条款是否存在。然而,在仲裁实践中,仲裁条款是否适用是在主合同是否存在处于一种不确定情况下的命题。如果法律上已经认定主合同不存在,如合同未生效或者未成立或者被撤销,那么仲裁条款是否适用已没有任何意义。正是因为一方当事人主张主合同不存在,另一方坚持主合同存在,才会出现应当适用仲裁还是诉讼方式加以确定的问题,而且必须由仲裁庭或法院来作出权威性判定。毕竟主张主合同不存在,与认定主合同不存在是两个不同的概念,如果只要一方当事人主张主合同不存在,主合同就实际不存在,那么就为以主合同无效为由规避仲裁的人提供了可乘之机。所以,只有经过法律上的确认,才能得出主合同是否不存在的结论。在这种情况下,只要存在有效的仲裁条款,就存在将主合同是否存在的争议提交仲裁解决的合法依据。最高人民法院在《仲裁法解释》第10条对此作出了明确规定:"合同成立后未生效或者被撤销的,仲裁协议效力的认定适用仲裁法第十九条第一款的规定。当事人在订立合同时就争议达成仲裁协议的,合同未成立不影响仲裁协议的效力。"该规定确立了在主合同不存在条件下仲裁条款具有的独立性。

总之,主合同不存在与主合同无效条件下仲裁条款的效力认定遵循一样的原则,即当主合同存在与否不影响仲裁条款的独立性时,对主合同是否存在的法律确定权属于仲裁庭。

第五节　仲裁协议的效力

一、仲裁协议的法律约束力

仲裁协议的法律效力,最突出地表现为仲裁协议所具有的法律约束力。一项有效的仲裁协议的法律约束力,包括对双方当事人的约束力、对法院的约束力和对仲裁机构的约束力。

(一) 对双方当事人的约束力——约束双方当事人对纠纷解决方式的选择权

仲裁协议是双方当事人就纠纷解决方式达成的一致的意思表示,仲裁协议一经有效成立,即对双方当事人产生法律效力,使双方当事人受到他们所签订的仲裁协议的约束。仲裁协议对当事人的约束力,首先体现为仲裁协议只对签订仲裁协议的当事人具有约束力,通常情况下,对签订仲裁协议以外的人没有约束力。但法律规定的特殊情形,如当事人合并、分立或者自然人死亡等除外。[①]

仲裁协议对当事人的效力,还体现在发生纠纷后,当事人只能通过向仲裁协议中所约定的仲裁机构申请仲裁的方式解决该纠纷,丧失了就该纠纷向法院提起诉讼的权利。如果一方当事人违背仲裁协议,就仲裁协议约定范围内的争议事项向法院起诉,另一方当事人有权依据仲裁协议要求法院停止诉讼程序,法院也应当驳回原告的起诉。

(二) 对法院的约束力——排除法院的司法管辖权

有效的仲裁协议可以排除法院对订立于仲裁协议中的争议事项的司法管辖权,这是仲裁协议法律效力的重要体现,也是各国仲裁制度普遍适用的准则。我国《仲裁法》明确规定:"当事人达成仲裁协议,一方向人民法院起诉的,人民法院不予受理,但仲裁协议无效的除外。"[②]"当事人达成仲裁协议,一方向人民法院起诉未声明有仲裁协议的,人民法院受理后,另一方在首次开庭前提交仲裁协议的,人民法院应当驳回起诉,但仲裁协议无效的除外。"[③]最高人民法院在《仲裁法解释》中又进一步规定:"依照仲裁法第20条第2款的规定,当事人在仲裁庭首次开庭前没有对仲裁协议的效力提出异议,而后向人民法院申请确认仲裁协议无效的,人民法院不予受理。仲裁机构对仲裁协议的效力作出决定

[①]　最高人民法院《仲裁法解释》第8条。详见第五章第一节。

[②]　《仲裁法》第5条。

[③]　《仲裁法》第26条。

后,当事人向人民法院申请确认仲裁协议效力或者申请撤销仲裁机构的决定的,人民法院不予受理。"①

(三)对仲裁机构的约束力——授予仲裁机构仲裁管辖权并限定仲裁的范围

仲裁协议是仲裁委员会受理仲裁案件的基础,是仲裁庭审理和裁决仲裁案件的依据。没有仲裁协议就没有仲裁机构对仲裁案件的仲裁管辖权。我国《仲裁法》第4条规定:"没有仲裁协议,一方申请仲裁的,仲裁委员会不予受理。"同时,仲裁机构的管辖权又受到仲裁协议的严格限制,即仲裁庭只能对当事人在仲裁协议中约定的争议事项进行仲裁,对仲裁协议约定范围以外的其他争议无权仲裁。

二、仲裁协议的无效与失效

(一)仲裁协议无效的法定情形②

仲裁协议是双方当事人意思表示一致的合意行为,法律在赋予其一定的约束力的同时,也往往明确规定达到具有这一约束力的强制性条件和规范。当仲裁协议违反了该条件和规范时,该仲裁协议无效。根据我国《仲裁法》的规定,仲裁协议在下列情形下无效:

1. 以口头方式订立的仲裁协议无效

我国《仲裁法》第16条规定了仲裁协议的形式要件,即仲裁协议必须以书面方式订立。因此以口头方式订立的仲裁协议不受法律的保护。

2. 约定的仲裁事项超出法律规定的仲裁范围,仲裁协议无效

我国《仲裁法》第2条和第3条规定,平等主体之间的合同纠纷和其他财产权益纠纷可以仲裁,婚姻、收养、监护、扶养、继承纠纷以及依法应当由行政机关处理的行政争议不能仲裁。

3. 无民事行为能力人或者限制民事行为能力人订立的仲裁协议无效

为了维护民商事关系的稳定性及保护未成年人和其他无行为能力人、限制行为能力人的合法权益,法律要求签订仲裁协议的当事人必须具备完全行为能力,否则,所签订的仲裁协议无效。

4. 一方采取胁迫手段,迫使对方订立仲裁协议的,该仲裁协议无效

自愿原则是仲裁制度的根本原则,它贯穿于仲裁程序的始终。仲裁协议的订立,必须是双方当事人在平等协商基础上的真实意思表示。以胁迫手段与对方当事人订立仲裁协议,违反了自愿原则,所订立的仲裁协议不是双方当事人

---

① 最高人民法院《仲裁法解释》第13条。
② 请结合本章第二节和第三节的内容学习。

的真实意愿,不符合仲裁协议成立的有效要件。

5. 仲裁协议对仲裁事项没有约定或约定不明确,或者仲裁协议对仲裁委员会没有约定或者约定不明确,当事人对此又达不成补充仲裁协议的,该仲裁协议无效

仲裁协议中要明确约定仲裁事项和选定的仲裁委员会,这是仲裁法对仲裁协议的基本要求。如果仲裁协议中没有对此进行约定或者约定不明确又无法进行法定范围的推定,该仲裁协议则具有瑕疵。对于有瑕疵的仲裁协议,法律规定是可以补救的,即双方当事人可以达成补充协议。未能达成补充协议,仲裁协议即为无效。

(二) 仲裁协议的失效

仲裁协议失效,是指一项有效的仲裁协议因特定事由的发生而丧失其原有的法律效力。仲裁协议的失效不同于仲裁协议的无效,它们的根本区别在于,仲裁协议的失效是原本有效的仲裁协议在特定条件下失去了其应有的效力;而仲裁协议的无效是该仲裁协议自始就没有法律效力。

仲裁协议在下列情形下失效:

1. 基于仲裁协议,仲裁庭作出的仲裁裁决被当事人自觉履行或者被法院强制执行,即仲裁协议约定的提交仲裁的争议事项得到最终解决,该仲裁协议因此而失效

我国《仲裁法》第 9 条第 1 款规定,裁决作出后,当事人就同一纠纷再申请仲裁或者向人民法院起诉的,仲裁委员会或者人民法院不予受理。

2. 因当事人协议放弃已签订的仲裁协议,该仲裁协议失效

协议放弃已订立的仲裁协议与协议订立仲裁协议一样,都是当事人的权利,仲裁协议一经双方当事人协议放弃,则失去效力。当事人协议放弃仲裁协议的具体表现为:①双方当事人通过达成书面协议,明示放弃了原有的仲裁协议。②双方当事人通过达成书面协议,变更了纠纷解决方式。如当事人一致选择通过诉讼方式解决纠纷,从而使仲裁协议失效。③当事人通过默示行为变更了纠纷解决方式,使仲裁协议失效。如双方当事人达成了仲裁协议,一方当事人向人民法院起诉未声明有仲裁协议,人民法院受理后,对方当事人未提出异议并应诉答辩的,视为放弃仲裁协议。

3. 附期限的仲裁协议因期限届满而失效

例如双方当事人在含有仲裁条款的合同中约定,本合同的履行期为 6 个月,因此,若在 6 个月期间内双方基于本合同发生争议,则通过仲裁方式解决。超过 6 个月的约定期限,在双方未续签合同的情形下,已签订的合同,包括仲裁条款失效。

4. 基于仲裁协议,仲裁庭作出的仲裁裁决被法院裁定撤销或不予执行,该仲裁协议失效

我国《仲裁法》第 9 条第 2 款规定:"裁决被人民法院依法裁定撤销或者不予执行的,当事人就该纠纷可以根据双方重新达成的仲裁协议申请仲裁,也可以向人民法院起诉。"

(三)仲裁协议无效、失效的法律后果

仲裁协议的无效或者失效,使得仲裁协议不再具有法律的约束力,具体表现在:对当事人来说,当事人之间的纠纷既可以通过向法院提起诉讼的方式解决,也可以重新达成仲裁协议通过仲裁方式解决;对法院来说,由于排斥司法管辖权的原因已经消失,法院对于当事人之间的纠纷具有管辖权;对仲裁机构来说,因其丧失了行使仲裁权的依据,而不能对当事人之间的纠纷进行审理并作出裁决。

三、仲裁协议效力的确认机构及程序

(一)仲裁协议效力的确认机构

根据我国《仲裁法》和最高人民法院司法解释的相关规定,对仲裁协议法律效力的确认机构是仲裁委员会和人民法院。

(1)《仲裁法》第 20 条规定:"当事人对仲裁协议的效力有异议的,可以请求仲裁委员会作出决定或者请求人民法院作出裁定。一方请求仲裁委员会作出决定,另一方请求人民法院作出裁定的,由人民法院裁定。"根据《仲裁法》的这一规定,仲裁委员会和人民法院都有权确定仲裁协议的法律效力,但当双方当事人分别向仲裁委员会和人民法院请求确认仲裁协议的效力时,原则上由人民法院作出裁定。

(2)最高人民法院在《关于确认仲裁协议效力几个问题的批复》中进一步对《仲裁法》第 20 条的规定作出解释,即"当事人对仲裁协议的效力有异议,一方当事人申请仲裁机构确认仲裁协议效力,另一方当事人请求人民法院确认仲裁协议无效,如果仲裁机构先于人民法院接受申请并已作出决定,人民法院不予受理;如果仲裁机构接受申请后尚未作出决定,人民法院应予受理,同时通知仲裁机构终止仲裁"。对此,《仲裁法解释》进一步明确规定:"仲裁机构对仲裁协议的效力作出决定后,当事人向人民法院申请确认仲裁协议效力或者申请撤销仲裁机构的决定的,人民法院不予受理。"[1]上述司法解释明确了在双方当事人分别向仲裁委员会和人民法院请求确认仲裁协议效力时,仲裁委员会是否先于人民法院接受申请并已作出决定成为关键,如果仲裁委员会先于人民法院接受

---

[1] 《仲裁法解释》第 13 条第 2 款。

申请并已作出决定,人民法院则无权受理;反之,人民法院有权受理,仲裁委员会无权作出决定。

(3)《仲裁法》第 20 条只原则规定了人民法院有权对当事人申请确认仲裁协议的效力进行认定,但并未规定应由哪一级人民法院管辖。为此,最高人民法院在《仲裁司法审查规定》中作出了明确规定。

《仲裁司法审查规定》第 2 条、第 4 条规定:"申请确认仲裁协议效力的案件,由仲裁协议约定的仲裁机构所在地、仲裁协议签订地、申请人住所地、被申请人住所地的中级人民法院或者专门人民法院管辖。涉及海事海商纠纷仲裁协议效力的案件,由仲裁协议约定的仲裁机构所在地、仲裁协议签订地、申请人住所地、被申请人住所地的海事法院管辖;上述地点没有海事法院的,由就近的海事法院管辖。""申请人向两个以上有管辖权的人民法院提出申请的,由最先立案的人民法院管辖。"

这一规定,使有权确定仲裁协议效力的法院级别更加明确,避免了实践中的盲目性。

(二)仲裁协议效力的确认程序

1. 当事人向仲裁机构请求确认仲裁协议的效力

当事人向仲裁机构请求确认仲裁协议的效力,由仲裁委员会按照《仲裁法》和仲裁规则规定的程序进行审查和确定。依照《仲裁法》第 20 条第 2 款及《仲裁法司法解释》第 13 条的规定,当事人对仲裁协议的效力有异议,应当在仲裁庭首次开庭前提出。如果当事人在仲裁庭首次开庭前没有对仲裁协议的效力提出异议,而后向人民法院申请确认仲裁协议无效的,人民法院不予受理。仲裁机构对仲裁协议的效力作出决定后,当事人向人民法院申请确认仲裁协议效力或者申请撤销仲裁机构的决定的,人民法院不予受理。

2. 当事人向人民法院请求确认仲裁协议的效力

根据《仲裁司法审查规定》的相关规定,当事人向人民法院请求确认仲裁协议效力的:

(1)申请人应当向有管辖权的人民法院提交申请书及仲裁协议正本或者经证明无误的副本。申请书应当载明下列事项:①申请人或者被申请人为自然人的,应当载明其姓名、性别、出生日期、国籍及住所;为法人或者其他组织的,应当载明其名称、住所以及法定代表人或者代表人的姓名和职务;②仲裁协议的内容;③具体的请求和理由。当事人提交的外文申请书、仲裁协议及其他文件,应当附有中文译本。申请人提交的文件不符合上述规定,经人民法院释明后提交的文件仍然不符合规定的,裁定不予受理。申请人向对案件不具有管辖权的人民法院提出申请,人民法院应当告知其向有管辖权的人民法院提出申请,申请人仍不变更申请的,裁定不予受理。人民法院立案后发现不符合受理条件的,裁定驳回申请。申请人对不予受理和驳回申请的裁定不服的,可以提起上诉。

（2）对于申请人请求确认仲裁协议效力的申请,人民法院应当在 7 日内审查决定是否受理。人民法院受理后,应当在 5 日内向申请人和被申请人发出通知书,告知其受理情况及相关的权利义务。

（3）人民法院受理后,被申请人对管辖权有异议的,应当自收到人民法院通知之日起 15 日内提出。人民法院对被申请人提出的异议,应当审查并作出裁定。当事人对裁定不服的,可以提起上诉。

（4）人民法院审查仲裁协议效力案件,应当组成合议庭并询问当事人。

（5）根据最高人民法院《报核问题的规定》,各中级人民法院或者专门人民法院经审查拟认定仲裁协议无效,应当向本辖区所属高级人民法院报核,待高级人民法院审核后,方可依高级人民法院的审核意见作出裁定。高级人民法院经审查拟同意中级人民法院或者专门人民法院认定仲裁协议无效,若当事人住所地跨省级行政区域,应当向最高人民法院报核,待最高人民法院审核后,方可依最高人民法院的审核意见作出裁定。

人民法院对仲裁协议效力作出的裁定,除不予受理、驳回申请、管辖权异议的裁定外,一经送达即发生法律效力。当事人申请复议、提出上诉或者申请再审的,人民法院不予受理,但法律和司法解释另有规定的除外。

3. 当事人请求法院确认仲裁协议无效,并另行起诉

如果"一方当事人就合同纠纷或者其他财产权益纠纷申请仲裁,另一方当事人对仲裁协议的效力有异议,请求人民法院确认仲裁协议无效并就合同纠纷或者其他财产权益纠纷起诉的,人民法院受理后应当通知仲裁机构中止仲裁。人民法院依法作出仲裁协议有效或者无效的裁定后,应当将裁定书副本送达仲裁机构,由仲裁机构根据人民法院的裁定恢复仲裁或者撤销仲裁案件"。[①]

 ◆配套测试

一、不定项选择

1. 下列哪些仲裁协议无效或失效?(　　　)

  A. 甲、乙两公司签订了货物买卖合同,合同中约定了仲裁条款。后甲乙双方又签订补充协议,约定"如因双方所签订的货物买卖合同或补充协议的履行发生争议,双方应协商解决,协商不成的,应向有管辖权的人民法院提起诉讼"

  B. 仲裁庭基于双方当事人签订的仲裁协议,对纠纷案件作出仲裁裁决,

[①] 最高人民法院《关于确认仲裁协议效力几个问题的批复》第4条。

但在申请执行时被人民法院裁定不予执行。原仲裁申请人基于原仲裁协议重新向仲裁机构申请仲裁

C. 甲、乙两公司在双方合同纠纷的诉讼中对法官均不满意,双方商量先撤诉后仲裁。甲公司向法院提出了撤诉申请,法院裁定准许撤诉。此后甲、乙两公司签订了仲裁协议,约定将该合同纠纷提交某仲裁委员会仲裁

D. 丙、丁两公司签订的合同中约定了内容完备的仲裁条款,但该合同的内容违反了实体法禁止性规定

2. 上海市兴隆公司与宁波市西宁公司在东台签订了一份合同,该合同履行地在温州市。合同中的仲裁条款约定:如本合同发生争议,提交东台市仲裁委员会仲裁。现兴隆公司与西宁公司发生合同纠纷,兴隆公司欲申请仲裁,得知东台市未设仲裁委员会,但上海、宁波、温州三个市均设立了仲裁委员会。请问兴隆公司应当怎么办?(　　　)

A. 向上海市仲裁委员会申请仲裁

B. 向宁波市仲裁委员会申请仲裁

C. 向温州市仲裁委员会申请仲裁

D. 向宁波市或温州市有管辖权的人民法院起诉

3. 甲公司与乙公司就双方签订的加工承揽合同达成仲裁协议,约定一旦合同履行发生纠纷,由当地仲裁委员会仲裁。后双方在合同履行中发生争议,甲公司对乙公司提起诉讼。对此乙公司没有向受诉法院提出异议。开庭审理中,甲公司举出充分证据,乙公司败诉已成定局,于是乙公司向法院提交了双方达成的仲裁协议。法院应如何处理?(　　　)

A. 继续审理

B. 首先裁定该仲裁协议无效

C. 如甲公司承认双方签订了有效仲裁协议,则裁定驳回起诉

D. 将仲裁协议的效力问题移交给有关仲裁委员会审理

4. 根据我国《仲裁法》及其相关司法解释的规定,下列选项符合仲裁协议形式要件的是:(　　　)。

A. 甲公司与乙公司签订了一份加工合同,合同签订后,双方就加工标的物的质量标准问题以传真方式互相磋商,在双方往来的传真件中记载,如果合同履行中产生纠纷,应提交某仲裁委员会仲裁

B. 甲公司与乙公司签订了一份购销合同,后因标的物质量问题发生纠纷,双方法定代表人在协商解决问题的过程中,口头表示对该纠纷如果协商解决不成,则提交仲裁解决,对此有在场的双方律师作证

C. 甲公司与乙公司签订了一份建筑工程承包合同,后因乙公司拖欠工

　程款问题双方发生纠纷,就该工程款问题双方通过电子邮件进行协商,最终在电子邮件中达成将该纠纷提交某仲裁委员会仲裁的协议

　　D. 甲公司与乙公司在购销合同中约定合同履行过程中所产生的一切争议均应提交某仲裁委员会仲裁

　　5. 甲公司与乙公司在 A 市签订了一份技术合作合同,并在合同中约定了仲裁条款,但该仲裁条款没有明确约定仲裁机构。后因双方在履行合同中发生争议,甲公司就向合同履行地 B 市的仲裁委员会申请仲裁。如乙公司申请人民法院认定仲裁条款无效,可以向哪个法院申请?(　　　)

　　A. A 市中级人民法院

　　B. B 市中级人民法院

　　C. 甲公司住所地的中级人民法院

　　D. 乙公司住所地的中级人民法院

　　6. 当事人在合同中约定,双方在履行合同过程中发生的争议,提交北京市的仲裁委员会仲裁。下列说法中正确的是:(　　　)。

　　A. 该约定意思表示明确,仲裁条款有效

　　B. 纠纷发生后,当事人可以选择位于北京市的任何一家仲裁机构申请仲裁,而不得向人民法院起诉

　　C. 由于该约定对于仲裁委员会的选择不是唯一的,因而仲裁条款无效

　　D. 当事人可以协商选择一家位于北京市的仲裁机构申请仲裁,如果当事人不能就仲裁机构的选择达成一致的,仲裁协议无效

　　7. 瑞步公司与飞跃公司签订了一份运动器械购销合同,在合同中双方约定:“如果瑞步公司新开发的运动器械能够获得国家专利,飞跃公司则购买瑞步公司的该种运动器械 5 万台。双方如果就该合同发生争议,则提交上海仲裁委员会仲裁解决。”合同签订后,瑞步公司由于种种原因未能就该运动器械申请到国家专利,但同时向飞跃公司开始供货,飞跃公司拒绝接收,双方发生争议。该合同中仲裁条款的效力如何?(　　　)

　　A. 该仲裁条款有效

　　B. 由于该合同是附生效条件的合同,条件未成就的,合同不生效,因此仲裁条款也不发生效力

　　C. 由上海市中级人民法院裁定其效力

　　D. 由上海仲裁委员会认定其效力

　　8. 下列哪项仲裁协议有效?(　　　)

　　A. 甲、乙双方约定,将争议提交石家庄市仲裁委员会仲裁

　　B. 甲、乙双方约定,将争议提交中国国际经济贸易仲裁委员会按照其现行仲裁规则进行仲裁

  C. 甲、乙双方对仲裁委员会没有约定,发生纠纷后,自愿达成了向北京仲裁委员会仲裁的补充协议

  D. 甲、乙双方约定,发生争议后由仲裁机构按照北京仲裁委员会仲裁规则进行仲裁

  9. 甲企业与乙企业签订了产品购销合同,并就该合同发生争议后的纠纷解决订立了单独的仲裁协议。后由于甲企业在原材料采购方面出现困难,难以全面履行合同。在征得乙企业认可的情况下,甲企业将该合同的权利义务完全地转移给了丙企业。后丙企业在合同履行中与乙企业发生纠纷,关于纠纷的解决下列说法正确的是:(　　)。

  A. 由于乙、丙企业间没有签订过仲裁协议,该纠纷不能通过仲裁解决

  B. 如果在受让债权债务时,丙不知甲、乙之间有仲裁协议,则仲裁协议不能约束丙

  C. 仲裁协议对合同受让人不发生效力,乙、丙之间的争议如果通过仲裁解决,必须重新达成仲裁协议

  D. 甲、乙之间的仲裁协议必然约束乙和丙,乙、丙之间的争议应当通过仲裁解决

  10. 海口市宜家公司与厦门旺德福公司签订了热水器购销合同,约定:旺德福公司向宜家公司购买热水器 1 000 台,宜家公司应于一个月后交付货物,旺德福公司工作人员检验热水器质量合格后,应立即支付 75 万元货款;如在履行合同过程中,双方发生争议,应当提交海口仲裁委员会或厦门仲裁委员会进行仲裁。在宜家公司交货时,旺德福公司工作人员验货后认为部分热水器存在漏电现象,具有严重的安全隐患,因此拒绝付款,双方发生争议,且各执一词,分歧较大。在下列关于双方签订的仲裁协议的说法中,何者为正确?(　　)

  A. 当事人双方签订的仲裁协议无效

  B. 如果双方当事人经协商,一致选择向厦门仲裁委员会申请仲裁,则仲裁协议有效

  C. 宜家公司可以请求海口仲裁委员会对仲裁协议的效力进行认定

  D. 宜家公司可以请求人民法院对仲裁协议的效力进行认定

  11. 甲公司与乙公司机械设备购销合同纠纷一案,甲公司向乙公司住所地人民法院起诉,要求乙公司赔偿因提供质量不合格机械设备给自己造成的经济损失,人民法院受理案件并经过首次庭前证据交换,在第二次证据交换中,乙公司提出与甲公司之间存在独立的仲裁协议书,人民法院不应当受理该争议案件。对此,下列哪些说法是不正确的?(　　)

  A. 人民法院应当继续审理此案件

  B. 人民法院应主动审查仲裁协议的效力,如果仲裁协议无效,人民法

院应当继续审理

C. 人民法院应当驳回起诉

D. 人民法院应当与甲公司协商决定是否继续审理此案件

12. 根据我国《仲裁法》及其相关司法解释的规定,在下列哪种情况下仲裁协议并不当然无效?(　　)

A. 约定的仲裁事项属于平等主体之间有关抚养关系的纠纷

B. 甲公司与乙公司通过口头方式达成的仲裁协议

C. 载有仲裁条款的合同部分内容因涉及法律禁止性规定而无效

D. 仲裁条款约定"因本合同履行发生的一切争议,由地处济南的仲裁委员会进行仲裁"

13. 达兴公司与经远公司签订了货物运输合同。运输中经远公司由于疏忽造成达兴公司货物毁损,双方就赔偿问题发生纠纷,后双方达成将该纠纷提交北京仲裁委员会仲裁解决的协议。达兴公司未申请仲裁,而是向经远公司住所地人民法院提起诉讼,并且未说明有仲裁协议。法院受理案件后,经远公司便应诉答辩。法院经审理作出判决后,经远公司依据仲裁协议向北京仲裁委员会申请仲裁。根据有关法律规定,下列说法哪个是正确的?(　　)

A. 达兴公司的起诉有效

B. 人民法院的受理有效

C. 人民法院的判决有效

D. 经远公司的仲裁申请有效

14. 北京甲公司与天津乙公司签订了一份技术开发合同,合同约定,因本合同履行所发生的一切争议应提交北京仲裁委员会仲裁。后甲公司内部管理出现危机,遂与乙公司协商解除合同。乙公司同意解除合同,双方就合同解除后的赔偿达成协议。因在履行有关赔偿协议时双方存在分歧,乙公司遂依法向北京市某区人民法院提起诉讼,人民法院立案后,甲公司以双方协议中存在仲裁协议为由对该人民法院管辖权提出异议。此时,人民法院应当如何处理?(　　)

A. 裁定驳回起诉

B. 裁定不予受理

C. 裁定本院具有管辖权

D. 裁定管辖权异议成立,移送有管辖权的仲裁委员会受理

15. 张辰和赵谬在合同中约定,因本合同所发生的争议,提交某仲裁委员会仲裁。后双方发生争议,赵谬向约定的仲裁委员会申请仲裁,但是张辰对仲裁协议的效力提出异议,对此,他可以向哪个机构申请认定仲裁协议的效力?(　　)

A. 该仲裁委员会所在地的基层人民法院

B. 该仲裁委员会所在地的中级人民法院

C. 该仲裁委员会

D. 合同签订地的中级人民法院

16. 王祥和李任之间的借款合同发生纠纷后,双方达成仲裁协议,自愿将已经发生的争议提交仲裁解决。根据我国仲裁法的规定,双方有权对下列哪些事项进行约定?(　　)

A. 对仲裁裁决是否可以申请不予执行

B. 对仲裁员是否实行回避制度

C. 不开庭仲裁

D. 选定 5 名仲裁员

17. 关于仲裁协议的效力,下列说法错误的是:(　　)。

A. 当事人对仲裁协议的效力有异议的,一方请求仲裁委员会作出决定,另一方请求人民法院裁定的,由人民法院裁定

B. 当事人对仲裁协议的效力有异议的,一方请求仲裁机构确认仲裁协议的效力,另一方请求人民法院确认仲裁协议无效,如仲裁机构已经先于人民法院接受申请并作出决定,人民法院不予受理

C. 在上述 B 项情况下,如果仲裁机构先于人民法院接受申请,但尚未作出决定,人民法院应当受理,同时通知仲裁机构终止仲裁

D. 如果一方当事人就合同纠纷申请仲裁,另一方当事人对仲裁协议的效力有异议,请求人民法院确认仲裁协议无效并就合同纠纷起诉的,人民法院应当予以驳回,告知其向仲裁机构申请仲裁

18. A 市水天公司与 B 市龙江公司签订一份运输合同,并约定如发生争议提交 A 市的 C 仲裁委员会仲裁。后因水天公司未按约支付运费,龙江公司向 C 仲裁委员会申请仲裁。在第一次开庭时,水天公司未出庭参加仲裁审理,而是在开庭审理后的第二天向 A 市中级人民法院申请确认仲裁协议无效。C 仲裁委员会应当如何处理本案?(　　)

A. 应当裁定中止仲裁程序

B. 应当裁定终结仲裁程序

C. 应当裁定驳回仲裁申请

D. 应当继续审理

19. A 市甲公司与 B 市乙公司在 B 市签订了一份钢材购销合同,约定合同履行地在 A 市。同时双方还商定因履行该合同所发生的纠纷,提交 C 仲裁委员会仲裁。后因乙公司无法履行该合同,经甲公司同意,乙公司的债权债务转让给 D 市的丙公司,但丙公司明确声明不接受仲裁条款。关于本案仲裁条款的效力,下列哪些选项是错误的?(　　)

  A. 因丙公司已明确声明不接受合同中的仲裁条款,所以仲裁条款对其不产生效力

  B. 因丙公司受让合同中的债权债务,所以仲裁条款对其有效

  C. 丙公司的声明只有取得甲公司同意,该仲裁条款对丙公司才无效

  D. 丙公司的声明只有取得乙公司同意,该仲裁条款对丙公司才无效

20. 河北省石家庄市的李志明和李文红因感情破裂,到民政局协议离婚,双方达成协议由李文红抚养儿子李强,如若对李强的抚养权发生争议,则应提交二人住所地的石家庄仲裁委员会仲裁。后来双方在仲裁条款的效力上发生争议,李文红向石家庄仲裁委员会请求认定仲裁协议的效力,李志明却向人民法院请求作出仲裁协议无效的认定。据此,下列说法正确的是:(　　　)。

  A. 由石家庄仲裁委员会提出书面意见,再由人民法院对此仲裁条款的效力作出认定

  B. 应由石家庄仲裁委员会对此仲裁条款的效力作出认定

  C. 在人民法院作出仲裁协议效力认定后,当事人应当向有管辖权的人民法院起诉

  D. 在人民法院作出仲裁协议效力认定后,当事人应当向石家庄仲裁委员会申请仲裁

21. 大庆农用拖拉机公司与长安机械厂签订了一份含有仲裁条款的发动机购销合同,约定凡因本合同或与本合同有关的一切争议,均提交大庆仲裁委员会仲裁。合同签订后,因对外大量欠债,长安机械厂决定进行资产重组,改为股份制公司,因此不能按期履行合同。经过协商,大庆农用拖拉机公司与长安机械厂决定解除合同,但是就解除合同给大庆农用拖拉机公司造成损失的赔偿问题,双方发生争议。

(1) 此时,合同中仲裁条款的效力如何?(　　　)

  A. 自然失效

  B. 仍然有效

  C. 由有关人民法院裁定其效力

  D. 由仲裁条款约定的仲裁委员会认定其效力

(2) 如果大庆农用拖拉机厂向大庆仲裁委员会申请仲裁,以解决因解除合同对自己造成损失的赔偿问题。而长安机械厂向人民法院提出申请,认为该仲裁条款随合同的解除而失去效力,请求法院确认仲裁条款无效,大庆农用拖拉机厂则同时向仲裁委员会提出申请,要求仲裁委员会对该仲裁条款的效力予以确认,在此种情况下,该仲裁条款的法律效力如何?(　　　)

  A. 自然终止

  B. 自然有效

  C. 由仲裁委员会决定

  D. 由人民法院裁定

  (3) 如果大庆农用拖拉机厂向大庆仲裁委员会申请仲裁,长安机械厂向仲裁委员会提出异议,认为该仲裁条款随合同的解除而失去效力,仲裁委员会作出决定认为该仲裁条款有效。后长安机械厂又向人民法院提出申请撤销仲裁机构的决定,人民法院应当如何处理?(　　　)

  A. 应当受理,同时必须组成合议庭审查

  B. 应当受理,可以适用独任审判员进行审查

  C. 应当受理,同时通知仲裁庭中止仲裁程序

  D. 不予受理

  (4) 如果大庆农用拖拉机厂向大庆仲裁委员会申请仲裁,长安机械厂没有提出异议,而是参加了仲裁程序,在仲裁裁决将要作出之前,长安机械厂认为仲裁裁决有可能对自己不利,于是向人民法院提出,仲裁条款应当随合同的解除而失去效力,申请法院确认仲裁条款无效。人民法院应当如何处理?(　　　)

  A. 应当受理,同时必须组成合议庭审查

  B. 应当受理,同时通知仲裁庭中止仲裁程序

  C. 应当受理,组成合议庭审查后作出驳回长安机械厂申请的裁定

  D. 不予受理

二、案例分析

  1. 张三于 2017 年 5 月 8 日与北京成千上万餐饮管理有限公司签订《特许经营合同》,约定北京成千上万餐饮管理有限公司将其拥有的注册商标及经营资源授予张三使用,张三支付特许经营费后加盟北京成千上万餐饮管理有限公司的特许经营系统。双方在合同中约定了争议解决方式:"双方因履行本合同发生的争议应协商解决,协商不成的,提交北京仲裁委员会仲裁,如一方对仲裁结果不服,可依法向具有管辖权的人民法院起诉。"

  2018 年 12 月,张三依据合同中的仲裁条款向北京仲裁委员会申请仲裁。被申请人北京成千上万餐饮管理有限公司提出异议,主张仲裁条款违反了或裁或审、一裁终局的原则,应为无效。

  请问:该仲裁条款是否有效?为什么?

  2. 赛铂电脑公司与华夏电子线路板公司签订一份线路板加工合同,合同约定,华夏电子线路板公司于 2015 年 2 月底之前为赛铂电脑公司完成一套线路板加工任务,部分原材料及加工费总计为 49 万元,于设备交付后 7 日内一次性付清,如果华夏电子线路板公司延迟交货,应向对方支付合同标的额总价 10%的违约金。合同签订后,双方又单独签订了独立的仲裁协议,约定在合同履行过程中,如果就标的物的质量问题发生争议,协商解决不成时,应提交 A 仲裁委

员会仲裁。合同履行后,双方就线路板质量问题发生争议。赛铂电脑公司于 2015 年 6 月 4 日向人民法院起诉,人民法院受理案件后,向被告华夏电子线路板公司送达了起诉状副本,并在被告进行实体答辩的情况下对争议案件进行了审理,作出责令华夏电子线路板公司重新加工线路板并支付延迟交货违约金的判决。判决作出后,华夏电子线路板公司以存在仲裁协议,人民法院无权受理为由提出上诉。

请问:

(1) 华夏电子线路板公司的上诉理由是否成立? 人民法院的判决是否有效?

(2) 如果华夏电子线路板公司在接到起诉状副本后,以存在仲裁协议为理由对人民法院的管辖权提出抗辩,人民法院应当如何处理?

(3) 如果发生争议后,赛铂电脑公司申请 A 仲裁委员会仲裁解决,仲裁委员会受理案件后,经过审理作出责令华夏电子线路板公司重新加工设备并支付违约金的仲裁裁决,那么,该仲裁裁决是否超出了仲裁协议约定的范围?

3. 海南省天南公司与海北公司于 2018 年 6 月签订了一份租赁合同,约定由天南公司进口一套化工生产设备,租给海北公司使用,海北公司按年交付租金。海南省 A 银行出具担保函,为海北公司提供担保。后来天南公司与海北公司因履行合同发生争议。

请根据以下设问所给的假设条件回答问题:

(1) 如果天南公司与海北公司签订的合同中约定了以下仲裁条款:“因本合同的履行所发生的一切争议,均提交珠海仲裁委员会仲裁”,天南公司因海北公司无力支付租金,向珠海仲裁委员会申请仲裁,将海北公司和 A 银行作为被申请人,请求裁决被申请人给付拖欠的租金。天南公司的行为是否正确? 为什么?

(2) 如果存在上问中所说的仲裁条款,天南公司能否向人民法院起诉海北公司和 A 银行,请求支付拖欠的租金? 为什么?

(3) 如果本案通过仲裁程序审理,天南公司申请仲裁委员会对海北公司的财产采取保全措施,仲裁委员会应当如何处理?

(4) 如果本案通过仲裁程序审理后,在对仲裁裁决执行的过程中,法院裁定对裁决不予执行,在此情况下,天南公司可以通过什么法律程序解决争议?

第五章
仲裁程序

本章导读

仲裁程序是仲裁的核心,仲裁案件的审理必须在仲裁程序中进行。通过当事人的申请和仲裁机构的审查受理开始仲裁程序,经过法定步骤、程式,仲裁庭作出最终裁决。

本章分别讨论了仲裁当事人、仲裁的申请与受理、仲裁请求与反请求、仲裁保全、仲裁的审理与裁决以及简易程序等各具体程序问题,是全书的重点内容之一。学习本章内容,首先,应当掌握仲裁当事人的概念和特征,当事人变更的事由,仲裁中是否存在仲裁第三人的分析思路,以及代理人的基本理论。其次,应当了解从当事人申请到仲裁庭作出仲裁裁决各程序的条件、步骤、方式以及仲裁审理中一些特殊问题的处理。最后,应当学会灵活运用各原理、程序等解决实际问题。

第一节　仲裁当事人与代理人

一、仲裁当事人的含义及特征

仲裁当事人,一般是指仲裁程序当事人。即依据仲裁协议,以自己的名义参加仲裁程序,并受仲裁裁决约束的主体。从世界各国仲裁立法和实践对仲裁当事人的规定来看,仲裁当事人具有以下特征:

(一) 仲裁当事人的法律地位平等

仲裁双方当事人的仲裁关系,建立在他们之间商事法律关系基础之上。根据商事法律关系的特点,双方当事人的法律地位是平等的。我国《仲裁法》第2条明确规定,仲裁只适用于平等主体的公民、法人或其他组织之间的特定纠纷。如果某一法律关系的当事人之间法律地位不平等,意味着一方当事人与另一方当事人之间必然存在着上下级关系或管理与被管理的关系,也就是说他们之间的法律关系,不是商事法律关系,故所发生的纠纷,不能按照仲裁法所规定的仲裁程序进行仲裁。

(二) 仲裁当事人之间必须订有有效的仲裁协议

仲裁协议是仲裁赖以存在的基础。没有仲裁协议,仲裁机构不能受理当事人的仲裁申请,仲裁庭不能审理和裁决纠纷案件,即没有仲裁协议就没有仲裁,也就不可能有仲裁当事人。所以仲裁协议是仲裁当事人产生、存在,以及进行仲裁程序的基础。

(三) 仲裁当事人之间的纠纷必须具有可仲裁性

纠纷具有可仲裁性是以仲裁方式解决纠纷特有的属性。不具有可仲裁性的纠纷,不属于仲裁立法所规定的仲裁范围,该纠纷就不能通过仲裁方式解决,当事人也就不可能成为仲裁当事人。

在仲裁程序中,当事人有其特定的称谓。依法提出仲裁申请的人,称为申请人;对方当事人称为被申请人。在执行程序中,当事人称为申请执行人和被申请执行人,或被执行人。仲裁当事人与仲裁参加人、仲裁参与人不同。仲裁参加人是指参加仲裁活动,并依法享有仲裁程序中的权利,承担仲裁程序中义务的人。仲裁参加人除包括仲裁当事人以外,还包括仲裁代理人。仲裁参与人除包括仲裁参加人以外,还包括证人、鉴定人、翻译人员等。关于仲裁程序中是否存在第三人,我国仲裁法未作规定。

二、仲裁当事人的变更

仲裁当事人的变更,是指在仲裁程序中,由于特殊事由的发生,仲裁当事人被仲裁程序以外的人取代参加仲裁程序。仲裁当事人的变更,是一个非常重要而复杂的问题,所涉及的主要法律问题是,当事人变更后仲裁庭能否对该仲裁协议以外的人行使仲裁权,所作出的仲裁裁决能否约束变更后的当事人? 在各国仲裁立法中,当事人变更主要有以下几种原因:

(一) 当事人死亡

当事人死亡既包括自然人的死亡,也包括法人的死亡。当事人死亡的后果在法律上产生继承,即死亡人的权利义务由其继承人承受。在民事诉讼中,各国均承认继承人代替已死亡的当事人参加诉讼。但由于仲裁程序的特殊性,只有签订仲裁协议的当事人才能成为仲裁程序中的当事人。因此,继承人能否替代已死亡的当事人成为仲裁中的当事人,是一个颇具争议的问题。而当事人在仲裁程序之前或之中死亡,会对仲裁程序产生不同影响。

1. 自然人的死亡

仲裁程序开始前,自然人死亡的,仲裁协议对承继死者权利义务的继承人是否有效？根据一般的原理,仲裁协议应当有效,并对继承人具有约束力。[①] 表现为该继承人可以基于被继承人死亡之前订立的仲裁协议成为仲裁当事人。原因在于在商事仲裁程序开始之前,仲裁协议的法律性质具有契约性,应适用实体法关于合同当事人变更的规定。如果自然人死亡发生在仲裁程序进行中也是如此,仲裁协议对参加仲裁程序的继承人具有约束力。具体表现为已经进行过的仲裁程序应当有效。[②]

我国《仲裁法》对自然人死亡后仲裁协议对其承继人的效力未予规定,但最高人民法院在《仲裁法解释》第8条第2款明确规定,除非当事人订立仲裁协议时另有约定,"当事人订立仲裁协议后死亡的,仲裁协议对承继其仲裁事项中的权利义务的继承人有效"。因此,基于自然人死亡而导致的仲裁协议当事人的变更或仲裁程序中当事人的变更,除非继承人明示放弃对被继承人权利的继承,否则,应视为继承人对被继承人全部权利义务的继承,其中包括根据仲裁协议进行仲裁的权利与义务。

2. 法人死亡

现代各国法律均把法人的破产、合并或分立视作"当事人死亡"[③]。

(1) 法人破产。对于法人破产前签订的仲裁协议,不会因当事人宣告破产而导致无效。在英国,含有商事仲裁条款的主合同一方当事人在签订合同后破产的,如果破产管理人履行合同,就合同而引起或与合同有关的事项,破产管理人可以申请也可以被申请强制执行商事仲裁协议。[④] 宣告破产后,破产程序终结前,破产清算人或管理人可以作为当事人参加诉讼和仲裁。但破产程序终结后,对于法人而言,并不存在类似于自然人的继承人。因此,一旦法人破产,它作为一方当事人的仲裁程序即告结束。

(2) 法人的合并和分立。对于法人合并和分立的情况,不论是合并后的法人及分立后形成多个法人能否成为仲裁当事人,应适用民事实体法关于合同当事人变更的一般规定,即当事人订立合同后合并的,由合并后的法人或者其他组织行使合同权利,履行合同义务。当事人订立合同后分立的,除债权人和债务人另有约定外,由分立的法人或其他组织对合同的权利和义务享有连带债权,承担连带债务。这也是各国民事实体法普遍承认的原则。最高人民法院关于《仲裁法解释》第8条第1款对此作出了明确规定,除非当事人订立仲裁协议

---

① 例如,1996年《英国仲裁法》第8条就明确规定:"除非当事人另有约定,如果仲裁一方当事人死亡,仲裁协议继续有效。"

② 例如,根据《荷兰仲裁法》第1032条的规定:"除非当事人另有协议,仲裁协议或仲裁庭的委任均不应因为一方当事人的死亡而终止……除非当事人另有约定,仲裁程序在中止之后,应自原到达的阶段继续进行。"

③ 田平安、丁学军:《外国民事诉讼中的当事人变更》,载《外国法学研究》,1985,97页。

④ 张斌生主编:《仲裁法新论》,139页,厦门,厦门大学出版社,2002。

时另有约定,"当事人订立仲裁协议后合并、分立的,仲裁协议对其权利义务的继受人有效"。也就是说,如果当事人在仲裁协议中约定,法人分立后纠纷的解决不受仲裁协议的约束,则不发生仲裁当事人的变更,当事人可以通过其他途径解决纠纷。

不论是自然人的死亡,还是法人的合并、分立等,在仲裁实践中都是客观存在的现实。在我国,正是基于这一客观事实的不可避免,如果仅将仲裁协议的效力限定在签订仲裁协议的双方当事人上,不利于保障双方当事人的合法权益,因此,仲裁协议对当事人效力范围的扩张就成为必要。所谓仲裁协议对当事人效力范围的扩张,是指仲裁协议对签订仲裁协议以外的人所具有的约束效力。但这种扩张是一种法律扩张,即只有法律的明确规定才可以及于仲裁协议以外的人。《仲裁法解释》第8条就是仲裁协议对当事人效力范围扩张的法律依据,也肯定了当事人的变更对仲裁协议效力的影响。

(二)合同转让

因合同转让而引起仲裁过程中当事人的变更也是一个非常重要的问题。合同的转让实际上是合同主体的变更,是变更后主体对原有合同中权利义务的承受,或债权的承受或债务的承受。这种变更一般不影响仲裁程序的进行。当然,与当事人死亡不同,合同转让导致仲裁当事人变更是一种协议变更,若转让本身有规避法律之嫌或意在损害另一方当事人的权益,从确保仲裁合意性的角度出发,赋予协议另一方当事人异议权十分必要。[①]

三、关于"仲裁第三人"

由于社会关系的关联性和复杂性,一个法律关系争议的解决经常会牵涉第三方利益。在民事诉讼中,诉讼第三人在诉讼当事人制度中非常重要,同样作为纠纷解决方式的一种,仲裁也会牵涉第三人的利益,但是否同样存在"仲裁第三人"的概念? 仲裁庭能否对所谓"仲裁第三人"行使仲裁权? 在仲裁理论和各国的仲裁实践中存在分歧。

(一)各种观点

1. 肯定"仲裁第三人"

对仲裁中存在第三人持肯定态度的国家和学者,将民事诉讼第三人的概念套用在仲裁中,认为仲裁在申请人和被申请人的参加下进行,但在某种特殊情况下有第三方参加,即所谓仲裁第三人。根据第三人与仲裁争议标的是否有独立请求权,进一步将仲裁第三人分为有独立请求权的第三人和无独立请求权的

[①] 详见本书第四章第四节的相关内容。

第三人。[①] 该观点认为仲裁第三人问题,源于仲裁协议效力的扩张,基于特定事由导致仲裁协议的效力扩张到仲裁当事人以外的人。目前,欧洲一些国家的仲裁实践对仲裁条款的效力扩张到第三人予以认可。如法国上诉法院于 1995 年3 月最具说服力的观点:……国际合同中签订的仲裁条款有其固定的效力,该效力要求仲裁条款对直接负有履行合同义务的主体及因此而产生争议的当事人适用,并且对那些因其表现和行为足以令人断定他们知道仲裁条款的存在和范围的人也适用,虽然他们不是合同的签字一方。1996 年 1 月,瑞士联邦法院也曾作出一项裁决,认为如果商事仲裁条款约束子公司,其同样约束母公司。[②]

2. 否定"仲裁第三人"

对仲裁中存在第三人持否定态度的理论认为,仲裁程序中的当事人具有确定性,即仲裁程序的申请人和被申请人在仲裁程序开始时就是确定的,并自始至终不应变更。根据这一观点,仲裁程序不应涉及第三人问题。尽管实践中会存在第三方对仲裁事项享有独立的请求权,或虽无独立的请求权但与裁判结果具有法律上的利害关系,但由于他们没有参与仲裁条款的订立,也就是说,仲裁协议的当事人无意愿与之进行仲裁,故不能将其纳入仲裁程序。

3. 有条件地认可"仲裁第三人"

在是否认可仲裁程序中存在第三人的问题上,还有一种理论和做法,即有条件地承认第三人有权参加仲裁程序。[③] 这里所说的"条件",一般是指经过双方当事人的同意,或者经过仲裁庭同意等。

(二)分析及结论

对仲裁程序中是否存在仲裁第三人,可以作如下分析:

1. 所谓"仲裁第三人"的概念有广义和狭义之分

广义第三人是指,不受仲裁协议效力约束的任何人,参加仲裁程序,成为有独立地位的仲裁第三方当事人。一般来说,签订仲裁协议的双方当事人以及按照法律规定受仲裁协议约束的人,如自然人死亡后承继其权利义务的继承人等,都是仲裁当事人。仲裁当事人以外的其他人称为"第三人"。因此,所谓"仲

---

① 谭兵主编:《中国仲裁制度研究》,128~132 页,北京,法律出版社,1995。

② 戴维·哈金:《欧洲仲裁法改革》,陈凤彦译,载《仲裁与法律通讯》,1999(6)。

③ 例如《荷兰仲裁法》第 1045 条规定:"根据与仲裁程序的结果有利害关系的第三人的书面请求,仲裁庭可以允许第三人参加或者介入程序。声称第三人应予赔偿的一方当事人可以将一份通知送达给第三人。如果第三人根据他与仲裁协议的当事人之间的书面协议参加仲裁,其参加、介入或者联合索赔仅可由仲裁庭在听取当事人意见后许可。一旦准许了参加、介入或联合索赔的请求,第三人即可成为仲裁程序的一方当事人。"日本商事仲裁协会 1997 年《仲裁规则》第 40 条规定:"任何非仲裁案一方的当事人,凡经本人同意,而且该仲裁案当事人也同意后,均可以作为申诉人或被诉人参加该仲裁程序。尽管经当事人和本人同意,但如果仲裁庭认为,这样参加仲裁程序会延迟仲裁程序的进行,则仲裁庭可据此理由或其他适当的理由,予以拒绝接受。"

裁第三人"，不仅限于诉讼中所说的有独立请求权和无独立请求权的第三人，即不论有无独立请求权，只要不是仲裁协议的一方，不受仲裁协议的约束，而进入仲裁程序，成为有独立地位的仲裁第三方当事人，即"仲裁第三人"。而狭义第三人是指，不受仲裁协议约束的利害关系人，对当事人争议的标的有独立请求权，或者与案件裁判结果有法律上利害关系的人。

2. 仲裁程序中，涉及有关第三人利益的法律问题不可避免

这是由主体之间实体权利义务关系的交叉性、重叠性、复杂性等因素决定的，即当事人之间的争议往往会产生牵涉他人的情形。因此，在客观上应当承认存在第三人，存在仲裁当事人之外的与仲裁案件有某种牵连关系的第三人。

3. 仲裁以当事人的自主性、自愿性为核心，通过仲裁协议体现当事人之间的合意，这是仲裁程序正当性的保障，因此必须得到充分尊重

如果为了所谓高效率、为了纠纷的"一揽子"解决而损害仲裁的原则，损害协议仲裁的制度，那么仲裁程序本身的价值、本身的合理性与正当性就会受到严峻挑战。所以我们不能因为客观上"第三人"的存在，而削足适履，改变仲裁的本质特征。

4. 能否将"第三人"纳入仲裁程序一并解决纠纷，当事人是否能够形成共同的仲裁合意是关键

如"第三人"和仲裁双方当事人达成一致协议，将正在通过仲裁解决的争议和与之有牵连的争议提交仲裁一并解决，这就使"第三人"合理地进入仲裁程序，该纠纷可以通过仲裁彻底解决。但这时的"第三人"实际上已经基于三方当事人达成的新的仲裁协议而成为了仲裁当事人。因此，从这一角度来说，根本不可能存在"第三人"参加仲裁程序，成为"仲裁第三人"。其要不就是广泛意义上的第三人，因没有仲裁协议而不可能进入仲裁程序；要不就是仲裁当事人，通过一致的仲裁合意进入仲裁程序。

5. 法律是否肯定仲裁第三人的存在，即是否承认仲裁第三人也是重要因素

从目前各国仲裁立法和仲裁规则的规定来考察，并没有强制性的规定，虽然有少数国家规定了第三人可以参加仲裁，但都是有条件的，如多方签订协议同意仲裁，仲裁庭和当事人均同意等。我国仲裁立法和大多数仲裁委员会的仲裁规则中也没有关于仲裁第三人的规定。

基于上述分析，在没有法律依据的前提下，在有可能违反仲裁基本原则和制度以及仲裁原理的情况下，应当否定仲裁第三人的概念，即仲裁程序中不存在"仲裁第三人"。

四、仲裁代理人

（一）仲裁代理人的概念及特征

仲裁代理人，是指依据法律的规定或当事人的授权，在仲裁程序中以被代理的仲裁当事人的名义进行仲裁活动的人。仲裁代理人具有以下特征：

1. 仲裁代理人以被代理人的名义进行仲裁活动

在仲裁活动中，作为仲裁代理人，其身份决定了他只能以被代理人的名义参加仲裁程序，而不能以自己的名义或者其他人的名义进行仲裁活动。

2. 仲裁代理人应当在代理权限内进行仲裁活动

代理权限是仲裁代理人在仲裁程序中行使代理权的范围，仲裁代理人只有在法律规定或者当事人授权的范围内从事代理行为才具有法律上的效力。

3. 基于代理活动所产生的法律后果由被代理人承担

仲裁代理人的代理行为都会产生一定的代理后果，不论这一后果是否对被代理人有利，只要是在代理权限内的行为所产生的后果，都由被代理人承担。

4. 仲裁代理人进行代理活动，以维护被代理人的利益为目的

仲裁代理人与其所代理的纠纷案件之间没有利害关系，仲裁代理人代理行为的目的是维护被代理人的利益。同时，由于纠纷案件的双方当事人之间存在着利害关系，因此，仲裁代理人在同一纠纷案件中只能代理一方当事人。

在代理制度已相当普遍的现代社会，代理制度对促进社会经济的发展，维护被代理人的合法权益，具有积极意义。在仲裁活动中，代理制度同样发挥着重要作用，不仅为那些无法亲自参加仲裁程序的当事人维护合法权益提供了便利，也有利于仲裁程序的顺利进行。

（二）仲裁代理人的种类及其权限

仲裁代理人包括法定仲裁代理人和委托仲裁代理人。

1. 法定仲裁代理人

法定仲裁代理人，是指根据法律规定行使代理权的人。由于法定代理权的基础是监护权，故法定仲裁代理人即仲裁当事人的监护人。如对于无行为能力的当事人，其配偶、父母或成年子女即可为法定仲裁代理人。

基于法定仲裁代理人的地位，使得法定仲裁代理人的代理权限由法律加以规定，即具有完全代理的资格，凡是仲裁法赋予仲裁当事人的权利和义务，都由法定仲裁代理人承担，包括承认、放弃、变更仲裁请求，和对方当事人进行和解，提出反请求等。

法定仲裁代理人代理权限的消灭，来自以下情形的出现：被代理人解除监护，恢复或者取得行为能力；法定仲裁代理人丧失行为能力或者死亡；法定仲裁代理人丧失监护权等。

2. 委托仲裁代理人

委托仲裁代理人，是指基于委托代理关系，在仲裁当事人或其法定代理人的授权范围内行使代理权的人。委托仲裁代理人的范围较广，仲裁当事人及其法定代理人可以聘任任何符合法律规定的人为其仲裁代理人参加仲裁程序。

我国《仲裁法》第 29 条规定,当事人、法定代理人可以委托律师和其他代理人进行仲裁活动。委托律师和其他代理人进行仲裁活动的,应当向仲裁委员会提交授权委托书。授权委托书应当载明委托事项和权限。在仲裁程序中,被代理人有权变更或者解除代理权,代理人也有权辞去委托。不论是变更或者解除代理权,还是辞去委托,委托人都应当书面告知仲裁委员会或者仲裁庭,由仲裁委员会或者仲裁庭通知对方当事人。

第二节　仲裁的申请与受理

一、申请仲裁的条件和方式

(一)申请仲裁的条件

申请仲裁是仲裁程序开始的必要条件之一,也是启动仲裁程序的第一步。《贸仲仲裁规则》第 11 条规定:仲裁程序自仲裁委员会仲裁院收到仲裁申请书之日起开始。申请仲裁是指平等主体的公民、法人和其他组织就它们之间所发生的合同纠纷和其他财产权益纠纷,根据他们所签订的仲裁协议,在法律规定的时效内,提请所选定的仲裁机构进行仲裁审理和裁决的行为。

申请仲裁是《仲裁法》赋予发生争议的当事人的一项程序性权利,保障当事人之间的纠纷可以通过仲裁方式得以解决。但是申请仲裁也必须符合一定的条件。根据我国《仲裁法》的规定,当事人申请仲裁,必须满足下列条件:

1. 存在有效的仲裁协议

仲裁的本质是当事人自愿,仲裁协议是当事人意思自治的最充分体现,是表明当事人双方愿意通过仲裁方式而不是诉讼方式解决纠纷的依据。由于仲裁方式对诉讼方式的排斥性,使得双方当事人的仲裁意愿必须通过仲裁协议固定下来。没有有效的仲裁协议,当事人的仲裁合意就无法体现,也就不能要求以仲裁方式解决纠纷。因此,我国《仲裁法》规定,没有仲裁协议,一方申请仲裁的,仲裁委员会不予受理。[①] 有效的仲裁协议是当事人申请仲裁的必备条件之一。

2. 有具体的仲裁请求和事实、理由

当事人申请仲裁是为了通过仲裁方式主张自己的权利,维护自己的合法权益。因此,必须向仲裁庭提出所请求保护和支持的具体请求,以及支持这些请求的事实和理由。所谓具体的仲裁请求,是指仲裁申请人请求仲裁机构通过行使仲裁权予以确定和保护的民事权益的具体内容。事实、理由,是指支持申请

[①] 参见《仲裁法》第 4 条。

人仲裁请求的具体事实和依据，用以证明申请人所提出的仲裁请求的合理性。

3. 属于仲裁委员会的受理范围

属于仲裁委员会的受理范围，是指当事人提请仲裁的争议事项是我国《仲裁法》所确定的具有可仲裁性的争议事项，以及当事人申请仲裁的仲裁委员会为双方当事人所共同选定。具体来说，当事人提请仲裁的争议事项必须是《仲裁法》第 2 条规定的平等主体的公民、法人和其他组织之间发生的合同纠纷和其他财产权益纠纷，同时不属于《仲裁法》第 3 条规定的婚姻、收养、监护、抚养、继承纠纷以及依法应当由行政机关处理的行政争议。申请仲裁的仲裁委员会必须是双方当事人在仲裁协议中确定的或根据仲裁协议所选定的，未约定仲裁机构或者无法确定仲裁机构的，除非双方当事人达成补充协议，否则当事人申请仲裁的仲裁委员会无权仲裁。

（二）申请仲裁的方式

我国《仲裁法》第 22 条规定："当事人申请仲裁，应当向仲裁委员会递交仲裁协议、仲裁申请书及副本。"这一规定明确了当事人申请仲裁，必须采用书面方式。而仲裁申请书即为这一书面方式的具体表现形式。

仲裁申请书，是指仲裁申请人根据仲裁协议将已经发生的争议提请仲裁机构进行审理和裁决，以保护其合法权益的法律文书。根据我国《仲裁法》第 23 条的规定，仲裁申请书应当载明下列内容：

1. 当事人的基本情况

当事人的基本情况包括：当事人的姓名、性别、年龄、职业、工作单位、住所、邮政编码、电话等。如果是法人或其他组织的，还应写明该法人或其他组织的名称，以及法定代表人或者主要负责人的姓名、职务等。

2. 仲裁请求和事实根据、理由

仲裁请求和事实根据及理由，是仲裁申请书最核心的内容，因此对仲裁申请人的具体仲裁请求以及双方当事人之间争执的事实、争议的焦点和理由应当明确、清晰地加以叙述，使得仲裁庭能够充分了解申请人请求仲裁庭保护、确认的权利请求和请求仲裁庭裁决的被申请人应当履行的义务。

3. 证据、证人姓名和住所

证据是仲裁庭审理案件，确定双方当事人权利义务关系的根据。我国《仲裁法》第 43 条规定，当事人应当对自己的主张提供证据。因此，当事人在申请仲裁时必须同时提供证据及证据来源，如果有证人，还应提供证人的姓名和住所。

4. 所申请的仲裁委员会的名称

按照我国《仲裁法》和各仲裁委员会仲裁规则的规定，当事人的仲裁申请应当提交给双方当事人一致选定的仲裁委员会，由该仲裁委员会进行审查和决定是否受理。同时,当事人选定的仲裁委员会和申请人提请仲裁的仲裁委员会必须是一致的,否则,仲裁委员会不予受理。因此,当事人的仲裁申请中必须明确所申请的仲裁委员会的名称。

除上述所应载明的事项外,仲裁申请书还应包括申请仲裁的年月日和申请人的签名、盖章。

当事人提交仲裁申请书,应当按照对方当事人的人数和组成仲裁庭的仲裁员人数,备具副本。

二、审查与受理

审查与受理是仲裁委员会的一项重要仲裁活动。当事人向仲裁委员会申请仲裁后,仲裁委员会就要对当事人的申请是否符合申请仲裁的条件进行审查,从而决定是否受理。仲裁程序的开始通常是当事人申请仲裁的行为与仲裁委员会审查、受理行为相结合的结果。《北仲仲裁规则》第 9 条规定:仲裁程序自本会受理仲裁申请之日开始。[①]

(一)对仲裁申请的审查

仲裁委员会对仲裁申请的审查,主要从以下两方面进行:

(1)审查当事人申请仲裁是否符合《仲裁法》第 21 条规定的当事人申请仲裁的条件。即当事人之间是否存在有效的仲裁协议;仲裁申请书中是否有具体的仲裁请求和事实、理由;该仲裁案件是否属于仲裁委员会的受理范围。

应当说明的是,尽管我国《仲裁法》将审查当事人申请仲裁条件的权利赋予了仲裁委员会,但由于仲裁委员会并非行使仲裁权实际审理案件的主体,因此这种审查应当仅仅限于形式上的审查,对于一些较复杂或者难以把握和认定的问题,也应当朝着有利于以仲裁方式解决纠纷的方面解释,尽可能通过仲裁方式解决纠纷。《贸仲仲裁规则》第 6 条第 2 项规定:仲裁委员会依表面证据认为存在有效仲裁协议的,可根据表面证据作出仲裁委员会有管辖权的决定,仲裁程序继续进行。仲裁委员会依表面证据作出的管辖权决定并不妨碍其根据仲裁庭在审理过程中发现的与表面证据不一致的事实及/或证据重新作出管辖权决定。

(2)审查仲裁申请书的内容是否完整、明确,申请手续是否齐备。即审查仲裁申请书是否具备《仲裁法》第 23 条规定的内容,是否向仲裁委员会提供了所要求的仲裁申请书及其副本和必要的证据等。

---

① 对于仲裁程序开始的时间,仲裁法没有明确规定,各仲裁委员会的仲裁规则也不尽相同。从实践来看,应当遵守仲裁规则的规定。

(二) 审查后的处理

仲裁委员会经过审查,对符合仲裁申请条件的仲裁申请予以受理,不符合条件的不予受理。我国《仲裁法》第24条对此作出了明确规定:仲裁委员会自收到仲裁申请书之日起5日内,经审查认为符合受理条件的,应当受理,并通知当事人;认为不符合受理条件的,应当书面通知当事人不予受理,并说明不予受理的理由。对于申请仲裁的手续不完备的,可以要求申请人在一定的期限内予以完备,申请人未能在规定期限内完备申请仲裁手续的,视同申请人未提出仲裁申请。仲裁委员会自申请人完备仲裁手续之日起5日内予以受理。

(三) 仲裁申请与受理的法律后果

仲裁当事人申请仲裁和仲裁委员会经审查对该仲裁案件予以受理后,会产生如下法律后果:

(1) 仲裁委员会受理当事人的仲裁申请后,仲裁申请人和被申请人取得了仲裁当事人的资格,各自依法享有仲裁法及仲裁规则中所规定的权利,并承担相应的义务。

(2) 仲裁案件受理后,仲裁庭取得了对这一案件的仲裁权。即依据《仲裁法》和仲裁规则的规定,仲裁庭获得了对当事人之间纠纷进行审理并作出最终裁决的权力。裁决作出后,任何一方当事人不得就同一纠纷向人民法院提起诉讼或者向其他仲裁机构申请仲裁。

(四) 受理后程序

仲裁委员会受理了当事人的仲裁申请后,应当依照《仲裁法》和仲裁规则的规定进行如下准备程序:

(1) 根据《仲裁法》第25条的规定,仲裁委员会受理仲裁申请后,应当在仲裁规则规定的期限内将仲裁规则和仲裁员名册送达申请人,并将仲裁申请书副本和仲裁规则、仲裁员名册送达被申请人。

(2) 被申请人收到仲裁申请书副本后,应当在仲裁规则规定的期限内向仲裁委员会提交答辩书。仲裁答辩书是仲裁被申请人为保护其合法权益而就仲裁申请的事实和法律问题作出答复和抗辩的法律文书。仲裁委员会收到答辩书后,应当在仲裁规则规定的期限内将答辩书副本送达申请人。被申请人未提交答辩书的,不影响仲裁程序的进行。

(3) 申请人可以放弃或者变更仲裁请求,被申请人可以承认或者反驳仲裁请求,并有权提出反请求。

第三节　仲裁请求与反请求

一、仲裁请求

仲裁请求是仲裁申请的必备条件,是仲裁案件得以受理和审理的前提之一。同时,仲裁请求还约束着仲裁庭的审理范围和裁决的效力,即仲裁庭应当基于当事人的仲裁请求进行审理和裁决,超出仲裁请求进行审理并作出裁决属于仲裁权的不当行使,应当予以撤销。因此,当事人的仲裁请求是仲裁程序中的重要因素和关键之一。

所谓仲裁请求,是指当事人向仲裁庭提出的,通过仲裁程序予以确认和保护的实体权益请求。根据当事人仲裁请求的目的和内容的不同,可以将仲裁请求分为确认之请求、给付之请求和变更之请求。

(一)确认之请求

确认之请求,是指仲裁申请人向仲裁庭提出的依法确认其与被申请人之间存在或不存在一定的民商事法律关系的请求。即双方当事人对他们之间是否存在一定的民商事法律关系,以及该法律关系是否有效成立产生的争议,双方当事人可以达成仲裁协议请求仲裁庭予以确认。

根据当事人确认之请求目的不同,确认之请求可以划分为肯定的确认之请求和否定的确认之请求。肯定的确认之请求,是指当事人向仲裁庭提出的,依法确认其与被申请人之间存在着一定的民商事法律关系的请求。否定的确认之请求,是指当事人向仲裁庭提出的,依法确认其与被申请人之间不存在一定的民商事法律关系的请求。

确认之请求作为仲裁请求的一种,具有以下特点:

(1)确认之请求只是当事人向仲裁庭提出的,确认他们之间的民商事法律关系是否存在、是否有效成立的请求,具有唯一性,并不同时请求仲裁庭裁决对方当事人履行一定的义务或变更现存的法律关系。

(2)确认之请求必须是对现存法律关系是否存在、是否有效成立的确认,不包括对即将成立或未来可能成立的法律关系的确认。

(3)仲裁庭对基于当事人确认之请求作出的裁决为确认裁决,由于该裁决中没有给付的内容,因此不具有可执行性。

(二)给付之请求

给付之请求,是指仲裁申请人向仲裁庭提出的,裁决被申请人履行特定民商事法律义务的请求。即双方当事人基于民商事实体法的规定形成了特定的民商事法律关系后,在当事人之间就形成了具体的权利义务关系,当义务方当事人拒绝履行其义务时,权利方当事人即可以基于仲裁协议向仲裁庭提出给付之请求。

给付之请求根据不同的标准既包括现在给付之请求,也包括将来给付之请求;既包括对物的给付之请求,也包括对行为的给付之请求和对金钱、有价证券的给付之请求。

现在给付之请求,是指一方当事人向仲裁庭提出的,裁决对方当事人立即履行特定民商事法律义务的请求。将来给付之请求,是指一方当事人向仲裁庭提出的,裁决对方当事人按照特定的期限或条件履行特定民商事法律义务的请求。

物的给付之请求,是指一方当事人向仲裁庭提出的,裁决对方当事人给付特定物或种类物的请求。行为的给付之请求,是指一方当事人向仲裁庭提出的,裁决对方当事人履行一定行为的请求。对金钱、有价证券的给付之请求,是指一方当事人向仲裁庭提出的,裁决对方当事人给付一定数额的金钱或有价证券的请求。

给付之请求的特点体现在:

(1) 双方当事人之间存在着特定的权利义务关系,这种权利义务关系所具有的给付内容是给付之请求的最显著特征。

(2) 给付之请求的提出,是基于负有义务的一方当事人不履行义务或者不适当履行义务而产生的。

(3) 仲裁庭基于给付之请求作出的,裁决义务方当事人履行义务的给付裁决具有可执行性。

给付之请求的特点,决定了其与确认之请求的差异,即确认之请求只请求仲裁庭对民商事法律关系是否存在进行确认,并不涉及履行问题;而给付之请求主要是请求仲裁庭裁决义务方当事人履行特定的义务。但是在实践中确认之请求与给付之请求又是密切联系的,表现在肯定的确认之请求往往成为给付之请求的前提,有时当事人又会将确认之请求和给付之请求同时向仲裁庭提出,仲裁庭对确认之请求作出的仲裁裁决在给付之请求中具有预决效力。

(三) 变更之请求

变更之请求,是指仲裁申请人向仲裁庭提出的,依法改变或消灭一定的民商事法律关系的请求。当事人之间的民商事法律关系是基于一定的行为或事件产生的,当出现了新的法律行为或事件,原有的法律关系就有可能因失去其存在的必要性而改变或者消灭。在这种情况下,任何一方当事人都可以基于双方订立的仲裁协议向仲裁庭提出变更原有法律关系之请求。变更之请求具有以下特点:

(1) 变更之请求以存在不争议的法律关系为前提,双方当事人只是对现有法律关系是否变更和如何变更存在争议。

（2）变更之请求只涉及原有的法律关系是否变更和如何变更问题，而不涉及义务的履行问题。

（3）在仲裁庭基于当事人的变更之请求作出变更裁决之前，原有法律关系仍然存在并具有法律效力。只有仲裁庭作出的变更裁决发生法律效力后，当事人之间的原有法律关系才发生改变或者消灭。

变更之请求是一种独立的请求，其与确认之请求和给付之请求存在着较大的差异性，这种差异性表现在变更之请求以对现存的法律关系无争议为前提，以不具有给付内容为条件，其只是对是否改变或者消灭所存在的法律关系产生争议。而确认之请求是对现有的法律关系是否存在产生的争议，给付之请求则是对是否履行或如何履行产生的争议。但在仲裁实践中，变更之请求与确认之请求和给付之请求又具有联系性，表现在变更之请求在一定条件下可能会随着确认之请求的提起而被提起，同时变更之请求的提起还可能同时引起给付之请求的提起。

尽管仲裁请求具有三种不同的表现形式，但是它们所具有的共性反映了仲裁请求是维护和保障当事人合法权益的请求。仲裁请求作为申请仲裁时的必备内容不可缺少，没有仲裁请求，仲裁委员会将不予受理。但是根据当事人处分原则，在仲裁审理过程中，仲裁请求的内容是可以根据当事人的意愿，在法律规定允许的范围内进行修正的，我国《仲裁法》第 27 条即规定当事人可以放弃仲裁请求，也可以变更仲裁请求。

二、仲裁反请求

仲裁反请求作为被申请人的一项权利，是被申请人用以保护自己合法权益的重要手段。我国《仲裁法》第 27 条规定，被申请人可以承认或者反驳仲裁请求，并有权提出反请求。这一规定充分体现了在仲裁程序中双方当事人地位平等，以及平等保护仲裁双方当事人合法权益的原则。

（一）仲裁反请求的概念和特征

仲裁反请求，是指在仲裁程序中，仲裁的被申请人为保护其合法权益所提出的，与仲裁申请人仲裁请求有牵连的，旨在吞并或抵消该仲裁请求的独立请求。仲裁反请求具有如下特征：

1. 仲裁反请求中当事人的特定性

仲裁反请求只能是由仲裁被申请人向仲裁申请人提出，即双方当事人基于仲裁反请求所进行的仲裁程序中的地位相互交叉。

2. 仲裁反请求的独立性

仲裁反请求是仲裁被申请人向仲裁申请人提出的一项独立的仲裁请求，尽管仲裁反请求是在仲裁程序开始后基于仲裁请求提出的,但仲裁反请求并不依赖于仲裁请求的存在而存在,即使仲裁申请人撤回仲裁申请,也不会影响基于仲裁反请求而继续进行的仲裁审理,同时如果仲裁被申请人不在已经开始的仲裁程序中提出仲裁反请求,其也可以另行申请仲裁。

3. 仲裁反请求目的的对抗性

仲裁被申请人提出仲裁反请求是针对仲裁请求而提出的,其目的在于抵消、吞并仲裁申请人的仲裁请求,以维护自己的合法权益。

4. 仲裁反请求与仲裁请求依据的同一性

不论仲裁申请人提出的仲裁请求,还是被申请人提出的仲裁反请求,都必须基于同一份有效的仲裁协议,即仲裁请求和反请求均应在仲裁协议约定的范围之内,这是仲裁反请求得以在已开始的仲裁程序中提出的必备条件。如果仲裁反请求不属于仲裁协议约定的内容,则被申请人不得在该仲裁程序中提出仲裁反请求。

(二)仲裁反请求的提起和受理

提出仲裁反请求是仲裁被申请人的权利。仲裁被申请人既可以在对仲裁请求的答辩中提出仲裁反请求,也可以单独提出仲裁反请求。但是,仲裁反请求的提出必须满足以下条件:

(1)仲裁反请求只能由仲裁被申请人向仲裁申请人提出。

(2)仲裁反请求必须向受理仲裁申请的同一个仲裁机构提出,而不能向其他的仲裁机构提出。

(3)仲裁反请求必须在仲裁机构受理仲裁案件后,仲裁庭审理案件终结前提出。

(4)仲裁反请求与仲裁请求在请求的标的和理由方面应当具有牵连性。

仲裁被申请人应当以书面形式向仲裁机构提出仲裁反请求。对于仲裁反请求,仲裁机构应当进行审查,对符合仲裁反请求条件的,应当予以受理,否则将不予受理。对于仲裁被申请人提出的反请求,仲裁申请人具有答辩的权利。仲裁庭应当将仲裁请求和反请求合并进行审理,并分别作出裁决。如果在仲裁被申请人提出反请求后,仲裁申请人撤回了仲裁申请,仲裁庭将仅对仲裁反请求进行审理并作出裁决。

第四节 仲裁保全

仲裁保全,是指在仲裁程序中所适用的保全制度。仲裁法设立保全制度的意义,在于通过采取一系列限制有关财产处分或行为的措施来保护利害关系人或当事人的合法权益,保障仲裁裁决的执行。

根据仲裁法和民事诉讼法的相关规定,仲裁保全包括财产保全、行为保全和证据保全,并可以划分为仲裁前保全和仲裁中保全。

一、财产保全和行为保全

（一）概念

1. 财产保全

财产保全包括仲裁前财产保全和仲裁中的财产保全。

仲裁前财产保全,是指在仲裁程序开始之前,因情况紧急,人民法院基于利害关系人的申请,对被申请人的财产所采取的强制性保护措施。

仲裁中的财产保全,是指仲裁机构在受理当事人仲裁申请后,对案件作出仲裁裁决前,为保证将来仲裁裁决得以实现,由法院对当事人的财产或争执标的物采取强制措施的制度。

财产保全的核心,是针对被申请人的财产所采取的强制措施。财产包括金钱和非金钱财产、有形财产和无形财产。财产保全的意义,在于保证将来仲裁裁决有得以实现的物质保障。

2. 行为保全

行为保全包括仲裁前行为保全和仲裁中的行为保全。

仲裁前行为保全,是指在仲裁程序开始之前,因情况紧急,人民法院基于利害关系人的申请,责令被申请人作出一定行为或禁止其作出一定行为的制度。

仲裁中的行为保全,是指仲裁机构在受理当事人仲裁申请后,对案件作出仲裁裁决前,为保证将来仲裁裁决得以实现,依据法定程序,由法院责令被申请人作出一定行为或禁止其作出一定行为的制度。

与财产保全不同,行为保全针对的是被申请人的行为,即责令被申请人作出一定行为或者禁止其作出一定行为。行为保全的意义,在于对既有权利的维护,确保该权利不受侵害。

（二）适用条件

不论财产保全还是行为保全,都可以划分为仲裁前保全和仲裁中的保全。仲裁法和民事诉讼法在规定保全适用条件时,也是以保全属于仲裁前保全还是仲裁中的保全为标准的。

1. 仲裁前保全的适用条件

仲裁前保全属于应急性保全措施。当情况紧急,利害关系人来不及申请仲裁时,为了避免其合法权益遭受难以弥补的损失,允许其在申请仲裁前先行向人民法院申请保全。根据法律规定,仲裁前保全应当符合下列条件:

(1) 必须有采取仲裁前保全的紧迫性,即情况紧急,不立即采取相应的保全措施,将会使申请人的合法权益受到难以弥补的损失。这里所谓的情况紧急,是指被申请人正在或即将实施转移、隐匿、毁损、挥霍或处分其财产的行为,或者因其他客观情况,使利害关系人的合法权益受到损害的危险迫在眉睫。

（2）必须由利害关系人提出申请。仲裁前保全的申请人称为利害关系人。所谓利害关系人,即与被申请人发生争议,或者认为权利受到被申请人侵犯的人。仲裁前保全发生在申请仲裁之前,案件尚未进入仲裁程序,所以只有在利害关系人提出申请后,人民法院才能够采取相应的保全措施。

（3）申请人应当提供担保。为了防止仲裁前保全错误给对方造成损害,法律要求申请仲裁前财产保全的,应当提供相当于请求保全数额的担保;情况特殊的,法院可以酌情处理。申请仲裁前行为保全的,担保数额由法院根据案件具体情况决定。申请人不愿或不能提供担保,人民法院应当驳回其申请。

（4）应当向有管辖权的人民法院提出申请。根据《民事诉讼法》第 101 条的规定,仲裁前财产保全,由申请人向被保全财产所在地、被申请人住所地的人民法院提出申请。

2. 仲裁中保全的适用条件

根据《仲裁法》第 28 条的规定,仲裁中一方当事人因另一方当事人的行为或者其他原因,可能使裁决不能执行或者难以执行的,可以申请保全。根据法律的规定,仲裁中的保全应当符合下列条件:

（1）仲裁案件必须具有给付内容。

（2）确有保全的必要。所谓确有保全的必要,即指如果不采取保全措施,将来的仲裁裁决将会面临不能执行或者难以执行的情形。因此,在仲裁程序中因一方当事人的行为或者其他原因,有可能使将来的裁决不能执行或者难以执行的,即成为仲裁中保全的必要条件。

（3）仲裁中的保全申请,应当在仲裁机构受理仲裁案件之后提出。

（三）保全的范围及措施

1. 保全的范围

我国《仲裁法》并没有对仲裁中保全的范围给予明确的规定。但根据仲裁法和民事诉讼法的相关规定,利害关系人或当事人申请保全,人民法院应当依照民事诉讼法的有关规定审查和实施,因此,仲裁保全的范围应当适用民事诉讼法关于保全范围的相关规定。

根据我国《民事诉讼法》第 102 条的规定:"保全限于请求的范围,或者与本案有关的财物。"所谓"限于请求的范围",是指被保全的财产的价额应当与请求保全的价额大致相等,或者为请求行为保全的范围。这种大致相等,不能仅仅理解为只是申请人所请求的债务人应履行的债务数额,还应当包括申请人因仲裁而造成的其他损失。法院应当根据利害关系人的权利请求或者当事人的仲裁请求合理确定保全范围。"与本案有关的财物",是指被保全的财产应当是利害关系人之间或者当事人之间争议的标的物,或者是与本案标的物有牵连的其他财产。

2. 保全的措施及适用

仲裁中的保全措施是人民法院依据民事诉讼法的有关规定所采取的一种强制措施。人民法院作出保全的裁定后,主要采取的保全措施包括：①查封；②扣押；③冻结；④法律规定的其他方法。

(四) 保全的程序

1. 仲裁前保全的程序

(1) 利害关系人提出书面申请。

(2) 利害关系人向民事诉讼法规定的被保全财产所在地、被申请人住所地人民法院递交保全申请书。

(3) 利害关系人提供担保。利害关系人申请仲裁前财产保全,应当提供相当于请求保全数额的担保,情况特殊的,人民法院可以酌情处理；利害关系人申请仲裁前行为保全,担保的数额由人民法院根据案件的具体情况决定。

(4) 申请人应当在人民法院采取保全措施后 30 日内依法申请仲裁。申请人未在法定期间内申请仲裁的,或者仲裁机构不予受理仲裁申请、准许撤回仲裁申请或者按撤回仲裁申请处理的,以及仲裁申请或者请求被仲裁裁决驳回的,申请保全人应当及时申请解除保全。申请保全人未及时申请人民法院解除保全,应当赔偿被保全人因财产保全所遭受的损失。

2. 仲裁中保全的程序

(1) 仲裁当事人提出书面申请。仲裁中的保全,必须由仲裁当事人提出书面申请,而且应当根据法律的规定在仲裁机构受理仲裁申请后,对仲裁案件作出仲裁裁决前,提出保全申请。

(2) 仲裁当事人应当向仲裁委员会递交保全申请书。按照仲裁程序,仲裁当事人不能直接向人民法院递交保全申请书,而必须将保全申请书递交仲裁委员会。人民法院裁定采取保全措施或者裁定驳回申请的,应当将裁定书送达当事人,并通知仲裁机构。

(3) 仲裁委员会将当事人的保全申请按照民事诉讼法的有关规定提交人民法院。根据法律的规定,仲裁委员会应将当事人的保全申请提交被申请人住所地或者财产所在地的基层人民法院。

(4) 人民法院依照《民事诉讼法》的规定对保全申请进行审查,如需责令申请人提供担保,应当书面通知,并决定是否采取财产保全措施以及采取何种措施。采取保全措施的裁定一经作出即生效,并交付执行。

(5) 仲裁当事人对人民法院作出的保全裁定不服,可以向人民法院申请复议一次,复议期间不停止裁定的执行。

3. 保全的其他程序,参照适用民事诉讼法关于保全的相关规定

（五）申请人的责任

根据《仲裁法》第 28 条第 3 款和《民事诉讼法》第 105 条的规定,申请有错误的,申请人应当赔偿被申请人因保全所遭受的损失。因此,申请人提出的保全申请错误,应当赔偿被申请人因保全所遭受的损失。仲裁委员会不承担赔偿责任。

二、证据保全

（一）概念及适用条件

1. 仲裁前证据保全的概念和条件

仲裁前证据保全,是指在仲裁程序开始之前,因情况紧急,人民法院基于利害关系人的申请,对可能灭失或者以后难以取得的证据所采取的强制性保护措施。

仲裁前证据保全最重要的条件是情况紧急,这是区别于仲裁中证据保全的重要标志。所谓情况紧急,是指证据灭失或者以后难以取得成为迫在眉睫的危险,利害关系人只能在申请仲裁前请求对相关证据予以强制性保护。

2. 仲裁中证据保全的概念和条件

仲裁中证据保全,是指在仲裁裁决作出之前,对有可能灭失或以后难以取得的证据,经当事人申请,由法院所采取的对证据加以保护的一种临时性的强制措施。我国《仲裁法》第 46 条规定,在证据可能灭失或者以后难以取得的情况下,当事人可以申请证据保全。仲裁中证据保全必须符合下列条件:

（1）证据有可能灭失的危险。在仲裁程序中,有些证据如果不能及时收集、保存,就有灭失的可能,在仲裁审理中就无法有效发挥其作用,如证人因年老、疾病,有可能死亡;作为证据的物品有腐坏、变质或灭失的可能等。因此,证据有灭失的危险是申请证据保全的必要条件。

（2）证据存在以后难以取得的情形。有些证据随着时间的推移,虽不一定有灭失的危险,但存在有可能难以取得的情形。例如证人即将出国留学、定居,就会使证据在庭审时由于不能及时取得而使案件事实无法得到证明,因此,证据存在着以后难以取得的情形或因素,是申请证据保全的前提条件。

（3）申请保全的证据是决定仲裁案件事实的主要证据,如果不及时保全将影响仲裁案件的处理。证据是证明案件事实的根据,证据的灭失或者难以取得将使得负有举证责任的当事人因无法举证而承担不利的法律后果。但是,在仲裁实践中往往对证明案件事实起主要作用或者决定性作用的证据,在面临灭失或者以后难以取得的情形时才可以申请证据保全。如果证据不是主要证据,或者对案件事实不起决定性证明作用的证据,或者即使收集不到这些证据也不会影响案件的审理,就没有必要申请证据保全。

（4）由当事人向仲裁委员会提出证据保全的申请,不论仲裁机构还是法院都无权直接采取证据保全措施。

（二）证据保全程序

1. 仲裁前证据保全程序

（1）利害关系人书面申请。

（2）利害关系人向证据所在地、被申请人住所地人民法院递交证据保全申请。

（3）人民法院审查并作出裁定。

（4）对裁定保全的证据采取强制措施。

2. 仲裁中证据保全程序

（1）当事人向仲裁委员会提出书面保全申请。证据保全程序的启动,从当事人提出书面证据保全申请开始。按照我国《仲裁法》的规定,当事人申请证据保全的,应当向受理仲裁案件的仲裁委员会提出证据保全申请。

（2）仲裁机构向法院提交当事人的证据保全申请。我国《仲裁法》第 46 条规定:当事人申请证据保全的,仲裁委员会应当将当事人的申请提交证据所在地的基层人民法院。第 68 条规定:涉外仲裁的当事人申请证据保全的,涉外仲裁委员会应当将当事人的申请提交证据所在地的中级人民法院。

（3）人民法院审查并作出裁定。人民法院收到仲裁委员会提交的当事人的证据保全申请后,应当进行审查。对因证据保全可能给他人造成损失的,可以责令申请人提供相应的担保。

经审查认为当事人的证据保全申请有充分理由,确有保全证据必要,应当及时作出证据保全的裁定。裁定中应明确:在何时、何地、以何种方法保全何种证据,存卷保管,以便仲裁庭调查使用。如果法院经审查认为不符合证据保全条件,即可驳回证据保全申请,并作出裁定,说明理由,同时通知仲裁委员会和当事人。

（4）采取保全措施。人民法院在作出证据保全的裁定后,应当及时采取保全措施。人民法院进行证据保全时,可以要求当事人或者代理人到场。

3. 证据保全的其他程序,参照适用民事诉讼法关于保全的相关规定

第五节　仲　裁　审　理

仲裁审理在整个仲裁程序中占有重要地位,它是指仲裁庭以一定的方式和程序收集和审查证据,询问当事人、证人和鉴定人,并对当事人交付仲裁的整个争议事项进行全面审理的仲裁活动。仲裁审理的主要任务是审查、核实证据,查明案件事实,分清是非责任,正确适用法律,确认当事人之间的权利义务关系,解决当事人之间的纠纷。仲裁审理是仲裁程序的中心环节。

一、仲裁审理的方式

与诉讼相比,仲裁具有的灵活性在审理方式上得以充分体现,即仲裁审理方式的多样化。纵观世界各国的仲裁立法和实践,除英国等少数国家以外,大多数国家都允许当事人双方通过协议确定仲裁审理的方式,只有在当事人没有就此问题作出约定时,才授权仲裁庭依法作出决定。我国《仲裁法》也对仲裁审理的方式进行了明确规定。根据《仲裁法》第39条的规定,仲裁审理的方式可以分为开庭审理和书面审理两种方式。

(一)开庭审理

开庭审理是仲裁审理的主要方式。我国《仲裁法》第39条规定:"仲裁应当开庭进行。"所谓开庭审理,是指在仲裁庭的主持下,在双方当事人和其他仲裁参与人的参加下,按照法定程序,对案件进行审理并作出裁决的方式。

我国《仲裁法》在规定仲裁的开庭审理原则的同时,又在第40条规定:"仲裁不公开进行。当事人协议公开的,可以公开进行,但涉及国家秘密的除外。"这一规定进一步肯定了仲裁开庭审理的方式以不公开审理为原则,以公开审理为例外。所谓不公开审理,是指仲裁庭在审理案件时不对社会公开,不允许公众旁听,也不允许新闻记者采访和报道。不公开审理的目的在于保守当事人的商业秘密,维护当事人的商业信誉。然而仲裁最大的特点在于尊重当事人的意愿,所以《仲裁法》规定将当事人协议公开审理的,可以公开审理作为不公开审理原则的补充。即当事人协议公开审理时将允许仲裁审理对社会公开,允许公众旁听,允许新闻记者采访和报道。但涉及国家秘密的则不允许当事人协议公开,必须以不公开审理的方式进行审理。

(二)书面审理

《仲裁法》第39条在规定仲裁应当开庭审理的同时,也规定如果"当事人协议不开庭的,仲裁庭可以根据仲裁申请书、答辩书以及其他材料作出裁决"。即进行书面审理。所谓书面审理,是指无须双方当事人及其他仲裁参与人到庭参加庭审,仲裁庭根据当事人提供的仲裁申请书、答辩书以及其他书面材料进行审理,作出裁决的过程。书面审理是开庭审理的必要补充。

书面审理在仲裁程序中具有积极意义,以这种方式解决纠纷可以更加充分地体现仲裁快捷、经济、高效等特点,如缩短审理周期,节约开庭审理的各种费用,节省仲裁庭和当事人的时间,快速审结案件,从而提高整个仲裁的效率。因此,依据《仲裁法》的规定,各仲裁委员会在其仲裁规则中都规定了书面审理的方式。如《贸仲仲裁规则》第 35 条规定："仲裁庭应开庭审理案件,但双方当事人约定并经仲裁庭同意或仲裁庭认为不必开庭审理并征得双方当事人同意的,可以只依据书面文件进行审理。"《北仲仲裁规则》第 25 条规定："仲裁庭应当开庭审理案件。当事人约定不开庭,或者仲裁庭认为不必要开庭审理并征得双方当事人同意的,可以根据当事人提交的文件进行书面审理。"

在我国的仲裁实践中,书面审理还只是作为开庭审理的一种辅助形式,加之书面审理必须以双方当事人有协议或者同意,且仲裁庭认为不必要开庭为前提,因此绝大多数案件是通过开庭方式审理的,通常只有那些争议金额小,案情简单明了,事实清楚的案件,在符合书面审理条件的情况下,才进行书面审理。①

二、开庭审理前的准备

开庭审理前的准备,是指仲裁机构受理仲裁案件后,开庭审理之前,为使开庭审理能够顺利进行所从事的一系列准备活动。依据我国《仲裁法》和仲裁委员会的仲裁规则,开庭审理前的准备主要包括如下内容:

(一) 送达仲裁文书、仲裁规则及仲裁员名册

我国《仲裁法》第 25 条规定,仲裁委员会受理仲裁申请后,应当在仲裁规则规定的期限内将仲裁规则和仲裁员名册送达申请人,并将仲裁申请书副本和仲裁规则、仲裁员名册送达被申请人。被申请人收到仲裁申请书副本后,应当在仲裁规则规定的期限内向仲裁委员会提交答辩书。仲裁委员会收到答辩书后,应当在仲裁规则规定的期限内将答辩书副本送达申请人。被申请人未提交答辩书的,不影响仲裁程序的进行。

《贸仲仲裁规则》第 13 条规定,仲裁委员会仲裁院收到申请人的仲裁申请书及其附件后,经审查,认为申请仲裁的手续完备的,应将仲裁通知、仲裁委员会仲裁规则和仲裁员名册各一份发送给双方当事人;申请人的仲裁申请书及其附件也应同时发送给被申请人。仲裁委员会仲裁院经审查认为申请仲裁的手续不完备的,可以要求申请人在一定的期限内予以完备。申请人未能在规定期限内完备申请仲裁手续的,视同申请人未提出仲裁申请;申请人的仲裁申请书及其附件,仲裁委员会仲裁院不予留存。

《北仲仲裁规则》第九条规定:收到仲裁申请后,本会认为符合受理条件的,自当事人预交仲裁费用之日起 10 日内予以受理。仲裁申请不符合本规则第 7 条第 1 款规定的,当事人应当在本会规定的时间内予以补正;未补正的,视为当事人未提出仲裁申请。仲裁程序自本会受理仲裁申请之日开始。本会自受理案件之日起 10 日内,将受理通知、本规则和仲裁员名册发送申请人;将答辩通

---

① 参见李双元主编:《国际私法学》,650 页,北京,北京大学出版社,2000。

知连同仲裁申请书及其附件、本规则、仲裁员名册发送被申请人。被申请人应当自收到答辩通知之日起 15 日内提交答辩书、证明文件和身份证明文件。仲裁委员会自收到答辩书之日起 10 日内，将答辩书及其附件发送申请人。被申请人未提交答辩书的，不影响仲裁程序的继续进行。[①]

（二）将仲裁庭的组成情况通知双方当事人

仲裁庭是行使仲裁权的主体，仲裁庭的组成直接关系到案件的审理和裁决，因此仲裁庭的组成情况必须要向双方当事人进行通知。

我国《仲裁法》第 33 条规定，仲裁庭组成后，仲裁委员会应当将仲裁庭的组成情况书面通知当事人。《北仲仲裁规则》第 21 条规定，自仲裁庭组成之日起 5 日内，本会应将仲裁庭的组成情况书面通知当事人。秘书在组庭后应当及时将案卷移交仲裁庭。

（三）审核仲裁材料，收集必要的证据

在开庭审理前，仲裁庭应当审核双方当事人提交的仲裁申请书、答辩书和其他仲裁材料，了解双方当事人的主张和争执的焦点，认为有必要收集的证据可以依据《仲裁法》和仲裁规则的规定自行予以收集。《仲裁法》第 43 条规定："当事人应当对自己的主张提供证据。仲裁庭认为有必要收集的证据，可以自行收集。"根据这一规定，仲裁中的证据一是来源于当事人，即当事人按照"谁主张，谁举证"的原则提出证据。二是来源于仲裁庭，即在必要时，仲裁庭可以自行收集证据。仲裁庭对专门性问题认为需要鉴定的，可以交由当事人约定的鉴定部门鉴定，也可以由仲裁庭指定的鉴定部门鉴定。但仲裁庭对证据的收集不能免除当事人的举证责任。

（四）确定并通知开庭日期及地点

仲裁庭第一次开庭审理的日期由仲裁庭和仲裁委员会予以确定，并向双方当事人进行通知。《仲裁法》第 41 条规定，仲裁委员会应当在仲裁规则规定的期限内将开庭日期通知双方当事人。

开庭通知的法律意义在于：向双方当事人通知开庭日期是仲裁程序的重要环节，它有利于切实保障当事人参加仲裁审理的权利，并使双方当事人按时参加仲裁审理。《仲裁法》第 42 条规定，如果申请人经书面通知，无正当理由不到庭，可以视为撤回仲裁申请；被申请人经书面通知，无正当理由不到庭，可以缺席裁决。这表明书面通知当事人开庭日期是仲裁审理的必经程序，未经这一程序，不可以对不到庭的申请人按撤回仲裁申请处理，也不可以对不到庭的被申请人作出缺席裁决。

---

① 参见《北仲仲裁规则》第 9～11 条。

根据《仲裁法》的规定,《贸仲仲裁规则》第 37 条进一步明确,开庭审理的案件,仲裁庭确定第一次开庭日期后,应不晚于开庭前 20 天将开庭日期通知双方当事人。当事人有正当理由的,可以请求延期开庭,但应于收到开庭通知后 5 天内提出书面延期申请;是否延期,由仲裁庭决定。《北仲仲裁规则》第 31 条规定,仲裁庭应当在开庭 10 日前将开庭日期通知当事人;经商双方当事人同意,可以提前开庭。当事人有正当理由请求延期开庭的,应当在开庭 5 日前提出;是否延期,由仲裁庭决定。

关于仲裁地点,我国《仲裁法》并没有明确规定。在仲裁实践中,仲裁地点往往是根据双方当事人在仲裁协议中约定的仲裁委员会所在地加以确定,双方当事人明确约定仲裁地点的,也可依其约定。《贸仲仲裁规则》第 36 条规定,除非当事人另有约定,由仲裁委员会仲裁院或其分会/仲裁中心仲裁院管理的案件应分别在北京或分会/仲裁中心所在地开庭审理;如仲裁庭认为必要,经仲裁委员会仲裁院院长同意,也可以在其他地点开庭审理。《北仲仲裁规则》第 28 条规定,开庭审理在本会所在地进行。当事人另有约定,从其约定。当事人约定在本会所在地以外的其他地点开庭的,承担由此发生的费用。当事人应预交该费用,未预交的,在本会所在地开庭。

三、开庭审理程序

(一)宣布开庭

开庭审理,由首席仲裁员或者独任仲裁员宣布开庭。随后,首席仲裁员或者独任仲裁员核对当事人,宣布案由,宣布仲裁庭组成人员和记录人员名单,告知当事人有关的仲裁权利义务,询问当事人是否提出回避申请。

(二)庭审调查

进行庭审调查是仲裁审理的重要环节,是依照法定程序调查案件事实,审核各种证据的过程。其中心任务是通过听取当事人陈述和审核所出示的证据全面调查案件事实。在庭审调查中,举证质证是这一过程的核心,因此《仲裁法》和仲裁规则都对举证、质证作出了明确规定。《仲裁法》第 45 条规定,证据应当在开庭时出示,当事人可以质证。《北仲仲裁规则》第 37 条规定,开庭审理的案件,在开庭前已经交换的证据应当在开庭时出示,由当事人质证。当事人已经认可的证据,经仲裁庭在庭审中说明后,可以不经出示,直接作为认定案件事实的依据。对于当事人当庭或者开庭后提交的证据材料,仲裁庭决定接受但不再开庭审理的,可以要求当事人在一定期限内提交书面质证意见。

仲裁庭在进行庭审调查时通常按照下列程序进行:

1. 当事人陈述

当事人陈述一般按照先申请人陈述,再被申请人陈述的顺序进行。当事人陈述主要是针对案件发生的经过情况、事实根据和请求理由等进行展开,使仲裁庭了解争议事实的发生和发展经过。

2. 证人作证

有证人出庭作证时,仲裁庭应当告知证人的权利和义务,以及作伪证的法律后果。证人应当如实作证,经仲裁庭的许可,任何一方当事人可以向证人发问。对证人不能出庭作证的,应当宣读未到庭的证人证言。

3. 出示书证、物证、视听资料和电子数据

根据法律的规定,对于与案件有关的书证、物证、视听资料和电子数据,不论是当事人提供的,还是仲裁庭依法收集的,都应当在开庭时予以出示,并由当事人相互质证。但对于涉及国家机密、商业秘密和个人隐私的证据应当保密,不能当庭出示。

4. 宣读鉴定结论和勘验笔录、现场笔录

涉及有鉴定、勘验的情形,鉴定人或勘验人应当当庭宣读鉴定结论或者勘验笔录及现场笔录。经仲裁庭许可,任何一方当事人都有权向鉴定人、勘验人发问,也有权要求重新调查、鉴定或勘验。

如果仲裁庭认为案情已基本查清,当事人经过充分举证、质证后证据已得到核实,即可终结庭审调查,进入庭审辩论阶段。

(三)庭审辩论

庭审辩论,是指在仲裁庭的主持下,双方当事人依据在庭审调查中审查核实的事实和证据,就如何认定事实,适用法律,以解决当事人之间的纠纷,提出自己的主张和意见,进行言词辩论的过程。

我国《仲裁法》第47条规定:"当事人在仲裁过程中有权进行辩论。辩论终结时,首席仲裁员或者独任仲裁员应当征询当事人的最后意见。"当事人辩论是开庭审理的重要程序,也是辩论原则的重要体现。在庭审调查的基础上,通过言词辩论,可以使当事人之间所争执的事实更加清楚,双方当事人之间的权利义务关系更加明确,为仲裁庭公正地裁决案件奠定基础。当事人进行辩论通常按照下列顺序进行:

(1)申请人及其仲裁代理人发言。

(2)被申请人及其仲裁代理人发言。

(3)双方相互辩论。

庭审辩论终结前,首席仲裁员或者独任仲裁员可以按照申请人、被申请人的顺序征询当事人的最后意见。

(四)先行调解

先行调解,是指仲裁庭在作出裁决前,主持双方当事人在自愿协商、互谅互让基础上达成协议,从而解决纠纷的一种制度。仲裁中的先行调解是我国仲裁中的特有做法,体现了我国仲裁制度的调解与裁决相结合的特色。

我国《仲裁法》第51条第1款规定:"仲裁庭在作出裁决前,可以先行调解。当事人自愿调解的,仲裁庭应当调解。调解不成的,应当及时作出裁决。"因此,仲裁庭可以根据双方当事人的共同申请,或者一方当事人的申请并经另一方当事人同意,或者经仲裁庭提出双方当事人同意,对双方当事人之间的纠纷进行调解。

根据法律规定,仲裁中的先行调解应当遵循下列原则进行:

1. 当事人自愿原则

当事人自愿原则是仲裁中调解的首要原则,这一原则包含了如下内容:

(1) 在仲裁程序中进行调解,必须经双方当事人同意,即仲裁庭不得强迫仲裁当事人进行仲裁调解。

(2) 一方当事人请求仲裁庭进行调解的,必须征得另一方当事人的同意,如果另一方当事人不同意调解解决,仲裁庭不得强制进行调解。

(3) 仲裁庭通过调解,使双方当事人达成的调解协议必须是双方当事人共同意愿的表达,是当事人自愿而非强制的结果。

仲裁庭进行调解是否遵循自愿原则,是调解程序能否公正行使,调解协议能否有效执行的关键。只有当事人自觉自愿地服从于仲裁庭对调解权的行使,才能达到通过调解解决纠纷的目的。而强制调解,不仅违反仲裁法的基本原则,也易造成当事人的反悔,不利于纠纷的最终解决。

2. 合法原则

仲裁中调解的合法原则,是指仲裁庭对双方当事人进行调解必须符合法律的要求。具体包括如下内容:首先,调解程序要合法,即仲裁庭通过调解解决当事人之间的纠纷,必须符合法定程序,并应当在查明事实、分清是非的基础上有针对性地进行,同时应当依法明确法律责任,不能置法律于不顾,一味地"和稀泥"。其次,调解协议的内容要合法,即仲裁庭通过调解使双方当事人达成的调解协议的内容不得违反法律、法规和国家政策的规定,不得损害国家、集体和个人的合法权益。只有这样,才能保证调解权行使的法律效力,有效地解决当事人之间的纠纷。

在上述仲裁调解原则的指导下,仲裁庭在征得双方当事人同意后可以按照其认为适当的方式进行调解。所进行的调解程序,一般会产生两种不同的结果:

(1) 在仲裁庭的主持下,经双方当事人充分协商,互谅互让,达成了一致的协议,并依此制作调解书或裁决书,结束调解程序,从而也结束仲裁程序。调解书要写明仲裁请求和当事人协议的结果,并由仲裁员签名,加盖仲裁委员会印章。仲裁调解书经双方当事人签收后即发生法律效力。如果在调解书签收前当事人反悔的,仲裁庭应当及时作出裁决。仲裁庭除了可以制作仲裁调解书之外,也可以根据协议的结果制作裁决书。调解书与裁决书具有同等的法律效力。

(2) 在仲裁庭的主持下,当事人之间不能就争议达成一致的协议,即调解不成,从而结束调解程序。调解不成既包括双方当事人未达成协议,也包括一方或双方当事人在调解书送达签收前反悔,或一方或双方当事人拒绝接受调解书。在这种情况下,根据我国《仲裁法》第51条"调解不成的,应当及时作出裁决"的规定,仲裁庭不得也无法再继续进行调解,而只能通过行使仲裁裁决权解决当事人之间的纠纷。

(五) 合议及裁决

合议,是指在庭审调查和庭审辩论的基础上,仲裁庭对证据予以认定,对事实加以确认,并正确适用法律,明确双方当事人之间权利义务关系的过程。合议遵循少数服从多数的原则,是我国民主集中制的体现。根据法律规定,合议过程不公开进行,所有仲裁员的意见记入合议笔录。

裁决即仲裁裁决,是指经过合议,仲裁庭对当事人之间所争议的事项作出的终局的权威性判定。仲裁裁决的作出,标志着当事人之间纠纷的最终解决和仲裁程序的终结。仲裁裁决的内容除了包括仲裁庭和双方当事人的基本情况外,一般还包括:当事人的仲裁请求、所争议的事实、裁决的理由、裁决的结果、仲裁费用的负担和裁决的日期以及仲裁员的签名等。但具体到某一个仲裁案件,由于仲裁规则的规定不同和仲裁当事人的要求不同,仲裁裁决的内容也不尽相同。如关于裁决的理由,尽管有人认为仲裁裁决不应附具仲裁裁决的理由,但大多数国家仲裁立法主张裁决的理由是仲裁裁决的内容之一,除非当事人请求仲裁裁决不附具理由。我国《仲裁法》规定,如果当事人协议不愿写明争议事实和裁决理由的可以不写。[①] 再如关于持不同意见的仲裁员是否签名的问题,从现行的仲裁实践来看,一般只要求有多数仲裁员的签名即可,即持有不同意见的少数仲裁员可以不签名。《仲裁法》规定:"对裁决持不同意见的仲裁员,可以签名,也可以不签名。"[②]

仲裁裁决作出后即产生法律效力。仲裁裁决的法律效力,首先体现为对双方当事人的约束力,即双方当事人应当按照裁决的结果自动履行,不得再就该争议提起诉讼或者申请仲裁;其次,仲裁裁决产生对仲裁机构和法院的约束力,任何仲裁机构或者人民法院不得重新受理当事人就已经裁决的事项提出的请求。

---

① 《仲裁法》第54条。
② 《仲裁法》第54条。

　　根据我国《仲裁法》第 56 条的规定,在特定情形下对仲裁裁决书可以进行补正,即对裁决书中的文字、计算错误或者仲裁庭已经裁决但在裁决书中遗漏的事项,仲裁庭应当补正,当事人自收到裁决书之日起 30 日内,也可以请求仲裁庭补正。据此,仲裁庭对仲裁裁决书的补正,只限于三项:一是仲裁裁决书中的文字错误;二是仲裁裁决书中的计算错误;三是已经裁决但在仲裁裁决书中被遗漏的事项。补正可以由仲裁庭自行补正,当事人自收到裁决书之日起 30 日内,也可以请求仲裁庭予以补正。

(六) 开庭笔录

　　开庭笔录,是在仲裁的开庭审理过程中,记录人员对整个开庭审理情况所作的记载。开庭笔录是仲裁程序中重要的法律文书。

　　根据《仲裁法》第 48 条的规定,仲裁应当将开庭情况记入笔录。当事人和其他仲裁参与人认为对自己的陈述记录有遗漏或者差错的,有权申请补正。如果仲裁庭不予补正,应当记录该申请。笔录由仲裁员、记录人员、当事人和其他仲裁参与人签名或者盖章。当事人、其他仲裁参与人拒绝签名、盖章的,记录人员应当记明情况附卷。

四、仲裁审理中的几个特殊问题

(一) 撤回仲裁申请

　　双方当事人之间发生纠纷,依照他们之间所签订的仲裁协议,授权仲裁庭给予解决,是双方当事人的权利。同样,撤回对仲裁庭的授权,即撤回仲裁申请也是双方当事人的权利。撤回仲裁申请,既包括仲裁申请人撤回对被申请人的仲裁申请,也包括被申请人撤回对仲裁申请人的仲裁反请求申请。撤回仲裁申请既可能发生在庭审之前,也可能发生在庭审过程中。

1. 撤回仲裁申请的情形

　　基于仲裁理论与实践,在仲裁审理过程中,根据撤回仲裁申请是否为当事人提出,可以分为当事人撤回仲裁申请和仲裁庭按撤回仲裁申请处理。

　　(1) 当事人撤回仲裁申请。是指在仲裁审理程序中,仲裁申请人或被申请人主动向仲裁庭提出请求,撤回对仲裁庭审理该纠纷或审理反请求纠纷授权的一种法律行为。当事人撤回仲裁申请一般基于当事人之间的和解而发生。

　　和解,是指在仲裁程序中,当事人双方自愿协商,相互谅解,对他们之间已发生纠纷的实体权利义务关系达成一致的解决办法,从而撤回仲裁申请或以其他方式终结仲裁程序的制度。

　　尽管当事人撤回仲裁申请是当事人行使处分权的体现,但也必须符合一定的条件:首先,撤回仲裁申请必须由仲裁申请人或仅请求申请人、申请人的法定代理人以及经过特别授权的委托代理人提出。其次,撤回仲裁申请必须在仲裁庭作出仲裁裁决之前提出。最后,撤回仲裁申请必须通过一定的方式提出,一般应以书面方式提出,如果申请人以口头方式向仲裁庭提出,则应由仲裁庭记录在案,并由申请人签名。

(2) 仲裁庭按撤回仲裁申请处理。是指在当事人未主动提出撤回仲裁申请的情况下,由于法定事由的发生,仲裁庭根据《仲裁法》的规定,视为当事人撤回了仲裁申请。

根据我国《仲裁法》第 42 条的规定,申请人经书面通知,无正当理由不到庭或者未经仲裁庭许可中途退庭的,可以视为撤回仲裁申请。因此,按撤回仲裁申请处理是基于以下两种情形产生的:申请人经仲裁庭书面通知,无正当理由拒不到庭;申请人未经仲裁庭许可中途退庭。

2. 撤回仲裁申请后的法律问题

当事人撤回仲裁申请和仲裁庭按撤回仲裁申请处理,将产生同样的法律后果,即仲裁庭不再享有对该案的仲裁权,不能继续行使对该案的审理权和裁决权,仲裁程序终结。

然而,在仲裁实践中,往往会出现这样的情况,即当事人撤回仲裁申请后,或者仲裁庭按撤回仲裁申请处理后,当事人又依据仲裁协议申请仲裁。比如双方当事人在仲裁过程中达成和解,但由于在履行和解协议时,一方当事人拒绝履行,或者拒绝按和解协议履行,另一方当事人便请求仲裁庭恢复行使仲裁权;再比如,仲裁申请人经仲裁庭的书面通知,无正当理由不到庭,仲裁庭视为其撤回仲裁申请,而终结了仲裁程序。之后,仲裁申请人或原被申请人又依据原仲裁协议申请仲裁,等等。在这些情况下,仲裁庭能否重新行使仲裁权?依据什么行使仲裁权?

有观点认为,既然仲裁程序已经终结,仲裁庭对该案享有的权力已经结束,如果当事人就此案再申请仲裁,必须重新达成仲裁协议,重新选择仲裁员组成仲裁庭,对纠纷进行裁决。也有观点认为,当事人可以依据原仲裁协议申请仲裁,但应该另行组成仲裁庭。还有观点认为,仲裁庭能否恢复行使仲裁权,应区别不同的情况,分别对待,对于法律许可的行为,仲裁庭可以恢复行使仲裁权,如当事人双方达成和解协议而撤回仲裁申请,由于对和解协议的履行反悔或发生分歧,请求仲裁庭依据双方的仲裁协议进行裁决。但如果是法律所不允许的行为,如申请人经书面通知无正当理由不到庭或未经仲裁庭许可中途退庭,则不能再依据仲裁协议申请仲裁。

对于这个问题,仲裁立法上的规定非常有限,我国《仲裁法》在第 49 条和第 50 条也只是作了原则性规定,即"当事人申请仲裁后,可以自行和解。达成和解协议的,可以请求仲裁庭根据和解协议作出裁决书,也可以撤回仲裁申请""当事人达成和解协议,撤回仲裁申请后反悔的,可以根据仲裁协议申请仲裁"。

结合仲裁理论与仲裁实践,我们认为对当事人撤回仲裁申请后,有关仲裁权行使的法律问题应从以下几个方面来理解:

(1)仲裁协议是双方当事人对纠纷解决方式的选择条款,即只要双方当事人因属于仲裁协议范围内的事项发生争议,就必须通过仲裁的方式,由仲裁庭行使仲裁权给予解决。

(2)当事人撤回仲裁申请或仲裁庭视为当事人撤回仲裁申请,不是仲裁协议失效的前提条件。即尽管当事人撤回了仲裁申请,但只要双方当事人之间的纠纷没有最终解决,双方当事人没有就该争议达成新的仲裁协议,或所达成的仲裁协议为无效协议,只要在法律规定或当事人约定的仲裁协议的有效期内,该仲裁协议就有效,当事人即可以依据此协议,申请仲裁,仲裁庭即可以依据此协议行使仲裁权,解决当事人之间的纠纷。

(3)当事人撤回仲裁申请或仲裁庭视为撤回仲裁申请后,仲裁程序的终结意味着仲裁庭行使仲裁权的结束。但原则上,只要当事人之间的纠纷没有得到解决,当事人申请仲裁庭行使仲裁权,就是请求仲裁庭恢复对仲裁权的行使,也就是说,原仲裁庭仍然是该案中行使仲裁权的主体。由于原仲裁庭了解案件的情况,由原仲裁庭恢复行使仲裁权有利于及时、迅速地解决纠纷,同时,可以有效地避免当事人以此作为更换仲裁员,规避法律的手段。

(4)仲裁的本质特征是当事人自愿,因此,在上述理论的前提下,如果双方当事人完全自愿地对纠纷解决方式,或者仲裁授权的内容,或者仲裁庭的组成方式或仲裁员的人选等重新达成协议,应该尊重当事人的选择。

(二)延期开庭

通常情况下,仲裁庭所确定的开庭审理期日对双方当事人具有约束力,即双方当事人必须按照仲裁庭所确定的开庭审理期日出席庭审。但是在特定情况下,由于法定事由的出现,致使开庭审理不能按照所确定的期日正常进行,即可适用延期开庭审理。因此,所谓延期开庭,就是指在仲裁程序中,由于出现法定事由,根据当事人的申请,并经仲裁庭同意,将已确定的开庭审理期日顺延至另一期日进行开庭审理的制度。

根据我国《仲裁法》和仲裁规则的规定以及仲裁实践,延期开庭有以下几种情形:

1. 当事人有正当理由不能到庭

我国《仲裁法》第41条规定:"仲裁委员会应当在仲裁规则规定的期限内将开庭日期通知双方当事人。当事人有正当理由的,可以在仲裁规则规定的期限内请求延期开庭。是否延期,由仲裁庭决定。"由此可见,当事人有正当理由不能到庭是延期开庭的法定事由,但是实现延期开庭,还必须由当事人在法定时间内提出延期开庭的请求,并由仲裁庭作出延期开庭的决定。

2. 当事人临时提出回避申请

根据我国《仲裁法》第 35 条的规定,当事人提出回避申请,应当说明理由,在首次开庭前提出。但如果回避事由是在首次开庭后知道的,可以在最后一次开庭终结前提出。仲裁员的回避意味着必须重新选定或指定仲裁员,因此,对于已经确定的开庭审理期日来说,当事人临时提出的回避申请就会使得开庭审理延期。

3. 仲裁员不能履行职责

如果已确定的仲裁员由于特定原因不能履行职责时,也同样面临重新选定仲裁员的情况。《贸仲仲裁规则》第 33 条规定,仲裁员在法律上或事实上不能履行其职责,或者没有按照本规则的要求或在规则规定的期限内履行应尽职责时,仲裁委员会主任有权自行决定将其更换;该仲裁员也可以主动申请不再担任仲裁员。在仲裁员因回避或更换不能履行职责时,应按照原选定或指定仲裁员的方式在仲裁委员会仲裁院规定的期限内选定或指定替代的仲裁员。当事人未选定或指定替代仲裁员的,由仲裁委员会主任指定替代的仲裁员。显然,在这种情形下,已确定的开庭审理期日也必须延期。

4. 需要通知新的证人参加庭审,调取新证据,重新鉴定或勘验,或者需要补充调查

如果在庭审过程中需要新的证人参加庭审,调取新的证据,重新鉴定或者勘验,或者需要补充调查时,经当事人申请,仲裁庭许可,可以延期开庭审理。

5. 其他应当延期开庭的情形

(三) 缺席裁决

缺席裁决,相对于对席裁决而言,是最终裁决的一种特殊情况。对席裁决,是指仲裁庭在仲裁的整个过程中,在双方当事人均按照规定的仲裁程序参加仲裁审理的情况下作出的仲裁裁决。这是一种在正常程序下的仲裁结果。而缺席裁决,是指仲裁庭在被申请人无正当理由不到庭或未经许可中途退庭情况下作出的裁决。

我国《仲裁法》第 42 条第 2 款规定:"被申请人经书面通知,无正当理由不到庭或者未经仲裁庭许可中途退庭的,可以缺席裁决。"据此规定,在下列情形下,仲裁庭可以作出缺席裁决:

1. 被申请人经书面通知,无正当理由不到庭

书面通知被申请人到庭参加仲裁庭审是仲裁审理的必经程序,在这一正当程序下,如果被申请人无正当理由不到庭,仲裁庭即可按照法律授权作出缺席裁决。

2. 被申请人未经仲裁庭的许可中途退庭

在仲裁庭审中,如果被申请人未经仲裁庭的许可而中途退庭的,仲裁庭也有权作出缺席裁决。

除上述情形外，在仲裁被申请人提出仲裁反请求的情况下，如果仲裁申请人经书面通知无正当理由不到庭或者未经仲裁庭的许可中途退庭时，仲裁庭可以基于仲裁反请求对仲裁申请人（即反请求中的被申请人）作出缺席裁决。

由于缺席裁决是在一方当事人不到庭的情况下作出的，因此，要保证仲裁程序的正常进行与正当性会面临一定的障碍。而如果仲裁庭未经"正当程序"行使仲裁裁决权，作出的仲裁裁决将面临被撤销或不予执行的后果。因此，在当事人缺席的情形下，更加要求仲裁庭认真行使仲裁权，严格按照程序的要求进行审理和裁决。例如虽然一方当事人没有到庭，仲裁庭仍应将到庭的另一方当事人的证据等案件材料送达给缺席当事人。如果需要二次开庭，也不得因当事人在一次开庭时的缺席而不向该当事人送达二次开庭通知等。即缺席方当事人也有提供证据、为自己辩论的机会，这是正当法律程序的要求，是仲裁公正性的要求。同时，由于正当程序下的当事人缺席视为其放弃了庭审中答辩、举证、质证、辩论和最后陈述等的权利，应承担由此产生的不利后果，仲裁庭在进行缺席裁决时，享有依据已有的证据作出最终裁决的权力。当然，由于证据的有限性，可能容易导致仲裁裁决依据的缺乏，因此，这也对仲裁庭行使证据的收集与认定权和事实的确定权提出了更高的要求。仲裁庭有必要在裁决书中阐明该裁决所依据的事实理由，以证实仲裁裁决的合法性，避免因当事人的抗辩而使仲裁裁决无法执行。

第六节　简易程序

一、简易程序的概念和特点

简易程序，是指在仲裁程序中，仲裁庭审理简单仲裁案件时所适用的一种简便易行的审理程序。仲裁中的简易程序是普通庭审程序的一种简化。我国《仲裁法》中并没有明确规定仲裁审理的简易程序，但仲裁所具有的快捷性、灵活性和经济性的特点，仲裁所体现出的充分尊重当事人意愿的仲裁原则，以及《仲裁法》对独任仲裁庭仲裁和书面审理的肯定，实质上都包含了简化仲裁程序的精神。因此，各仲裁委员会在制定仲裁规则时往往规定有简易程序。

简易程序与通常仲裁程序相比，体现了如下特点：

（一）仲裁庭的组成方式简便

仲裁程序中适用简易程序时，是由独任仲裁员组成仲裁庭进行仲裁。即由双方当事人共同选定或者共同委托仲裁委员会主任指定一名仲裁员组成仲裁庭对当事人之间的纠纷案件进行审理。

(二)审理方式灵活

适用简易程序审理仲裁案件,仲裁庭可以根据案件的实际情况,按照其认为适当的方式进行仲裁,既可以征得当事人同意后决定只依据当事人提交的书面材料和证据进行书面审理,也可以决定开庭审理。

(三)各种期限的规定相对较短

适用简易程序时,程序中各种期限的规定相对较短。不论是提交答辩书和其他材料的期限,还是提出反请求的期限;不论是指定仲裁员的期限,还是将开庭日期通知当事人的期限,抑或作出仲裁裁决的期限,较之普通仲裁程序中的期限来说都有所缩短。

(四)在简易程序中未作规定的事项,应适用仲裁规则的相关规定

二、适用简易程序的条件

由于简易程序是在特定情形下适用的一种程序,因此适用简易程序必须符合以下条件:

(一)争议标的金额在仲裁规则规定的数额以下

适用简易程序的案件往往都有对争议标的金额的要求,一般的要求是争议金额应在一定的数额以下。如《贸仲仲裁规则》《北仲仲裁规则》均规定,案件争议金额不超过人民币500万元的,适用简易程序。如果案件没有争议金额,或者争议金额不明确,则往往由仲裁庭决定是否适用简易程序。根据《贸仲仲裁规则》的规定,没有争议金额或者争议金额不明确的,由仲裁委员会根据案件的复杂程度、涉及利益的大小以及其他有关因素综合考虑决定是否适用简易程序。

(二)案情简单

案情简单是适用简易程序的要件之一。案情简单意味着对该纠纷易于查清事实和分清是非,即易于进行审理。因此,在仲裁实践中,有些案件虽然超过了仲裁规则所规定的适用简易程序的争议标的,但由于案情简单,权利义务关系明确,当事人约定适用简易程序的,也同样可以适用简易程序进行审理。

(三)经双方当事人默示或者书面同意

所谓双方当事人默示同意,是指双方当事人没有明确约定排除对简易程序的适用,因此,在符合仲裁规则规定的适用简易程序的标的金额时,即适用简易程序。而书面同意,是指在争议金额超过仲裁规则所规定的适用简易程序的范围时,经一方当事人书面申请,在征得另一方当事人书面同意的情况下,适用简易程序。如《贸仲仲裁规则》第56条规定:"除非当事人另有约定,凡是争议金

额不超过人民币 500 万元的,或争议金额超过人民币 500 万元,经一方当事人书面申请并征得另一方当事人书面同意的,适用本简易程序。"《北仲仲裁规则》第 54 条规定,案件争议金额超过 500 万元,当事人约定或者同意的,也可适用简易程序,仲裁费用予以减收。

三、按照简易程序进行的仲裁审理

各仲裁委员会的仲裁规则中对按照简易程序进行的仲裁审理都作出了明确的规定,具体程序一般包括:

(1) 仲裁申请人向仲裁委员会提出仲裁申请后,经审查可以受理并适用简易程序的,仲裁委员会应立即向双方当事人发出仲裁通知。被申请人在仲裁规则规定的期限内提交答辩书及有关证明文件,也可提出反请求。

《贸仲仲裁规则》规定,申请人提出仲裁申请,经审查可以受理并适用简易程序的,仲裁委员会仲裁院应向双方当事人发出仲裁通知。被申请人应在收到仲裁通知后 20 天内提交答辩书及证据材料以及其他证明文件;如有反请求,也应在此期限内提交反请求书及证据材料以及其他证明文件。[①]

(2) 双方当事人在仲裁规则规定的期限内,共同选定或者共同委托仲裁委员会主任指定独任仲裁员成立仲裁庭审理案件。如果双方当事人未能共同选定或者共同委托仲裁委员会主任指定独任仲裁员的,仲裁委员会主任应指定一名独任仲裁员审理此案。

《北仲仲裁规则》第 55 条规定,适用简易程序的案件,由独任仲裁员审理。各方当事人应当自收到答辩通知之日起 10 日内在仲裁员名册中共同选定或者共同委托主任指定独任仲裁员。选择独任仲裁员的方式,可以由当事人各自推荐,仲裁委员会也可以提供仲裁员候选名单,由双方当事人进行选择。双方当事人逾期未能共同选定或者共同委托仲裁委员会主任指定仲裁员的,仲裁委员会主任应当指定独任仲裁员。

(3) 仲裁庭以其认为适当的方式审理案件,既可以征得当事人同意后,决定进行书面审理,也可以决定开庭审理。如果仲裁庭决定开庭审理,一般来说,仲裁庭只开庭一次。确有必要时,仲裁庭可以决定再次开庭。

《贸仲仲裁规则》第 60 条、第 61 条规定,仲裁庭可以按照其认为适当的方式审理案件,可以在征求当事人意见后决定只依据当事人提交的书面材料和证据进行书面审理,也可以决定开庭审理。对于开庭审理的案件,仲裁庭确定第一次开庭日期后,应不晚于开庭前 15 天将开庭日期通知双方当事人。当事人有正当理由的,可以请求延期开庭,但应于收到开庭通知后 3 天内提出书面延

---

① 《中国国际经济贸易仲裁委员会仲裁规则》第 57 条、第 59 条。

期申请,是否延期,则由仲裁庭决定。

《北仲仲裁规则》第 57 条、第 66 条规定,开庭审理的案件,仲裁庭应当于开庭 3 日(国际商事案件 10 日)前将开庭日期通知双方当事人。仲裁庭决定开庭审理的,只开庭一次;确有必要的,仲裁庭可以决定再次开庭。再次开庭日期的通知,不受 3 日(国际商事案件 10 日)期限的限制。

(4) 仲裁庭在仲裁规则规定的期限内作出仲裁裁决书。《贸仲仲裁规则》第 62 条规定,仲裁庭应当在组庭后 3 个月内作出裁决书。经仲裁庭请求,仲裁委员会仲裁院院长认为确有正当理由和必要的,可以延长该期限。

《北仲仲裁规则》第 59 条、第 68 条规定,仲裁庭应当自仲裁庭组成之日起 75 日内作出裁决。国际商事案件,应当自组庭之日起 90 日内作出裁决。有特殊情况需要延长的,由独任仲裁员提请秘书长批准,可以适当延长。

第七节　仲裁时效

一、仲裁时效的概念

仲裁时效,是指当事人向仲裁委员会申请仲裁的法定期间,即当事人在仲裁时效期间内如果不向仲裁委员会申请仲裁,就丧失了通过仲裁方式解决纠纷,保护其合法权益的实体权利。

我国《仲裁法》第 74 条规定,法律对仲裁时效有规定的,适用该规定;法律对仲裁时效没有规定的,适用诉讼时效的规定。

仲裁时效分为普通仲裁时效和特殊仲裁时效。按照法律的规定,普通仲裁时效期间,自权利人知道或者应当知道权利受到损害以及义务人之日起计算;但是,自权利受到侵害之日起超过 20 年的,则不予保护。

特殊仲裁时效,是指普通仲裁时效以外的特定仲裁时效。例如,《民法典》第 594 条规定,因国际货物买卖合同和技术进出口合同争议申请仲裁的期间为 4 年。

二、仲裁时效期间的计算

按照法律的规定,仲裁时效期间的起算,自权利人知道或应当知道权利受到损害以及义务人之日开始计算。

在仲裁时效期间的最后 6 个月内,当事人因不可抗力或者法律规定的其他障碍不能行使请求权的,仲裁时效中止。自中止时效的原因消除之日起满 6 个月,仲裁时效期间届满。

在仲裁时效进行中,权利人向义务人提出履行请求、义务人同意履行义务、权利人提起诉讼或者申请仲裁等情形,引起仲裁时效中断。从仲裁时效中断、有关程序终结时起,仲裁时效期间重新计算。

 ◆配套测试

一、不定项选择

1. 甲企业与乙企业签订了产品购销合同,合同中有如下条款:"因履行本合同及与履行本合同有关之事宜而发生之争议,应当提交某某仲裁委员会仲裁解决。"但是,在合同履行过程中,乙企业与丙企业合并,乙企业的所有债权债务均由丙企业承受。后在合同履行过程中发生争议,下列说法中正确的是:( )。

　　A. 甲企业与乙企业之间的仲裁协议不适用于丙企业

　　B. 甲企业可以依仲裁条款将丙企业作为被申请人提起仲裁

　　C. 甲企业必须与丙企业重新达成仲裁协议,然后才可就该争议提起仲裁

　　D. 丙企业应当承担该仲裁协议所产生的一切权利义务

2. 仲裁庭对当事人之间的争议案件经过审理,双方当事人如果不能调解,应当作出裁决书。关于裁决书,下列哪些说法是正确的?( )

　　A. 当事人协议不愿写明争议事实和裁决理由的,可以不写

　　B. 裁决书由仲裁员签名,加盖仲裁委员会印章

　　C. 对裁决持不同意见的仲裁员,可以签名,也可以不签名

　　D. 对裁决持不同意见的仲裁员,必须签名

3. 关于仲裁庭制作的调解书,下列说法正确的是:( )。

　　A. 调解书不具有执行力

　　B. 调解书不具有法律效力

　　C. 调解书与仲裁裁决书具有同等效力

　　D. 达成调解协议的,仲裁庭不能根据当事人协议的结果制作裁决书

4. 在审理一起合同纠纷案件的过程中,首席仲裁员王某被当事人申请回避,依法重新选定首席仲裁员后,在是否将已进行的仲裁程序重新进行的问题上出现下列不同的看法,请问:其中哪种看法是不正确的?( )

　　A. 已进行的仲裁程序必须重新进行

　　B. 对已进行的仲裁程序不能重新进行

　　C. 仲裁庭可以自行决定已进行的仲裁程序重新进行

　　D. 当事人可以请求已进行的仲裁程序重新进行,是否准许,由仲裁庭决定

5. 中国内地某公司与香港某公司因技术开发合同的履行发生争议,双方约

定关于该合同的一切纠纷均应提交中国国际经济贸易仲裁委员会进行仲裁,同时,双方订立合同时并未对仲裁审理方式进行约定。则此案仲裁的审理方式为:(　　)。

  A. 公开开庭审理

  B. 不开庭审理

  C. 公开开庭审理,但如果涉及商业秘密,当事人申请不公开审理的,可以不公开审理

  D. 不公开开庭审理,但如果当事人要求公开审理的,仲裁庭可以决定公开进行

  6. 甲公司与乙公司之间的买卖合同纠纷中,双方在仲裁过程中达成和解协议,此种情况下甲公司不具有下列哪种权利?(　　)

  A. 请求仲裁庭根据和解协议作出裁决书

  B. 撤回仲裁申请

  C. 撤回仲裁申请后反悔,又根据仲裁协议申请仲裁

  D. 请求法院执行仲裁过程中达成的和解协议

  7. 根据我国仲裁法的规定,下列哪些关于仲裁程序的表述是正确的?(　　)

  A. 仲裁应当开庭进行,但当事人可以约定不开庭

  B. 仲裁不公开进行,但如不涉及国家秘密,当事人也可以约定公开进行

  C. 对仲裁庭的组成,当事人可以约定由 3 名仲裁员组成仲裁庭

  D. 当事人对仲裁的调解书不得申请撤销,对裁决书可以申请撤销

  8. 吉林市甲公司与长春市乙公司因服装买卖合同发生的纠纷,由北京仲裁委员会进行仲裁,双方当事人约定并请求仲裁庭在裁决书中不要写明下列事项。对此请求,下列哪些事项仲裁庭可以准许?(　　)

  A. 仲裁请求

  B. 争议事实

  C. 裁决理由

  D. 仲裁费用

  9. 下列关于仲裁裁决的哪些观点是正确的?(　　)

  A. 当事人可以请求仲裁庭根据双方的和解协议作出裁决

  B. 仲裁庭可以根据双方当事人达成的调解协议作出裁决

  C. 仲裁裁决应当根据仲裁庭多数仲裁员的意见作出,形不成多数意见的,由仲裁委员会讨论决定

  D. 仲裁裁决一经作出即发生法律效力

  10. 根据仲裁法的规定,仲裁裁决应当如何作出?(　　)

A. 按照多数仲裁员的意见作出,少数仲裁员的不同意见可以在裁决书中写明

B. 按照多数仲裁员的意见作出,少数仲裁员的不同意见可以记入笔录

C. 仲裁庭不能形成多数意见时,另行组成仲裁庭进行合议

D. 仲裁庭不能形成多数意见时,裁决应当按照首席仲裁员的意见作出

11. 海天公司根据合同中的仲裁条款,向仲裁委员会申请仲裁解决因海文公司在履行合同中由于泄露商业秘密给自己造成的损失赔偿问题,仲裁委员会受理案件后,向申请人海天公司送达了仲裁规则与仲裁员名册,并向被申请人海文公司送达了申请书副本、仲裁规则与仲裁员名册。在仲裁规则规定的答辩期内,海文公司未提交答辩书,此时仲裁委员会应当如何处理?(　　)

A. 通知被申请人限期提交答辩书

B. 通知申请人撤回仲裁申请

C. 告知申请人向有关人民法院起诉

D. 继续进行仲裁程序

12. 南京风发制药公司与上海兴鑫水处理设备配件公司于 2010 年 10 月签订了一份合同,南京风发制药公司从上海兴鑫水处理设备配件公司购买一套污水净化处理设备,合同中包含了有效的仲裁条款。南京风发制药公司于 2010 年 12 月自行派车运回了全套设备,当即安装调试,虽发现存在质量问题,但仍于 2011 年 2 月按期交付了货款。2015 年 8 月南京风发制药公司根据合同中的仲裁条款申请仲裁,要求退货,上海兴鑫水处理设备配件公司则抗辩称申请人的仲裁申请已过仲裁时效。下列何种处理意见是正确的?(　　)

A. 申请未超过最长仲裁时效,仲裁委员会应依法受理

B. 仲裁委员会应依法受理,仲裁程序不适用诉讼时效

C. 仲裁委员会应予以受理,经仲裁庭审理,因申请超过仲裁时效,裁决驳回申请人的仲裁请求

D. 因申请超过仲裁时效,仲裁委员会不予受理

13. 甲公司与乙公司购销合同纠纷仲裁过程中,申请人要求财产保全,即冻结被申请人银行存款 55 万元或扣押、查封其等值财产。仲裁委员会对此申请不能采取下列哪种办法处理?(　　)

A. 通知有关银行冻结被申请人存款或请求人民法院协助扣押、查封被申请人价值 55 万元的财产

B. 告知当事人向人民法院申请财产保全

C. 将当事人的申请提交人民法院

D. 责令被申请人提供 55 万元担保,否则不将当事人的申请提交人民法院

14. 根据我国《仲裁法》的规定,在不同的情况下仲裁庭可以作出不同的裁决,下列有关仲裁裁决的说法不正确的是:(　　)。

  A. 被申请人经书面通知,无正当理由不到庭的,仲裁庭可以据此认定申请人的主张成立,缺席裁决

  B. 当事人经调解达成协议的,仲裁庭应当制作调解书,但不能根据调解结果制作裁决书

  C. 仲裁庭仲裁纠纷时,其中一部分事实已经调查清楚的,可以就该部分先行裁决

  D. 仲裁裁决书送达当事人后即发生法律效力,但对裁决书中的文字、计算错误,当事人可以请求仲裁庭补正

15. 飞雁通信器材公司与阳光房地产公司因买卖合同的履行产生纠纷。双方在该合同中订有仲裁条款:若因本合同发生纠纷,提交北京仲裁委员会仲裁。故飞雁公司向北京仲裁委员会申请仲裁。仲裁委员会受理本案后,关于本案仲裁程序的说法,正确的有:(　　)。

  A. 若双方对于是否开庭、是否公开审理未达成协议的,应不公开开庭审理

  B. 若双方未能就仲裁庭的组成方式、仲裁员的选定达成协议的,由仲裁委员会主任指定

  C. 若双方当事人未能就是否调解达成一致的,仲裁庭可以为了双方的利益强制调解

  D. 若仲裁庭对裁决不能达成一致意见,则根据首席仲裁员的意见作出裁决

16. 根据我国《仲裁法》的规定,仲裁裁决作出后,裁决书由仲裁员签名,加盖仲裁委员会印章,对仲裁裁决持不同意见的仲裁员,在仲裁裁决书作出时,可以选择的做法有:(　　)。

  A. 在仲裁裁决书上签名

  B. 不在仲裁裁决书上签名

  C. 向仲裁委员会提出申请,要求仲裁委员会对裁决书的裁决进行审查

  D. 要求仲裁庭在仲裁裁决书中补充说明自己对案件的裁决意见

17. 甲公司与乙公司就某合同纠纷进行仲裁,自行达成和解协议后,申请人向仲裁委员会申请撤回仲裁申请。后乙公司未按和解协议履行其义务。甲公司应如何解决此纠纷?(　　)

  A. 甲公司可以依据原仲裁协议重新申请仲裁

  B. 甲公司只能向法院提起诉讼

  C. 甲公司既可以向法院提起诉讼,也可以与乙公司重新达成仲裁协议

申请仲裁

D. 甲公司可以向仲裁委员会申请恢复仲裁程序

18. 甲公司根据与乙公司签订的建筑工程合同中的仲裁条款,向仲裁委员会申请仲裁。在仲裁过程中,根据仲裁法的规定,在下列哪些情况下,当事人提出仲裁员回避申请的,仲裁员应当回避?(　　)

A. 甲公司发现仲裁员王某是乙公司代理人的博士研究生导师

B. 甲公司发现仲裁员王某私自会见对方当事人的代理人

C. 乙公司发现仲裁员李某的配偶是对方当事人的职工

D. 乙公司发现仲裁员蔡某虽然是资深会计师,但法律知识欠缺,不适合担任仲裁员

19. 迅驰科技有限公司依据合同中的仲裁条款向甲仲裁委员会申请仲裁,要求俊宏电脑公司支付拖欠的技术开发费。甲仲裁委员会受理案件后,迅驰科技有限公司发现俊宏电脑公司有转移财产的行为,欲申请财产保全。下列关于财产保全的说法哪些是正确的?(　　)

A. 迅驰科技有限公司应当将财产保全申请书提交给甲仲裁委员会

B. 甲仲裁委员会可以将该财产保全申请书提交给俊宏电脑公司财产所在地人民法院

C. 迅驰科技有限公司可以将财产保全申请书提交给俊宏电脑公司财产所在地人民法院

D. 迅驰科技有限公司可以将财产保全申请书提交给俊宏电脑公司住所地人民法院

20. 北国商贸公司根据其与英国必科公司合同中的仲裁条款,向仲裁委员会申请仲裁。在仲裁过程中,下列哪些事项可以由双方当事人共同协商选择?(　　)

A. 仲裁庭的组成方式

B. 书面审理案件

C. 不公开审理案件的方式

D. 仲裁所适用的语言

21. 胜大网络公司与瑞融投资公司签订了一份联合经营网站的合同,后因瑞融投资公司的资金未能及时到位,致使胜大网络公司的前期资金和技术投入无法产生预期的经济效益,就瑞融投资公司违约给胜大网络公司造成损失的赔偿问题双方发生争议。胜大网络公司依据合同中的仲裁条款向约定的仲裁委员会申请仲裁,仲裁委员会依法受理了该争议案件。如果在仲裁过程中,胜大网络公司欲申请证据保全,下列哪种做法是正确的?(　　)

A. 胜大网络公司应当向证据所在地的基层人民法院申请证据保全

B. 胜大网络公司应当向证据所在地的中级人民法院申请证据保全

C. 仲裁委员会应当将当事人的证据保全申请提交到证据所在地的基层人民法院

D. 仲裁委员会应当将当事人的证据保全申请提交到证据所在地的中级人民法院

22. 位于甲区的恒发贸易公司与位于乙区的昆仑装饰公司在丙区签订一份购销合同。合同约定,昆仑装饰公司向恒发贸易公司提供灯饰 5 000 顶,如果合同履行过程中发生争议,协商解决不成的,应当提交甲仲裁委员会仲裁解决。合同签订后,因昆仑装饰公司失火,未能及时供货,双方发生争议,恒发贸易公司向甲仲裁委员会申请仲裁,并申请仲裁委员会保全昆仑装饰公司在丁区的财产。甲仲裁委员会接受恒发贸易公司财产保全的申请后,应当将该申请提交下列哪个人民法院?(　　　)

A. 甲区中级人民法院

B. 乙区基层人民法院

C. 丙区中级人民法院

D. 丁区基层人民法院

23. 甲县的佳华公司与乙县的亿龙公司订立的烟叶买卖合同中约定,如果因为合同履行发生争议,应提交 A 仲裁委员会仲裁。佳华公司交货后,亿龙公司认为烟叶质量与约定不符,且正在霉变,遂准备申请仲裁,并对烟叶进行证据保全。关于本案的证据保全,下列哪些表述是正确的?

A. 在仲裁程序启动前,亿龙公司可直接向甲县基层人民法院申请证据保全

B. 在仲裁程序启动后,亿龙公司既可直接向甲县基层人民法院申请证据保全,也可向 A 仲裁委员会申请证据保全

C. 法院根据亿龙公司的申请,采取证据保全措施时,可要求其提供担保

D. A 仲裁委员会收到亿龙公司保全申请后,应提交给证据所在地的中级人民法院

24. 刘某从海塘公司购买红木家具 1 套,价款为 3 万元,双方签订合同,约定如发生纠纷可向北京仲裁委员会申请仲裁。交付后,刘某发现该家具并非红木制成,便向仲裁委员会申请仲裁,请求退货。

(1) 双方在仲裁过程中对仲裁程序所作的下列何种约定是有效的?(　　　)

A. 双方不得委托代理人

B. 即使达不成调解协议,也以调解书的形式结案

C. 裁决书不写争议事实和裁决理由

D. 双方对裁决不得申请撤销

（2）向海塘公司提供木材的红木公司可以以何种身份参加该案件的仲裁程序？（　　）

A. 证人

B. 第三人

C. 鉴定人

D. 被申请人

（3）如果仲裁过程中海塘公司向仲裁庭提交了双方签订的补充协议，该补充协议约定将纠纷解决方式变更为向法院提起诉讼，这种情况下仲裁庭应当如何处理？（　　）

A. 仲裁庭有权对是否继续仲裁审理作出裁决

B. 仲裁庭应当裁决驳回仲裁申请，当事人可向法院起诉

C. 仲裁庭应当继续仲裁，裁决作出后当事人可以以没有有效的仲裁协议为由申请撤销仲裁裁决

D. 仲裁庭应当继续仲裁，裁决作出后当事人不得以没有有效的仲裁协议为由申请撤销仲裁裁决

25. 海云公司与金辰公司签订了一份装饰工程合同。合同约定：金辰公司包工包料，负责完成海云公司办公大楼的装饰工程。事后双方另行达成了补充协议，约定若该合同的履行发生纠纷，由某仲裁委员会裁决。在装饰工程竣工后，质检单位鉴定复合地板及瓷砖系不合格产品。海云公司要求金辰公司返工并赔偿损失，金辰公司不同意，引发纠纷。请回答以下问题：

（1）假设某法院受理了海云公司的起诉，金辰公司应诉答辩，海云公司在首次开庭时，向法院提交了仲裁协议，对此，该法院应如何处理？（　　）

A. 裁定驳回海运公司的起诉

B. 裁定不予受理，告知当事人通过仲裁方式解决

C. 裁定将案件移送仲裁机构处理

D. 继续审理本案

（2）假设某法院受理本案后，金辰公司在答辩中提出双方有仲裁协议，法院应如何处理？（　　）

A. 裁定驳回起诉

B. 裁定不予受理

C. 依职权作出是否受理本案的决定书

D. 无须审查仲裁协议，视为人民法院有管辖权

（3）假设仲裁机构受理了海云公司的仲裁申请，仲裁过程中经仲裁庭调解，海云公司与金辰公司达成和解协议，可以何种方式结案？（　　）

A. 撤回仲裁申请

B. 仲裁庭作出准许撤回仲裁申请的裁决书

C. 仲裁庭制作调解书

D. 仲裁庭根据协议的结果制作裁决书

二、案例分析

1. 2015 年 4 月 20 日,甲某与乙公司签订《商标及软件授权使用协议》,约定乙公司将其商标及软件授权甲使用,期限自签订合同之日起 1 年有效,甲支付授权费 10 万元。双方约定基于本合同发生的争议,提交北京仲裁委员会仲裁。

2015 年 8 月 12 日甲因病住院,2015 年 12 月 9 日死亡。2016 年 4 月 15 日,甲的父母、妻子、女儿作为申请人向北京仲裁委员会申请仲裁,请求解除合同,返还授权费。

问题:

甲的父母、妻子、女儿是否本案当事人?

2. 太阳公司系经营房地产开发的公司,在有偿取得某幅土地的使用权之后,由于资金困难,与月亮公司签订了合作开发合同,约定由双方共同投资并分享该开发项目的利润。但双方未实际履行。此后,环球公司就同一幅土地以更优惠的条件与太阳公司签订了一份合作开发合同并开始实际履行。三方之间由此发生纠纷。环球公司根据其与太阳公司签订的合同中的仲裁条款申请仲裁,请求裁决确认其与太阳公司签订的合同有效,并裁决太阳公司继续履行。双方在仲裁委员会受理后自行达成了继续履行合同的和解协议,请求仲裁委员会根据和解协议制作裁决书。仲裁庭 3 名仲裁员中 1 名认为应当否定和解协议,1 名认为应当制作调解书,首席仲裁员认为应当制作裁决书,最后按仲裁庭首席仲裁员的意见,根据和解协议的内容作出了裁决书并送达给了双方当事人。此后月亮公司向法院起诉,请求确认其与太阳公司签订的合同有效并继续履行该合同。

问题:

(1) 月亮公司在得知环球公司申请仲裁后,能否申请参加太阳公司与环球公司正在进行的仲裁程序?为什么?

(2) 环球公司在仲裁裁决生效后,能否在太阳公司与月亮公司的诉讼中成为当事人?为什么?

(3) 仲裁庭制作裁决书在程序上是否合法?为什么?

(4) 在仲裁裁决已确认太阳公司与环球公司的合同有效的情况下,法院能否判决太阳公司与月亮公司之间的合同有效?为什么?

(5) 月亮公司是否有权以仲裁的程序违反法定程序为由申请法院撤销仲裁裁决?为什么?

（6）对仲裁裁决中已经认定的事实，太阳公司在诉讼中能否免除举证责任？为什么？

3.某市食品厂和另一市某商场签订了一份长期供货合同。最初的一段时间内，食品厂能够按照合同的约定交付货物。但后来由于受到外部的冲击，食品厂的效益下滑，同时由于机器设备老化，生产出来的产品质量下降。因此供给商场的产品多为次品，导致消费者大量投诉，严重影响了该商场的经济效益，给该商场造成的直接经济损失约 15 万元。商场多次与食品厂交涉，但均未能就损害赔偿的具体数额达成一致，后来双方商定，将该合同纠纷提交某仲裁委员会仲裁，并且签署了仲裁协议。

请回答以下问题：

（1）如果食品厂申请仲裁后，商场认为该仲裁协议不发生法律效力，双方当事人就此发生争议，当事人应当向何机构寻求解决？

（2）如果在仲裁过程中，仲裁庭认为双方当事人之间的买卖合同无效，仲裁庭还能否根据双方当事人就合同纠纷达成的仲裁协议继续进行仲裁？

（3）如果仲裁时，虽开庭审理，但是没有公开进行。此程序是否正当？为什么？

第六章
申请撤销仲裁裁决

本章导读

申请撤销仲裁裁决是法律赋予仲裁当事人的权利,通过当事人对撤销仲裁裁决的申请,人民法院监督仲裁的机制得以启动。撤销仲裁裁决成为司法监督仲裁的重要方式之一。

本章是关于申请撤销仲裁裁决的相关内容,涉及从当事人申请到法院作出裁决的全过程。在了解申请撤销仲裁裁决的含义及条件的基础上,应重点掌握对申请撤销仲裁裁决法定事由的理解和申请撤销仲裁裁决法律后果的不同情形,特别要深刻理解最高人民法院相关司法解释中关于申请撤销仲裁裁决的相关规定。

第一节　申请撤销仲裁裁决的含义及条件

一、申请撤销仲裁裁决的含义及特征

根据我国《仲裁法》的规定,仲裁实行一裁终局制,仲裁裁决一经作出,即发生法律效力,当事人不能就同一纠纷再向仲裁机构申请仲裁,也不能就同一纠纷向人民法院提起诉讼。仲裁一裁终局制度的确立,体现了仲裁法对当事人意愿的充分尊重,也体现了仲裁这种纠纷解决机制快捷性的优势。然而,在仲裁实践中,由于受到各种因素的影响,有些仲裁裁决也不可避免地会出现不同程度的偏差或错误,损害仲裁的公正性和权威性。对此,我国《仲裁法》设置了当事人申请撤销仲裁裁决这种程序监督机制,规定仲裁庭作出仲裁裁决后,任何一方当事人均可以依据法定事由,向法院提出撤销仲裁裁决的申请。

所谓申请撤销仲裁裁决,是指对符合法定应予撤销情形的仲裁裁决,经由当事人提出申请,人民法院组成合议庭审查核实,裁定将已作出的仲裁裁决予

以撤销的制度。申请撤销仲裁裁决作为当事人的法定权利,具有以下特征:

(1) 撤销仲裁裁决的申请必须由仲裁当事人提出,任何第三人无权提出,人民法院也不得依职权撤销仲裁裁决。当事人向人民法院提出撤销仲裁裁决的申请,是法院行使仲裁监督权,裁定是否撤销仲裁裁决的前提条件。提出撤销仲裁裁决的当事人,是指仲裁案件的申请人或被申请人,案外第三人不具备申请撤销仲裁裁决的主体资格。同时,按照现行法律的规定,一般情形下人民法院不得依职权撤销仲裁裁决,只有在人民法院认定该裁决违背社会公共利益的情形下,才应当直接裁定予以撤销。

(2) 撤销仲裁裁决是法院的职权,仲裁机构无权撤销。在我国,仲裁机构之间没有隶属关系,各仲裁机构之间具有独立性,因此,不可能像民事诉讼中的上诉一样,由上级法院对一审法院的判决进行审查。仲裁中仲裁庭所作出的仲裁裁决,不论是作出仲裁裁决的仲裁庭或者受理该案件的仲裁机构,还是其他仲裁机构,都无权撤销仲裁裁决。是否撤销仲裁裁决,只能由法律规定的人民法院作出裁定。

(3) 当事人申请撤销仲裁裁决必须具有法定的撤销情形,因此,法院必须对当事人提出的撤销仲裁裁决的申请进行审查核实。仲裁裁决只有符合法定予以撤销的情形时,法院才能作出撤销仲裁裁决的裁定,将仲裁裁决予以撤销。

申请撤销仲裁裁决,是仲裁法所规定的司法监督的重要内容和监督形式。对符合法律规定属于撤销情形的仲裁裁决予以撤销,有利于维护当事人的合法权益,有利于维护仲裁的公正性与权威性,也有利于完善我国的司法监督体制。对确保仲裁裁决的合法性和正确性,对我国仲裁制度的发展具有非常重要的意义。

二、申请撤销仲裁裁决的条件

仲裁裁决一经作出,即具有法律约束力,任何单位和个人不得任意撤销。作为仲裁当事人,为维护自己的权益申请撤销仲裁裁决,也必须符合法定条件。根据我国《仲裁法》的规定,申请撤销仲裁裁决必须符合下列条件:

(一) 提出撤销仲裁裁决申请的主体必须是仲裁当事人

由于仲裁当事人与仲裁裁决的结果有直接的利害关系,仲裁裁决也决定着当事人的合法权益是否得到了保护或者受到了侵害。因此,法律规定提出申请撤销仲裁裁决的主体是当事人,包括仲裁申请人和被申请人,仲裁当事人以外的任何人都无权提出撤销仲裁裁决的申请。

(二) 必须向有管辖权的人民法院提出撤销仲裁裁决的申请

当事人申请撤销仲裁裁决,必须向特定的人民法院提出。根据《仲裁法》第58条的规定,当事人应当向仲裁委员会所在地的中级人民法院提出撤销仲裁裁决的申请。向其他人民法院提出的，人民法院不予受理。

当事人向人民法院申请撤销仲裁裁决，应当提交申请书及裁决书正本或者经证明无误的副本。申请书应当载明下列事项：

（1）申请人或者被申请人为自然人的，应当载明其姓名、性别、出生日期、国籍及住所；为法人或者其他组织的，应当载明其名称、住所以及法定代表人或者代表人的姓名和职务。

（2）裁决书的主要内容及生效日期。

（3）具体的请求和理由。

当事人提交的外文申请书、裁决书及其他文件，应当附有中文译本。

（三）必须在法定期限内提出撤销仲裁裁决的申请

为保证仲裁裁决的安定性，我国《仲裁法》对申请撤销仲裁裁决的期限作出了明确规定。《仲裁法》第59条规定：当事人申请撤销仲裁裁决的，应当自收到裁决书之日起6个月内提出。申请撤销仲裁裁决作为当事人的一项权利，当事人可以行使，也可以放弃。如果当事人在规定的期限内没有提出撤销仲裁裁决的申请，则应视为放弃了此项权利，双方当事人应自觉履行仲裁裁决书中所确定的各自的义务。否则，权利方当事人可以向法院申请强制执行仲裁裁决。

（四）必须有证据证明仲裁裁决有法律规定的应予撤销的情形

仲裁裁决只有符合法定撤销的事由时才能予以撤销，而仲裁裁决是否具有法定可撤销的情形，则需当事人提出证据予以证明。因此，仲裁当事人提出申请撤销仲裁裁决时，必须有证据对该仲裁裁决具有法律规定的应予撤销的情形加以证明。没有证据，人民法院不予受理；当事人所提供的证据能否证明，则需要人民法院的审查认定。

第二节　申请撤销仲裁裁决的理由

当事人申请撤销仲裁裁决，必须具有法定理由。根据我国《仲裁法》及相关司法解释的规定，有下列法定情形之一的，当事人可以向人民法院申请撤销仲裁裁决。

一、没有仲裁协议

根据最高人民法院关于《仲裁法解释》第18条的规定，"没有仲裁协议"，是指当事人没有达成仲裁协议。对于仲裁协议被认定无效或者被撤销的，则视为没有仲裁协议。据此，没有仲裁协议包括没有达成仲裁协议和视为没有仲裁协议两种情形。

1. 没有达成仲裁协议

没有达成仲裁协议,是指双方当事人之间根本不存在仲裁协议。

2. 视为没有仲裁协议

视为没有仲裁协议,则可以分为两种情形:

(1)双方当事人之间有仲裁协议,但根据《仲裁法》对有效仲裁协议的界定,该仲裁协议被法院或者仲裁机构认定为无效,不能依此仲裁协议进行仲裁。如仲裁协议不符合法定形式,缺少法定内容又没有达成补充仲裁协议等。

(2)双方当事人基于达成的有效仲裁协议申请仲裁后,仲裁庭所作出的仲裁裁决被法院依法撤销。之后,双方当事人没有依法重新达成仲裁协议,而是以原仲裁协议又申请仲裁,仲裁庭基于原仲裁协议对纠纷案件经过审理并作出了仲裁裁决。该仲裁裁决即被视为在没有仲裁协议的情形下作出的。

没有仲裁协议,仲裁即失去了存在和进行的基础。因此,没有仲裁协议的当事人申请仲裁,仲裁委员会应当不予受理,更不能对案件进行审理和作出裁决。如果仲裁机构对没有仲裁协议的纠纷案件予以受理并作出了裁决,则违反了仲裁的根本制度和当事人意思自治的仲裁原则,该仲裁裁决即为违法裁决,当事人有权向人民法院申请撤销该仲裁裁决。

二、仲裁的事项不属于仲裁协议的范围或者仲裁委员会无权仲裁

仲裁协议中所约定的提交仲裁的争议事项,决定仲裁的审理范围。即当事人申请仲裁的事项,必须是争议双方在仲裁协议中明确约定的事项,仲裁机构也只能就仲裁协议范围内的争议事项进行审理并作出仲裁裁决。

(一)仲裁的事项不属于仲裁协议的范围

仲裁的事项不属于仲裁协议的范围有以下两种情形:

(1)双方当事人就提交仲裁的争议事项没有签订仲裁协议。如甲、乙双方签订的合资合同中约定有仲裁条款,约定凡基于本合资合同所发生的纠纷通过仲裁方式解决,即合资合同纠纷为仲裁协议所约定的仲裁事项。而双方在此后的交往中基于买卖合同发生了纠纷,买卖合同中没有约定仲裁条款,但当事人将该买卖合同所发生的纠纷适用合资合同中的仲裁条款申请仲裁,即属于仲裁的事项(买卖合同纠纷)不属于仲裁协议的范围(合资合同纠纷)。这种情形即属于仲裁庭无权仲裁的情形。

(2)双方当事人就提交仲裁的争议事项签订有仲裁协议,但仲裁庭超出了所约定的事项进行仲裁,该超出部分的争议事项为不属于仲裁协议范围的事项,亦即仲裁庭越权仲裁的事项。如甲、乙双方所签订的培训合同中,只约定就本合同的效力所发生的纠纷通过仲裁方式解决,如果当事人申请仲裁的事项超

出该仲裁协议约定的范围,如将违约的赔偿数额提交仲裁庭进行认定,该事项即不属于仲裁协议约定的范围。

(二) 仲裁委员会无权仲裁

仲裁委员会无权仲裁,是指仲裁委员会无权受理该案件。仲裁委员会无权仲裁包括如下情形:

(1) 提交仲裁的争议事项不具有争议的可仲裁性,仲裁委员会对该项争议无权仲裁。我国《仲裁法》规定了婚姻、收养、监护、扶养、继承纠纷和依法应当由行政机关处理的行政争议不能仲裁。如果当事人在仲裁协议中约定的事项违反了上述规定,并且当事人依据此仲裁协议,将本不能提交仲裁的争议事项提交仲裁,则仲裁机构对无权仲裁的争议事项作出的仲裁裁决应予撤销。

(2) 当事人就争议案件向未约定的仲裁委员会申请仲裁,该仲裁委员会对该争议无权仲裁。如双方当事人在仲裁协议中约定将所发生的争议提交北京仲裁委员会仲裁,而一方当事人却向上海仲裁委员会申请仲裁,则上海仲裁委员会对该项争议无权仲裁。

(3) 双方当事人就争议事项虽然签订有仲裁协议,但当事人并未就该事项实际地提交仲裁,或者仲裁庭超越当事人仲裁请求范围行使仲裁权的事项,也属于仲裁委员会无权仲裁的事项。如双方当事人就他们之间的购销合同签订有仲裁条款,约定凡因本合同引起的或与本合同有关的任何争议均提交中国国际经济贸易仲裁委员会进行仲裁。在合同履行中,双方当事人因货物价款问题发生争议并提交仲裁解决,对货物数量、质量等未发生争议,或者发生争议但未提交仲裁,则该货物数量、质量等未发生争议的事项仲裁委员会无权仲裁。如果仲裁庭不仅对该货物价款争议,同时对货物的数量等未发生争议或未提交仲裁的事项一并作出裁决,则可能导致仲裁裁决的被撤销。再如,一方当事人仅请求仲裁庭认定合同无效,仲裁庭在裁决合同无效的前提下,又同时裁决对方当事人应当赔偿损失,也属于此种情况。

三、仲裁庭的组成或者仲裁的程序违反法定程序

(一) 仲裁庭的组成违反法定程序

仲裁庭的组成违反法定程序,是指仲裁庭的组成方式违反法律规定,或者仲裁员的选定违反法律规定。

根据《仲裁法》的规定,组成仲裁庭,首先应当对仲裁庭的组成方式进行约定,即仲裁庭是由3名仲裁员组成合议仲裁庭,还是由1名仲裁员组成独任仲裁庭,由双方当事人约定。双方当事人没有在仲裁规则规定的期间内约定仲裁庭的组成方式的,由仲裁委员会主任确定。如果未经双方当事人约定,仲裁委员会主任即确定了仲裁庭的组成方式,或者仲裁委员会主任在双方当事人已经

约定的情况下,无视当事人的约定,确定了与当事人所约定方式不同的组成方式(如当事人约定的仲裁庭为合议仲裁庭,却是由独任仲裁庭审理案件),再或者由非仲裁委员会主任或其授权的人士指定仲裁庭的组成方式等,都属于仲裁庭的组成方式违反法定程序的情形。

关于仲裁员的选定,首先应当由当事人选定,同时,按照《仲裁法》的规定,当事人也可以委托仲裁委员会主任指定仲裁员。但如果当事人没有在仲裁规则规定的期限内选定或者委托仲裁委员会主任指定仲裁员的,则由仲裁委员会主任直接指定。仲裁员的选定违反法定程序,包括当事人未委托仲裁委员会主任指定仲裁员的情况下,仲裁委员会主任即确定了仲裁员的人选;或者未超过仲裁规则规定的当事人选定仲裁员的期限的,仲裁委员会即代为选定;或者合议仲裁庭中,第三名仲裁员的确定,未依据仲裁法或仲裁规则的规定加以确定;等等。

(二)仲裁的程序违反法定程序

仲裁必须按照法定的程序进行,违反法定程序将导致仲裁裁决被撤销。《仲裁法解释》第20条将"违反法定程序"解释为"违反仲裁法规定的仲裁程序和当事人选择的仲裁规则可能影响案件正确裁决的情形"。因此,违反法定程序,是指违反了仲裁法规定的程序,或者当事人选择的仲裁规则所规定的程序,并可能影响案件正确裁决的情形。例如,仲裁机构没有按照仲裁法、仲裁规则所规定的期限将全部仲裁文件或材料送达双方当事人;或者由于不能归责于当事人本人或其代理人的事由,当事人或其代理人未参加仲裁;或者由于不能归责于当事人本人或其代理人的事由,当事人或其代理人未能在仲裁程序中获得充分的陈述或辩论的机会;或者有关仲裁员有法定应当回避的情形而未予回避的,均是违反仲裁法定程序的做法。但只有在违反法定程序达到了可能影响案件正确裁决的程度时,才能被认定属于本项规定的因仲裁的程序违反法定程序裁决被撤销的情形。

四、仲裁裁决所依据的证据是伪造的

证据,是指能够证明案件真实情况的一切事实材料。证据是仲裁庭查明案件事实,分清是非,确定双方当事人之间的权利义务关系,以及划分民事责任界限的根据。证据的真伪直接影响到所作出的仲裁裁决的正误,是仲裁庭能否作出公正仲裁裁决的关键所在。

人民法院基于"仲裁裁决所依据的证据是伪造的"认定,应符合如下条件:第一,该证据已被仲裁庭采信,作为仲裁裁决的依据;第二,该证据属于认定案件基本事实的主要证据;第三,该证据经查明确属通过捏造、变造、提供虚假证明等非法方式形成或者获取,违反证据的客观性、关联性、合法性要求。

在仲裁实务中,由于仲裁裁决对当事人利益的影响,有些当事人会在利益驱动下制造并提供伪造的证据,以实现自己的主张或者阻碍对方当事人实现其应得利益。伪造的证据,包括当事人自己"制造"的所谓证据,如模仿对方当事人的笔迹制作借据,将合同进行涂改或伪造合同等,这类伪造证据的特点是证据本身不存在,而是由当事人"创造"产生。还有一种伪造的证据,即当事人指使他人制作虚假证据,如指使证人作伪证等。伪造证据的存在,不仅与仲裁所追求的实现公平、正义的仲裁理念背道而驰,还会使仲裁庭、当事人调查证据的活动失去意义,增加不必要的成本,也会使应当受到法律保护的利益得不到实现。因此,当事人必须向仲裁庭提供真实的证据对事实问题予以证明。如果有证据表明仲裁庭是以伪造的证据为基础作出的仲裁裁决,该仲裁裁决即应当予以撤销。

五、对方当事人隐瞒了足以影响公正裁决的证据

所谓"足以影响公正裁决的证据",是指对确定争议案件的事实起着决定性作用的证据,是直接关系到仲裁裁决最终结果的证据。缺少该证据即缺少认定该案件事实的核心证据,必定会对公正裁决造成严重影响。

人民法院基于"对方当事人隐瞒了足以影响公正裁决的证据"的认定,应符合如下条件:第一,该证据属于认定案件基本事实的主要证据;第二,该证据仅为对方当事人掌握,但未向仲裁庭提交;第三,仲裁过程中知悉存在该证据,且要求对方当事人出示或者请求仲裁庭责令其提交,但对方当事人无正当理由未予出示或者提交。

在仲裁实务中,一方当事人为了自身利益,会不自觉地隐瞒可能对自己不利的、又不为他人所掌握的证据,即使是仲裁庭要求当事人提供,当事人也往往会将其隐瞒并拒绝提供。但是,并非当事人有隐瞒证据的情节,当然地构成撤销仲裁裁决的事由。按照法律的规定,只有足以影响公正裁决的证据被当事人隐瞒,才可以撤销仲裁裁决。因为只有这些证据,通常与仲裁案件所涉及的纠纷或争议的焦点或重要事实情节存在直接的联系,是仲裁庭对事实进行判断,对是非进行认定和对责任予以划分的核心证据。仲裁庭基于一方当事人隐瞒了足以影响公正裁决的证据而作出的仲裁裁决,可能直接导致仲裁庭对案件事实判断的错误,进而给一方当事人造成不公正的结果。因此,在当事人隐瞒了足以影响公正裁决的证据的情况下所作出的仲裁裁决,应当被人民法院撤销。但对于当事人一方在仲裁过程中隐瞒己方掌握的证据,仲裁裁决作出后以己方所隐瞒的证据足以影响公正裁决为由申请不予执行仲裁裁决的,人民法院不予支持。

六、仲裁员在仲裁该案时有索贿受贿、徇私舞弊、枉法裁决的行为

仲裁公正性的基础之一,在于仲裁员的中立性。仲裁员作为裁判者,失去中立即失去公正的裁决。如果仲裁员在仲裁案件时有索贿受贿、徇私舞弊、枉法裁决的行为,该仲裁员就不可能处于中立的地位,也不可能作出公正的裁决。

索贿受贿,是指仲裁员在仲裁案件的过程中,非法索要或者非法接受当事人财物或其他不正当利益的行为。徇私舞弊,是指仲裁员为了牟取私利或为了报答一方当事人已经或承诺给予自己的某种利益,在仲裁案件时弄虚作假的行为。枉法裁决,是指仲裁员在仲裁案件时玩忽职守,无原则迁就一方当事人,颠倒是非,曲解法律甚至故意错误地适用法律的行为。① 但根据最高人民法院《仲裁司法审查规定》第 18 条的规定,仲裁员在仲裁该案时有索贿受贿,徇私舞弊,枉法裁决行为,是指已经由生效刑事法律文书或者纪律处分决定所确认的行为。

仲裁员在仲裁案件时有索贿受贿、徇私舞弊、枉法裁决的行为,会直接导致其在审理案件中偏袒与其有不正当关系的一方当事人,并作出有利于该方当事人,甚至有损对方当事人利益的仲裁裁决。这些仲裁过程中的严重违法行为,危害了仲裁的权威性,有损仲裁的中立性和公正性。因此,在此基础上作出的仲裁裁决应当赋予当事人申请撤销的权利。

根据我国《仲裁法》第 58 条的规定,除上述几项属于当事人申请撤销仲裁裁决的事由外,如果仲裁裁决违背了社会公共利益,人民法院也应当裁定撤销该仲裁裁决。公共利益条款是各国司法对仲裁实施监督的前提条件,不论国内仲裁立法,还是国际仲裁公约,都将其作为撤销仲裁裁决的理由之一。但何谓社会公共利益,并没有统一的解释,各国之间的"公共利益"也存在一定的差异。在我国,对"社会公共利益"的解释也不明确,一般理解为:社会公共利益即社会共同的利益,属于社会全体成员的利益。社会公共利益和个人利益、局部利益既有统一协调的一面,又有矛盾冲突的一面。② 保护社会公共利益,是现代各国的通例,也是我国的仲裁准则之一,因此,仲裁裁决违反社会公共利益的应当予以撤销。

由于撤销仲裁裁决是仲裁监督中非常严厉的手段,直接导致仲裁裁决被撤销而归于无效。因此,必须严格把握撤销仲裁裁决事由的范围。对此,最高人民法院在《仲裁法解释》中作出了明确规定:

第一,根据《仲裁法解释》第 17 条的规定,当事人以不属于《仲裁法》第 58

---

① 黄进等编著:《仲裁法学》,159 页,北京,中国政法大学出版社,2001。
② 黄进等编著:《仲裁法学》,159 页,北京,中国政法大学出版社,2001。

条规定的事由申请撤销仲裁裁决的,人民法院不予支持。这一规定不仅约束当事人申请撤销仲裁裁决的理由,也同时对人民法院不得超出法律规定的撤销事由撤销仲裁裁决作出了明确规定。1997 年 4 月,最高人民法院就曾发布《关于不得以裁决书送达超过期限而裁定撤销仲裁裁决的通知》指出,一些人民法院以仲裁裁决书送达超过规定期限,不符合仲裁程序,违反国务院有关规定为由,裁定撤销仲裁裁决,既于法律无据,也不利于保护当事人合法权益,应当及时依法予以纠正。

第二,《仲裁法解释》第 27 条规定,当事人在仲裁程序中未对仲裁协议的效力提出异议,在仲裁裁决作出后以仲裁协议无效为由主张撤销仲裁裁决的,人民法院不予支持。这一规定确立了仲裁程序中的先行抗辩原则,即在仲裁程序中对仲裁协议的效力提出异议,是在仲裁裁决作出后以仲裁协议无效为由主张撤销仲裁裁决的前提条件。这无疑完善了仲裁程序,更充分地保证了仲裁程序的正当性、公正性和高效性。根据该条的规定,只要当事人在仲裁程序中对仲裁协议的效力提出异议,即使没有被支持,在仲裁裁决作出后又以此为由主张撤销仲裁裁决的,经审查符合《仲裁法》第 58 条规定的,人民法院应予支持。

第三节　法院对撤销仲裁裁决申请的处理及其法律后果

一、法院对撤销仲裁裁决申请的处理

对于当事人撤销仲裁裁决的申请,人民法院应当在 7 日内进行审查,并决定是否受理。

(1) 如果申请人提交的申请撤销仲裁裁决的文件不符合规定的,经人民法院释明后提交的文件仍然不符合规定的,裁定不予受理。

(2) 如果申请人向对案件不具有管辖权的人民法院提出申请,人民法院应当告知其向有管辖权的人民法院提出申请,申请人仍不变更申请的,裁定不予受理。申请人对不予受理的裁定不服的,可以提起上诉。

(3) 人民法院立案后发现当事人撤销仲裁裁决的申请不符合受理条件的,裁定驳回申请。当事人对驳回申请的裁定不服的,可以提起上诉。

(4) 被申请人对管辖权有异议的,应当自收到人民法院通知之日起 15 日内提出。人民法院对被申请人提出的异议,应当审查并作出裁定。当事人对裁定不服的,可以提起上诉。

(5) 人民法院受理了当事人撤销仲裁裁决申请后,应当在 5 日内向申请人和被申请人发出通知书,告知其受理情况及相关的权利义务。

二、当事人申请撤销仲裁裁决的法律后果

（一）撤销仲裁裁决

人民法院受理当事人提出的撤销仲裁裁决的申请后，经组成合议庭审查核实，并询问当事人，认定当事人提出的申请符合撤销仲裁裁决的条件和理由，即应当在受理撤销裁决申请之日起 2 个月内裁定撤销该仲裁裁决。

1. 撤销仲裁裁决的程序

撤销仲裁裁决应当符合法律规定的程序。根据法律规定，首先，撤销仲裁裁决必须组成合议庭进行审查，并询问当事人，"根据审理撤销仲裁裁决案件的实际需要，人民法院可以要求仲裁机构做出说明或者向相关仲裁机构调阅仲裁案卷"①，在此基础上作出是否撤销仲裁裁决的裁定。其次，经审查仲裁裁决必须具有法律规定的撤销事由，不能以法定事由之外的理由撤销仲裁裁决。第三，法院应当在受理撤销仲裁裁决申请之日起 2 个月内裁定撤销该仲裁裁决。

根据最高人民法院《报核问题的规定》，撤销我国内地仲裁机构的仲裁裁决，应当向本辖区所属高级人民法院报核；待高级人民法院审核后，方可依高级人民法院的审核意见作出裁定。高级人民法院经审查拟同意中级人民法院或者专门人民法院撤销我国内地仲裁机构的仲裁裁决，如果案件当事人住所地跨省级行政区域，或者以违背社会公共利益为由撤销仲裁机构的仲裁裁决，应当向最高人民法院报核，待最高人民法院审核后，方可依最高人民法院的审核意见作出裁定。

2. 撤销仲裁裁决的类型

（1）撤销全部仲裁裁决。是指将仲裁裁决作为一个整体予以撤销，仲裁裁决无效。例如，仲裁庭在当事人没有订立仲裁协议的情形下对争议案件所作出的仲裁裁决，或者作出仲裁裁决的仲裁员在审理案件时有索贿受贿的情形等，都应当将仲裁裁决整体撤销。撤销全部仲裁裁决还有一种情形，即仲裁裁决的事项超出了仲裁协议的范围，且超裁部分与其他裁决事项无法分开，人民法院也应当撤销全部仲裁裁决。

（2）撤销部分仲裁裁决。是指仅将仲裁裁决的一部分予以撤销，其他部分仍然有效。根据最高人民法院《关于我国仲裁机构作出的仲裁裁决能否部分撤销问题的批复》，我国仲裁机构作出的仲裁裁决，如果裁决事项超出当事人仲裁协议约定的范围，或者不属于当事人申请仲裁的事项，并且上述事项与仲裁机构作出裁决的事项是可分的，人民法院可以基于当事人的申请，在查清事实后裁定撤销该超裁部分。最高人民法院在《仲裁法解释》的第 19 条进一步明确规

---

① 《仲裁法解释》第 30 条。

定：当事人以仲裁裁决事项超出仲裁协议范围为由申请撤销仲裁裁决,经审查属实的,人民法院应当撤销仲裁裁决中的超裁部分。

根据上述规定,撤销部分仲裁裁决的前提条件是：第一,部分仲裁裁决具有被撤销的事由;第二,具有被撤销事由部分的仲裁裁决与其他部分可以分开。

3. 撤销仲裁裁决的效力

(1) 对于人民法院依法作出的撤销仲裁裁决的裁定,当事人不能上诉,不得申请再审,检察院也不能通过抗诉启动再审程序。

1997 年最高人民法院在《关于人民法院裁定撤销仲裁裁决当事人能否上诉》的批复中指出,根据《民事诉讼法》和《仲裁法》的规定,对人民法院依法作出的撤销仲裁裁决的裁定,当事人无权上诉。1999 年最高人民法院在《关于当事人对人民法院撤销仲裁裁决的裁定不服申请再审人民法院是否受理问题的批复》中指出,根据《仲裁法》第 9 条规定的精神,当事人对人民法院撤销仲裁裁决的裁定不服申请再审的,人民法院不予受理。对于人民法院作出撤销仲裁裁决的裁定,人民检察院能否抗诉的问题,2000 年最高人民法院在答复陕西省高级人民法院《关于下级法院撤销仲裁裁决的民事裁定确有错误,检察机关抗诉应如何处理的请示》中批复：检察机关对发生法律效力的撤销仲裁裁决的民事裁定提起抗诉,没有法律依据,人民法院不予受理。

(2) 仲裁裁决被人民法院依法撤销后,当事人可以重新寻求解决纠纷的方法。

《仲裁法》第 9 条规定,裁决被人民法院依法裁定撤销的,当事人就该纠纷可以根据双方重新达成的仲裁协议申请仲裁,也可以向人民法院起诉。

仲裁裁决被人民法院依法撤销后,该裁决即丧失其效力。但由于当事人之间的纠纷并未解决,原来的仲裁协议或者并不存在,或者无效,或者因已经据此作出裁决,完成了其应有的程序而致失效,当事人要想再通过仲裁方式解决其纠纷,必须重新签订仲裁协议,根据重新签订的仲裁协议申请仲裁。如果当事人不能重新达成仲裁协议,或者根本就不想再采用仲裁方式解决纠纷,任何一方当事人均可向有管辖权的人民法院提起诉讼。

(二) 驳回撤销仲裁裁决的申请

1. 驳回撤销仲裁裁决申请的含义

当事人向人民法院提出撤销仲裁裁决的申请后,人民法院经过审查,未发现仲裁裁决具有法定可被撤销的事由的,应在受理撤销仲裁裁决申请之日起 2个月内作出驳回申请的裁定。

2. 裁定驳回撤销仲裁裁决申请的效力

(1) 对人民法院依法作出的驳回当事人申请的裁定,当事人无权上诉,不能申请再审,检察院不得抗诉。

最高人民法院在 1997 年和 1999 年针对撤销仲裁裁决的裁定当事人不得上诉和申请再审的批复中,对人民法院依法作出的驳回当事人申请的裁定,当事人能否上诉和申请再审也作了明确规定,与人民法院依法作出的撤销仲裁裁决的裁定,当事人无权上诉也不能申请再审一样,人民法院依法作出的驳回当事人申请的裁定,当事人亦无权上诉和申请再审。而人民检察院能否对人民法院作出的驳回撤销仲裁裁决申请的裁定提出抗诉,最高人民法院在答复内蒙古自治区高级人民法院《关于人民检察院能否对人民法院不予撤销仲裁裁决的民事裁定抗诉的请求报告》中批复:人民检察院对发生法律效力的不撤销仲裁裁决的民事裁定提出抗诉,没有法律依据,人民法院不予受理。

(2)撤销仲裁裁决的申请被驳回后,双方当事人必须按照仲裁裁决所确定的权利义务自动履行。如果不自动履行仲裁裁决,权利方当事人可以向人民法院申请强制执行。

(三)通知仲裁庭重新仲裁

《仲裁法》第 61 条规定:"人民法院受理撤销裁决的申请后,认为可以由仲裁庭重新仲裁的,通知仲裁庭在一定期限内重新仲裁,并裁定中止撤销程序。仲裁庭拒绝重新仲裁的,人民法院应当裁定恢复撤销程序。"这是重新仲裁在《仲裁法》上的法律依据。

1. 重新仲裁的含义及特征

重新仲裁,是法院监督仲裁的一种方式,它是指人民法院在受理仲裁当事人撤销仲裁裁决的申请后,认为仲裁裁决虽具有法律规定的撤销情形,但可以由仲裁庭通过重新进行仲裁加以纠正的,则裁定中止撤销程序,并通知仲裁庭在一定期限内重新进行仲裁的制度。重新仲裁具有如下特征:

(1)重新仲裁是法院监督仲裁的一种特殊方式。从一般意义上理解,法院监督仲裁的方式为撤销仲裁裁决和不予执行仲裁裁决,并不包括重新仲裁。由于重新仲裁属于当事人申请撤销仲裁裁决的法律后果之一,因此,重新仲裁是法院监督仲裁的一种特殊方式,表现为重新仲裁程序的启动并不是当事人向仲裁庭或者仲裁委员会申请,而是通过当事人向法院申请撤销仲裁裁决,并由法院在法定事由下通知仲裁庭重新仲裁。通过重新仲裁,由仲裁庭对有瑕疵的仲裁程序进行有效救济,弥补仲裁程序的缺陷和不足,从而减少法院对撤销仲裁裁决的使用,维护仲裁的独立性,保护当事人的合法权益,满足当事人选择仲裁解决纠纷的初衷。

（2）重新仲裁适用撤销仲裁裁决的相关事由。由于重新仲裁是当事人申请撤销仲裁裁决的法律后果之一，是法院受理当事人提出的撤销仲裁裁决的申请后，认为仲裁裁决符合可撤销情形时的选择，因此，是否对当事人申请撤销的仲裁裁决通过重新仲裁来弥补，必须是该裁决具有撤销仲裁裁决的法定事由。超出法定撤销仲裁裁决事由的，不适用重新仲裁。

（3）重新仲裁的范围具有特定性。从法律所规定的重新仲裁的宗旨来看，重新仲裁是为了消除仲裁过程中产生的不公正因素，消除仲裁裁决中的瑕疵。因此，重新仲裁只应围绕所产生的不公正因素和瑕疵来进行，而不应该对所有请求和事项重新审理，当事人也不能提出新的仲裁请求，要求仲裁庭进行审理和裁决。如果当事人协议将新的仲裁请求作为审理的标的，实际上形成了一个新的仲裁案件。

（4）重新仲裁在法院认为可以由仲裁庭重新仲裁的范围内重新进行。重新仲裁的内容不是基于当事人的申请而确定，因为当事人只能向人民法院依法申请撤销仲裁裁决，申请重新仲裁则没有法律上的依据；重新仲裁也不是由仲裁庭来确定的，因为仲裁庭在作出仲裁裁决后，实际上已不存在，无权再行使任何权力。重新仲裁是法院在受理了当事人撤销仲裁裁决的申请后，认为可以通过仲裁庭的重新仲裁弥补仲裁裁决中的瑕疵而确定的重新仲裁的范围。仲裁庭必须在法院所确定的范围内重新仲裁。

2. 重新仲裁的意义

世界上许多国家的仲裁立法和国际商事仲裁立法中均有关于重新仲裁的规定。例如联合国《国际商事仲裁示范法》第 34 条第 4 款规定："法院被请求撤销裁决时，如果适当而且当事人一方也要求暂时停止进行撤销程序，则可以在法院确定的一段期间内暂时停止进行，以便给予仲裁庭一个机会重新进行仲裁程序或采取仲裁庭认为能够消除请求撤销裁决的理由的其他行动。"国际上有关重新仲裁制度的规定与我国《仲裁法》关于重新仲裁的立法精神基本一致，体现了重新仲裁的意义。

（1）重新仲裁给仲裁庭提供了一个更正仲裁裁决瑕疵的机会，可以有效地减少仲裁裁决最终被法院撤销的可能性，以保证仲裁的独立性和公正性。仲裁的独立性，决定了仲裁庭作出的仲裁裁决具有与法院生效判决同等的法律效力，具有终局的、不经法定程序不得撤销的约束力，具有强制执行力。而仲裁的公正性，又使得当仲裁裁决出现瑕疵后，纠错程序的必要性和不可避免性。因此，重新仲裁即为纠正仲裁裁决中错误的特殊程序，其以仲裁的独立性为基础，尽可能地通过重新仲裁，而非司法途径的撤销程序，最终达到公正的目的。

（2）重新仲裁是对仲裁程序缺陷的补救，而不是对实体问题的重新审理。重新仲裁针对的是不直接涉及实体问题的程序瑕疵进行的，只有可以补救的仲裁程序问题,才能适用重新仲裁。对于实体上的错误非因程序错误引起的,不能通过重新仲裁的方式予以纠正。但是,如果由于程序上的瑕疵导致了可能出现的实体上的错误,重新仲裁依然具有意义。例如,仲裁庭审理案件时没有给一方当事人进行辩论的机会,这属于程序上的瑕疵,不论仲裁裁决的结果是否正确,也不论重新仲裁后是否会改变原先作出的仲裁裁决的内容,这种程序瑕疵都可以也应当通过重新仲裁来弥补;但如果仲裁程序上没有错误,仲裁裁决的结果因仲裁庭的判断错误而产生实体错误,则不能通过重新仲裁进行更正。

3. 重新仲裁制度的具体运用

对于重新仲裁,我国《仲裁法》仅有第61条作出了原则性规定,许多具体程序问题的运用没有明确,这在实践中造成了一定的困惑。最高人民法院关于《仲裁法解释》和其他一些司法解释对《仲裁法》第61条的规定进行了细化,对重新仲裁制度的适用起到了一定的指引作用。

(1)重新仲裁的主体。根据仲裁法有关规定的精神,重新仲裁的主体是原仲裁庭,即重新仲裁无须另行组成仲裁庭。因为仲裁庭的组成方式和仲裁员本身就是由当事人直接选定或委托指定的,体现了当事人的自由意志。由原仲裁庭重新仲裁,既尊重了当事人的意愿,也给仲裁庭一个自我纠正错误的机会,有利于仲裁庭作出公正裁决。

(2)适用重新仲裁的情形。《仲裁法》并没有明确规定在当事人申请撤销仲裁裁决的事由中,哪些事由可以由仲裁庭重新仲裁。《仲裁法解释》第21条对此进行了明确,即当事人申请撤销国内仲裁裁决的案件,属于下列情形之一的,人民法院可以依照《仲裁法》第61条的规定通知仲裁庭在一定期限内重新仲裁:第一,仲裁裁决所根据的证据是伪造的;第二,对方当事人隐瞒了足以影响公正裁决的证据的。人民法院应当在通知中说明要求重新仲裁的具体理由。最高人民法院发言人在解释《仲裁法解释》的相关规定时指出:"司法解释规定了重新仲裁的适用范围,限于违反《仲裁法》第58条规定中的两种情形:仲裁裁决所根据的证据是伪造的或者对方当事人隐瞒了足以影响公正裁决的证据的,人民法院才可以通知仲裁庭重新仲裁,同时要求人民法院应当在通知中说明要求重新仲裁的具体理由。这有利于避免法官通知重新仲裁中的随意性,也有利于让仲裁庭明白为何要进行重新仲裁,确保重新仲裁能够解决问题。"

由此可见,按照现行司法解释的规定,重新仲裁的情形只限于仲裁裁决所根据的证据是伪造的或者对方当事人隐瞒了足以影响公正裁决的证据的。[①]

（3）重新仲裁的程序。人民法院认为当事人申请撤销仲裁裁决的案件，可以通知仲裁庭重新仲裁的，即发出通知，通知仲裁庭在一定期限内重新仲裁。对重新仲裁的通知是否采纳，由仲裁庭决定。仲裁庭既可以决定重新仲裁，也可以拒绝重新仲裁。仲裁庭在人民法院指定的期限内开始重新仲裁的，人民法院应当裁定终结撤销程序；未开始重新仲裁的，人民法院应当裁定恢复撤销程序，进而决定是否撤销仲裁裁决。当事人对重新仲裁裁决不服的，可以在重新仲裁裁决书送达之日起 6 个月内依据《仲裁法》第 58 条规定向人民法院申请撤销。[②]

 ◆配套测试

一、不定项选择

1. 当事人申请撤销仲裁裁决须符合下列哪些条件？（　　　）

    A. 必须向仲裁委员会提出申请，由仲裁委员会提交给有管辖权的人民法院

    B. 必须向仲裁委员会所在地的中级人民法院提出申请

    C. 必须在收到裁决书之日起 6 个月内提出

    D. 必须有证据证明裁决有法律规定的应予撤销的情形

2. 甲公司和乙公司签订了一份购销合同，合同中约定，因合同产生的纠纷由 A 仲裁委员会仲裁解决。后来双方在履行合同中发生纠纷，乙公司遂依照合同中约定的仲裁条款，向 A 仲裁委员会申请仲裁，裁决作出后，甲公司以仲裁违反法定程序为由，申请法院撤销裁决。法院经过审查，作出撤销仲裁委员会裁决的裁定。在此情况下，乙公司可以采取下列哪些措施？（　　　）

    A. 可以请求裁决此案的原仲裁庭纠正此案程序上的错误，并再次对此案作出裁决

    B. 可以根据原合同中的仲裁条款再次申请仲裁

    C. 可以与甲公司重新达成仲裁协议申请仲裁

    D. 可以就合同纠纷向人民法院起诉

3. 根据我国仲裁法的规定，当事人申请撤销仲裁裁决的，人民法院应当在多长时间内作出撤销裁决或者驳回申请的裁定？（　　　）

[①]　尽管笔者对本规定存在质疑，认为这一规定违背了重新仲裁的意义。但考虑到本书的用途为教材，故只是将现行法律规定及司法解释真实地展现出来，在此不作深入探讨。参见乔欣：《支持仲裁发展仲裁——对最高人民法院关于适用〈中华人民共和国仲裁法〉若干问题的解释之解读与评析》，载《北京仲裁》，第 60 辑。

[②]　参见《仲裁法解释》第 22 条、第 23 条。

　　A. 在受理撤销仲裁裁决申请之日起 2 个月内

　　B. 在受理撤销仲裁裁决申请之日起 1 个月内

　　C. 在仲裁裁决书作出之日起 2 个月内

　　D. 在仲裁裁决书作出之日起 6 个月内

　　4. 兴发贸易公司因合同纠纷向某仲裁委员会申请仲裁,仲裁裁决作出后,兴发贸易公司认为仲裁裁决中关于货物质量的裁决超出了仲裁协议的范围,于是向人民法院申请撤销仲裁裁决,人民法院经组成合议庭审查,认为兴发贸易公司的申请属实,人民法院应该如何处理?(　　　)

　　A. 裁定撤销仲裁裁决

　　B. 驳回当事人提出的撤销仲裁裁决的申请

　　C. 如果关于货物质量的裁决与其他裁决事项密不可分,人民法院应当撤销仲裁裁决

　　D. 如果关于货物质量的裁决与其他裁决事项可以分开,人民法院应当撤销仲裁裁决中关于货物质量的裁决

　　5. 仲裁庭对当事人申请仲裁的争议案件经过审理并作出仲裁裁决后,对于国内仲裁裁决,当事人可以根据下列哪些情形申请撤销仲裁裁决?(　　　)

　　A. 裁决的事项不属于仲裁协议的范围或者仲裁委员会无权仲裁的

　　B. 裁决所根据的证据是伪造的

　　C. 仲裁裁决适用法律错误

　　D. 对方当事人隐瞒了足以影响公正裁决的证据的

　　6. 关于当事人申请人民法院撤销仲裁裁决,下列说法不正确的是:(　　　)。

　　A. 对于国内仲裁裁决,当事人不能以适用法律错误为由提出申请

　　B. 应当自收到裁决书之日起 3 个月内提出

　　C. 人民法院应当在受理撤销裁决申请之日起 1 个月内作出撤销裁决或者驳回申请的裁定

　　D. 撤销仲裁裁决的管辖法院是执行管辖法院

　　7. 甲乙两公司之间的合同纠纷经 S 仲裁委员会仲裁作出了裁决。甲公司认为乙公司向仲裁庭隐瞒了足以影响公正裁决的证据,向人民法院提出撤销仲裁裁决的申请,下列说法不正确的是:(　　　)。

　　A. 应当由乙公司住所地的中级人民法院管辖

　　B. 甲公司应当在仲裁裁决确定的履行期限期满后 6 个月内提出申请

　　C. 人民法院应当直接撤销仲裁裁决

　　D. 人民法院可以通知仲裁庭重新仲裁,仲裁庭可以重新仲裁,也可以不重新仲裁

　　8. 人民法院受理撤销仲裁裁决的申请后,应当根据不同的情况作出不同处

理,下列做法中哪项是错误的?(　　)

    A. 人民法院受理当事人申请撤销仲裁裁决的案件,人民法院应当询问仲裁庭意见

    B. 人民法院受理当事人申请撤销仲裁裁决的案件,应当由独任审判员进行审理

    C. 符合法律规定的重新仲裁条件的,人民法院可以通知仲裁庭在一定期限内重新仲裁

    D. 人民法院通知仲裁庭重新仲裁,仲裁庭在人民法院指定的期限内开始重新仲裁的,人民法院应当裁定终结撤销程序

9. 仲裁庭依据甲、乙两公司的仲裁协议,对他们之间的争议作出仲裁裁决。两家公司对仲裁裁决均不服,甲公司认为仲裁程序违反法定程序,乙公司认为仲裁裁决的结果是错误的,均向人民法院申请撤销仲裁裁决。仲裁委员会也发现该裁决不妥当,应如何纠正?(　　)

    A. 甲、乙两公司可以向人民法院另行起诉或者重新达成仲裁协议再次申请仲裁

    B. 人民法院可以基于乙公司撤销仲裁裁决的申请撤销仲裁裁决

    C. 该仲裁委员会可以变更已生效的裁决,重新作出新裁决

    D. 人民法院可以基于甲公司撤销仲裁裁决的申请撤销仲裁裁决

10. 依据我国《仲裁法》的规定,下列仲裁裁决哪些经当事人申请,人民法院依法应当予以撤销?(　　)

    A. 甲公司与乙企业在仲裁协议中约定,因产品质量发生争议交由仲裁机构仲裁,但仲裁庭认为产品运输方式与合同约定不符,并对此作出裁决

    B. 公民甲与公民乙就双方财产继承权问题提交仲裁,仲裁庭对此作出的仲裁裁决

    C. 仲裁庭的一名仲裁员是当事人的近亲属

    D. 仲裁裁决认定事实的主要证据不足

11. 当事人在合同中约定了仲裁条款,出现下列哪些情况时,法院可以受理当事人的起诉?(　　)

    A. 双方协商拟解除合同,但因赔偿问题发生争议,一方向法院起诉的

    B. 当事人申请仲裁后达成和解协议而撤回仲裁申请,因一方反悔,另一方向法院起诉的

    C. 法院通知仲裁庭重新仲裁,仲裁庭拒绝重新仲裁,一方向法院起诉的

    D. 仲裁裁决被法院依法撤销后,一方向法院起诉的

12. 2011 年 10 月,美亚服装公司与大兴棉纺织厂签订了一份布匹批量供应合同,约定大兴棉纺织厂 2012 年全年向美亚服装公司供应布匹 8 000 匹,分四批供货,货款每半年结清一次。2012 年 1 月,大兴棉纺织厂向美亚服装公司发运了第一批布匹 2 000 匹,2012 年 4 月,布匹的市场价格整体上涨,大兴棉纺织厂便不再发货。美亚服装公司面临停工待料的危险,几次派人催货而且主动将第一批布匹的运费和货款按时汇去,但大兴棉纺织厂仍不发货。美亚服装公司只好在市场上向新兴公司高价购买了布匹 3 000 立方米以保证公司运作。2012 年 11 月,布匹价格下跌,大兴棉纺织厂马上向美亚服装公司要求分三次发货 5 000 匹。美亚服装公司提出目前公司已不再需要布匹且没有存放的地方,要求大兴棉纺织厂不要发货并解除合同。大兴棉纺织厂却认为,合同未约定发货的具体时间,大兴棉纺织厂现在分三次发货仍符合合同约定,不同意解除合同,并向美亚服装公司发货 1 000 匹,美亚服装公司只好将收到的布匹降价处理给他人,但拒付大兴棉纺织厂货款,双方因此发生争议。根据以上情况,请回答以下问题:

(1) 假设大兴棉纺织厂与美亚服装公司在纠纷发生前,曾通过传真方式达成纠纷通过仲裁方式解决的协议,大兴棉纺织厂据此申请仲裁,以美亚服装公司为被申请人,请求仲裁庭确认美亚服装公司与新兴公司之间的买卖合同无效。请根据此假设,判断以下观点哪些是错误的?(　　　　)

    A. 仲裁委员会不应受理仲裁申请,理由是美亚服装公司与新兴公司之间没有仲裁协议,纠纷应当通过诉讼解决

    B. 仲裁委员会不应受理仲裁申请,理由是大兴棉纺织厂与美亚服装公司之间的合同中无仲裁条款,双方也未在发生纠纷后达成书面仲裁协议

    C. 仲裁委员会应受理大兴棉纺织厂的申请,理由是大兴棉纺织厂与美亚服装公司之间的纠纷与美亚服装公司与新兴公司之间的买卖合同有密切联系

    D. 仲裁委员会应受理仲裁申请,理由是大兴棉纺织厂与美亚服装公司之间存在仲裁协议

(2) 假设仲裁委员会受理了大兴棉纺织厂的仲裁申请,并根据申请人大兴棉纺织厂的申请追加新兴公司为第三人,作出了仲裁裁决,以下说法正确的是:(　　　　)。

    A. 新兴公司有权向人民法院申请撤销仲裁裁决

    B. 美亚服装公司可以以其与新兴公司、大兴棉纺织厂三方之间没有仲裁协议为由申请法院撤销仲裁裁决

    C. 美亚服装公司可以以仲裁裁决超出了其与大兴棉纺织厂之间合同

中仲裁条款的范围为由申请法院撤销仲裁裁决

　　D. 美亚服装公司可以以仲裁程序违反法定程序为由申请法院撤销仲裁裁决

　　(3) 假设大兴棉纺织厂与美亚服装公司之间签订的合同中订立了仲裁条款,约定"如因布匹质量发生争议,由某仲裁委员会进行仲裁"。美亚服装公司据此申请仲裁,请求对方赔偿布匹不合格所造成的损失,以及因大兴棉纺织厂强行发货造成的经济损失。仲裁委员会受理本案并裁决确认布匹质量合格,同时裁决解除合同,双方不再履行,大兴棉纺织厂赔偿因强行发货造成的经济损失。在上述情况下,下列哪种做法是正确的? (　　　)

　　A. 大兴棉纺织厂以裁决的事项超出仲裁条款约定的事项为由,向作出裁决的仲裁委员会申请撤销仲裁裁决

　　B. 大兴棉纺织厂以裁决的事项超出仲裁条款约定的范围为由,向美亚服装公司所在地中级人民法院申请撤销仲裁裁决

　　C. 大兴棉纺织厂以裁决的事项超出仲裁条款约定的范围为由,向仲裁委员会所在地的中级人民法院申请撤销仲裁裁决,法院受理后,通知仲裁庭重新仲裁

　　D. 大兴棉纺织厂以裁决的事项超出仲裁条款约定的范围为由,向仲裁委员会所在地的中级人民法院申请撤销仲裁裁决,法院受理后经审查,符合撤销仲裁裁决的条件,即向高级人民法院提出报核

二、案例分析

　　广东雅诗有限公司(住所地在广州,以下简称雅诗公司)与浙江新地贸易有限公司(住所地在杭州,以下简称新地公司)于2017年9月26日签订了《代理经销协议》及《补充协议》,协议中约定了双方的权利义务,新地公司支付了50万元保证金,并约定如产生纠纷,提交广州仲裁委员会仲裁解决。后在合同履行过程中,新地公司认为雅诗公司发送的产品不符合协议的约定,于2018年2月1日向雅诗公司发出通知解除《代理经销协议》及《补充协议》。雅诗公司认为新地公司未能按照协议计划完成销售任务,违反了协议的约定,同意解除协议,但不同意退还新地公司50万元的保证金。新地公司遂向G仲裁委员会提出仲裁申请,G仲裁委员会作出仲裁裁决,支持了新地公司请求。雅诗公司向法院申请撤销仲裁裁决。

　　问题:

　　(1) 雅诗公司应当向哪个法院申请撤销仲裁裁决? 如何申请? 法律后果是什么?

（2）如果法院经审查认定不具有撤销仲裁裁决的法定事由,不应撤销仲裁裁决,法院应如何处理？

（3）如果法院经审查认为仲裁裁决具有法定应撤销的情形,应当撤销仲裁裁决,在程序上如何处理？在什么情况下该仲裁裁决应予撤销？什么情况下该仲裁裁决不予撤销？

本章导读

作为执行根据的仲裁裁决包括仲裁裁决书和仲裁调解书，为行文方便，以下将仲裁裁决书和仲裁调解书统称为"仲裁裁决"。

仲裁裁决的执行与不予执行关系到仲裁裁决所确定的权利能否通过司法手段予以实现。仲裁裁决的执行，意味着债权人权利的满足和当事人之间纠纷的最终解决；而仲裁裁决的不予执行，是人民法院监督仲裁的重要形式，是对仲裁裁决执行力的否定。

本章是关于仲裁裁决的执行与不予执行的阐述。结合《民事诉讼法》关于执行的具体规定，应当了解仲裁裁决执行的概念、特征、意义及申请执行仲裁裁决的条件和程序；重点应当把握不予执行仲裁裁决的法律规定和理论，如不予执行仲裁裁决的概念和意义，不予执行仲裁裁决与撤销仲裁裁决的关系，不予执行仲裁裁决的法定情形、具体程序和不予执行仲裁裁决的法律后果等。同时还应当熟练掌握对仲裁裁决的中止执行、恢复执行和终结执行的法律规定和具体运用。

第一节　仲裁裁决的执行

一、仲裁裁决的履行与仲裁裁决的执行

（一）仲裁裁决履行的概念及成就条件

仲裁裁决的履行，是指双方当事人自觉实现仲裁裁决所确定的权利义务的行为。仲裁是双方当事人对纠纷解决方式的自愿选择，仲裁庭行使仲裁权对当

事人之间的争议作出仲裁裁决,是双方当事人共同授权的结果。即双方当事人在达成仲裁协议并提交仲裁时,体现的不仅是双方当事人就纠纷解决方式所达成的一致,也表明他们愿意服从仲裁庭作出的仲裁裁决,并自觉履行仲裁裁决。因此,仲裁裁决一经作出,双方当事人便负有毫不迟延地自觉履行仲裁裁决的义务。

根据我国《仲裁法》的规定,仲裁裁决书自作出之日起发生法律效力,当事人应当主动履行仲裁裁决;仲裁调解书与仲裁裁决书具有同等的法律效力,调解书经双方当事人签收,即应自觉履行。但在仲裁实践中,当事人能够自觉履行仲裁裁决,主要还有赖于以下条件的成就:

1. 仲裁权取得与行使的公正性

仲裁权取得与行使的公正性,是当事人能够自觉履行仲裁裁决最重要的条件之一。

仲裁权取得的公正性,是指仲裁庭基于有效的仲裁协议和双方当事人的实际授权,在法律授权的范围内取得了仲裁权。仲裁权取得的公正性具体表现为:双方当事人仲裁意愿的真实性;仲裁授权的合法性;仲裁范围的明确性。

仲裁权行使的公正性,是指仲裁权行使过程的合法性,即仲裁权的行使符合正当法律程序的要求。如双方当事人平等地获得并行使了陈述、辩论的机会;仲裁庭适时采取了保障当事人参加仲裁程序的有效措施;仲裁权的行使范围符合法律及当事人的授权范围等。

2. 当事人对仲裁裁决所依据的事实与理由的认可程度

仲裁裁决的作出,依据的是仲裁庭通过行使仲裁权,对证据进行判断基础上的事实认定。当事人对仲裁裁决所依据的事实与理由的认可程度如何,也是仲裁裁决能否被当事人自觉履行的重要因素。如果当事人对仲裁裁决所依据的事实和理由的认可程度高,仲裁裁决自觉实现的可能性就大;反之,如果当事人对仲裁裁决所依据的事实和理由的认可程度低,或者根本拒绝承认,不予认可,则仲裁裁决被主动履行的可能性就小,甚至无法主动实现仲裁裁决。

要保证当事人对仲裁裁决所依据的事实和理由的认可,就要保证仲裁庭对证据认定的合法性与程序正当性,对事实认定的准确性,以及对仲裁裁决作出理由的充分性。

3. 当事人对自身利益的满足程度

当事人将争议提交仲裁的根本目的是维护自身的合法权益。然而,当事人的合法权益是否得到了维护,维护程度如何,却不仅仅取决于客观上当事人的合法权益是否实际地被仲裁裁决所确认,它也往往受到当事人主观意识的影响,即当事人对仲裁裁决所确认的自身利益是否满足以及满足的程度。也许,仲裁权的行使已使当事人的合法权益得到了明确的肯定和充分的维护,但如果当事人对此不予认可,或者认为仲裁裁决对自身利益的满足程度不高,仲裁裁决内容的自觉实现也会面临阻力。因此,仲裁裁决内容的自觉实现有赖于当事人对仲裁裁决所确认的自身利益的认可程度及满足程度。

(二) 执行仲裁裁决的概念及特征

1. 执行仲裁裁决的概念

通常情况下,当事人协商一致将纠纷提交仲裁,都会自觉履行仲裁裁决。但实际上,由于种种原因,当事人不自动履行仲裁裁决的情况并不少见,在这种情况下,另一方当事人即可请求法院强制执行仲裁裁决。

所谓执行仲裁裁决,即对仲裁裁决的强制执行,是指人民法院经当事人申请,采取强制措施将仲裁裁决中的内容付诸实现的行为和程序。仲裁裁决的执行与仲裁裁决的履行尽管存在相同点,如两者依据的都是有效的仲裁裁决,都是实现仲裁裁决的途径等,但在本质上两者存在明显的差别。

(1) 对仲裁裁决的履行,是当事人的一种自觉行为,即仲裁裁决所确定的债务人自觉履行仲裁裁决中所确定内容的行为;而仲裁裁决的执行,则是一种强制行为,即当事人不主动履行仲裁裁决时,强制实现仲裁裁决所确定内容的行为。

(2) 履行仲裁裁决的主体是当事人,是仲裁裁决中确定承担义务的债务人;而执行仲裁裁决的主体是人民法院,是法律所确定的对本执行案件具有执行权的人民法院。

(3) 仲裁裁决的履行,不需要仲裁裁决确定的债权人提出法律意义上的申请,是债务人自觉履行仲裁裁决的行为;而仲裁裁决的执行,只有仲裁裁决所确定的债权人向有管辖权的人民法院提出执行申请,人民法院才可以启动执行程序。

2. 执行仲裁裁决的特征

作为一种强制实现仲裁裁决内容的专门活动,仲裁裁决的执行具有以下特征[①]:

(1) 执行机关的特定性。强制实现仲裁裁决的内容,只能由法律所规定的具有国家执行权的机关来实施,未经国家授权,任何机关或个人都不得采取强制性的执行措施,迫使债务人履行仲裁裁决所确定的义务。我国法律规定,人民法院是行使执行权的法定机关,只有人民法院才有权采取强制性的执行措施,强制债务人履行义务,实现仲裁裁决所确认的权利。因此,仲裁裁决内容的实现,必须统一由人民法院予以执行。

(2) 执行根据的有效性。执行必须具有执行根据,即存在依法应当由执行

① 参见谭秋桂:《民事执行法学》,7页,北京,北京大学出版社,2005。

机关强制实现的仲裁裁决。没有有效的仲裁裁决，执行就没有基础和采取执行措施的依据。

（3）执行手段的强制性。对仲裁裁决的执行，是债务人拒绝履行仲裁裁决所确定的内容时，由执行机关依法采取一系列的强制执行措施与手段，强制债务人履行义务，实现债权人权利的活动，因而强制性是执行仲裁裁决的重要特征。执行的强制性，主要体现为执行措施或手段的强制性，即执行机关可以不经债务人同意，强制其交付一定的财产、作出或不作出一定的行为，债务人必须服从。执行措施或手段的强制性，直接来源于国家公权力的强制性，并贯穿于执行过程的始终。执行机关依据仲裁裁决实施执行的过程，就是对债务人的财产或行为采取强制性措施的过程。

（4）执行程序的法定性。执行机关对仲裁裁决的执行，必须按照法律规定的程序与方式进行。具体来说，从执行程序的启动到执行措施的采取，从一种执行措施到另一种执行措施的更替，从执行程序中重大事项的处理到执行争议的解决等，执行机关都必须严格依照法律规定的程序与方式进行，不得任意增加或省略程序，不得任意变更法定的方式。

（三）执行仲裁裁决的意义

从各国仲裁立法和仲裁实践来看，强制执行仲裁裁决，一般都是基于法院所拥有的司法强制力，以及法院对仲裁的支持与监督作用而产生的。

执行仲裁裁决，是法院对仲裁制度予以支持的最终和最重要的表现，它构成仲裁制度的重要组成部分，执行仲裁裁决在仲裁制度上具有重要意义。

1. 执行仲裁裁决，是使当事人的权利得以实现的有效途径

仲裁裁决的作出，只是为权利人提供了实现其权利的可能性，从效力角度看，其只是应然的状态，这种应然状态只有转化为实然状态的权利，才具有现实意义。而通过仲裁裁决的执行程序和执行行为，是使当事人在仲裁裁决中的权利变为现实的途径。从某种意义上来说，通过执行程序实现权利，比通过仲裁程序确定权利更为重要，因为如果通过仲裁程序确定的权利得不到实现，承载权利的仲裁裁决便形同一纸空文。仲裁裁决被赋予法律上的强制力，并通过执行程序予以执行，可以迫使债务人履行自己的义务，实现债权人的权利。由此可见，实现债权人在仲裁裁决中所确定的权利，是仲裁裁决执行的最基本作用。

2. 执行仲裁裁决，是司法支持仲裁的重要表现形式

仲裁是一种民间性的纠纷解决方式，仲裁的民间性有其无可比拟的优势，比如仲裁的独立、公正，尊重当事人的意愿，专家仲裁，高效仲裁等，但也有其不可回避的局限性，比如仲裁庭作为行使权力的主体，无法行使司法性权力，如仲裁中的财产保全、证据保全等，当然也就无法对仲裁庭作出的仲裁裁决行使强制执行权。因此，仲裁需要司法的支持。按照法律规定，对仲裁裁决的执行，由具有管辖权的人民法院行使执行权,便是司法支持仲裁的重要表现形式。通过人民法院对仲裁裁决的执行,使仲裁裁决所确定的内容得以实现,使当事人的合法权益得到满足,促进社会的安定与和谐。

3. 仲裁裁决的执行,是仲裁制度发展和完善的制度性保障

仲裁制度的发展与完善,一方面来自于仲裁制度本身的改革与创新;另一方面也有赖于其他相关制度的支持。仲裁裁决的执行,是使仲裁裁决所确定的权利得以实现的重要途径,是使债权人的权利变成现实的保证。没有仲裁裁决的执行,就没有当债务人拒绝履行仲裁裁决时,法院对仲裁裁决的强制执行的效力,仲裁裁决所确定的内容就会落空,仲裁裁决就会丧失其权威性,仲裁制度的发展就会成为一句空话。因此,仲裁裁决的执行,在保证实现当事人权利的同时,也起到了保证仲裁制度的顺利发展,并促进仲裁制度不断完善的积极作用。

二、执行仲裁裁决的条件

法院对仲裁裁决所确定内容的强制执行是有一定条件的,即只有符合法律所规定的特定条件,强制执行仲裁裁决的程序才能得以启动。由于强制执行属于法院的职责,因此,对于适用该程序的条件往往规定在《民事诉讼法》当中。我国《仲裁法》第 62 条规定:"当事人应当履行裁决。一方当事人不履行的,另一方当事人可以依照民事诉讼法的有关规定向人民法院申请执行,受申请的人民法院应当执行。"

根据仲裁法律和仲裁实践,仲裁裁决执行的条件一般包括以下几项:

(一)仲裁裁决为有效执行根据

执行根据,是执行机构据以执行的依据。没有执行根据,就不可能启动执行程序,没有按照执行根据所实施的执行行为,就不能产生实体权利义务移转的效力。能够作为执行根据的仲裁裁决,必须是有效的执行根据,如仲裁裁决必须经过法定仲裁程序作出,必须具有给付内容,必须是生效的仲裁裁决等。

(二)执行当事人适格

执行当事人适格,是指只有仲裁裁决确定的债权人、债务人及该债权人、债务人的继受人才能成为执行当事人,才能在对仲裁裁决的执行程序中享有权利和承担义务,其他任何人不得成为执行当事人参加执行程序。因为执行所依据的是生效的仲裁裁决,执行的目的是实现仲裁裁决中所确定的权利义务,因此,仲裁裁决中权利的享有者即债权人和义务承担者即债务人是适格的执行当事人。

(三)债务人拒绝履行债务

仲裁裁决一经作出,即具有与生效法院判决同等的法律效力,其中包括执行力。但仲裁裁决往往会确定一定的期限作为债务人自觉履行债务的阶段,在这一期限内,债权人是不能向法院申请强制执行仲裁裁决的。如果债务人在仲裁裁决所确定的履行期限内主动履行了仲裁裁决所确定的债务,债权人的权利就会因债务人的主动履行而实现,也就不会通过法院的执行而强制实现了。因此,只有债务人拒绝履行债务,债权人才能申请强制执行。所以债务人拒绝履行债务是启动执行程序的前提条件。债务人拒绝履行债务包括三方面含义[①]:

1. 债务人没有履行债务

即债务人没有按照仲裁裁决的规定,交付一定的金钱或财物、做出某种积极的行为、不作出某种行为或者容忍债权人做出某种行为。

2. 债务人没有在仲裁裁决所确定的期限内履行债务

即仲裁裁决所确定的履行期限已经届满,债务人仍然没有履行债务。

3. 债务人没有履行债务,既包括全部没有履行债务,也包括部分没有履行债务

(四)符合执行时效的规定

执行时效,是指法律所规定的债权人申请执行的期限。债权人必须在法定期间内申请执行仲裁裁决,这是启动执行程序的重要条件。超过这一期限,则无法申请执行程序。

各国法律对当事人申请法院强制执行仲裁裁决都规定有一定的期限,只是期限的长短不一。如在美国,执行公约仲裁裁决的期限为 3 年;而在英国,执行仲裁裁决的期限为 6 年。我国《民事诉讼法》第 239 条规定:申请执行的期限为 2 年。从法律文书规定履行期间的最后一日起计算;法律文书规定分期履行的,从规定的每次履行期间的最后一日起计算;法律文书未规定履行期间的,从法律文书生效之日起计算。因此,当事人必须在法定的申请执行的期限内向法院申请执行仲裁裁决,否则,法院不会启动强制执行程序。

(五)受申请的执行法院具有管辖权

申请执行的法院,必须是按照法律规定具有管辖权的人民法院。债权人只有向法定有管辖权的人民法院申请执行,才能启动执行程序。否则,人民法院将不予受理。根据我国《民事诉讼法》和最高人民法院《仲裁裁决执行问题的规定》,对仲裁裁决的执行,由被执行人住所地或者被执行的财产所在地中级人民法院执行。执行标的额符合基层人民法院一审民商事案件级别管辖受理范围,或者被执行人住所地或被执行的财产所在地在被指定的基层人民法院辖区内的,经上级人民法院批准,中级人民法院可以参照《民事诉讼法》第 38 条的规定指定基层人民法院管辖。

---

① 谭秋桂:《民事执行法学》,168 页,北京,北京大学出版社,2005。

三、执行仲裁裁决的程序

执行仲裁裁决的程序,是实现仲裁裁决内容的关键,是指执行机关在执行当事人及其他相关人员的参加下,根据仲裁裁决书,采取执行措施,强制债务人履行债务,实现债权人权利的法定步骤和过程。

(一)申请执行

在仲裁庭作出仲裁裁决后,债务人拒不履行债务的情况下,仲裁裁决所确定的债权人即实体权利人有权向有管辖权的人民法院提出强制执行仲裁裁决的申请。债权人向有管辖权的人民法院申请执行,是强制执行的必要条件。申请执行的债权人,在执行程序中即为申请执行人,债务人为被申请执行人。

根据最高人民法院《仲裁司法审查规定》的相关规定,当事人申请执行时应当提交申请书及裁决书正本或者经证明无误的副本。申请书应当载明下列事项:(1)申请人或者被申请人为自然人的,应当载明其姓名、性别、出生日期、国籍及住所;为法人或者其他组织的,应当载明其名称、住所以及法定代表人或者代表人的姓名和职务;(2)裁决书的主要内容及生效日期;(3)具体的请求和理由。当事人提交的外文申请书、裁决书及其他文件,应当附有中文译本。申请人提交的文件不符合规定,经人民法院释明后提交的文件仍然不符合规定的,裁定不予受理。

申请人向对案件不具有管辖权的人民法院提出申请,人民法院应当告知其向有管辖权的人民法院提出申请,申请人仍不变更申请的,裁定不予受理。申请人对不予受理的裁定不服的,可以提起上诉。人民法院立案后发现不符合受理条件的,裁定驳回申请,当事人对驳回申请的裁定不服的,可以提起上诉。

(二)法院审查

人民法院收到申请执行人的执行仲裁裁决的申请后,决定是否强制执行之前,要进行必要的审查,如仲裁裁决是否有效;申请人是否为仲裁裁决所确定的债权人或继承人或权利承受人;仲裁裁决是否具有给付的内容;执行标的和被申请执行人是否明确;申请人是否超过了法定的申请执行的期限;执行申请书是否符合要求;是否附具了仲裁协议或含有仲裁条款的合同书及仲裁裁决正本;本法院是否具有对该仲裁裁决的执行管辖权等。人民法院所作出的审查只应限于上述程序问题,即是否符合申请执行的条件进行审查,不应对实体问题进行审查。

《仲裁法解释》第30条还规定,根据审理执行仲裁裁决案件的实际需要,人民法院可以要求仲裁机构做出说明或者向相关仲裁机构调阅仲裁案卷。

人民法院受理申请执行案件后,应当在5日内向申请执行人和被申请执行人发出通知书,告知其受理情况及相关的权利义务。仲裁裁决具有下列情形之一导致无法执行的,人民法院可以裁定驳回执行申请;导致部分无法执行的,可以裁定驳回该部分的执行申请;导致部分无法执行且该部分与其他部分不可分的,可以裁定驳回执行申请。这些情形包括:①权利义务主体不明确;②金钱给付具体数额不明确或者计算方法不明确导致无法计算出具体数额;③交付的特定物不明确或者无法确定;④行为履行的标准、对象、范围不明确;⑤仲裁裁决仅确定继续履行合同,但对继续履行的权利义务,以及履行的方式、期限等具体内容不明确,导致无法执行的。申请执行人对人民法院作出的关于驳回执行申请裁定不服的,可以自裁定送达之日起 10 日内向上一级人民法院申请复议。

(三)执行实施

申请执行人向有管辖权的人民法院提出执行仲裁裁决的申请后,受申请的人民法院应当根据民事诉讼法规定的执行程序予以执行。人民法院的执行工作由执行员进行。根据《民事诉讼法》及司法解释的规定,法院应按照法定程序和措施实施对仲裁裁决的执行。

(1)人民法院应当在收到申请执行书或者移交执行书后 10 日内发出执行通知,并可以立即采取强制执行措施。执行通知中除应责令被执行人履行仲裁裁决确定的义务外,还应通知其承担《民事诉讼法》第 253 条规定的迟延履行利息或者迟延履行金。

(2)被执行人未按执行通知履行法律文书确定的义务,应当报告当前以及收到执行通知之日前一年的财产情况。被执行人拒绝报告或者虚假报告的,人民法院可以根据情节轻重对被执行人或者其法定代理人、有关单位的主要负责人或者直接责任人员予以罚款、拘留。

(3)被执行人未按执行通知履行仲裁裁决确定的义务,人民法院有权向有关单位查询被执行人的存款、债券、股票、基金份额等财产情况,根据不同情形扣押、冻结、划拨、变价被执行人的财产;有权扣留、提取被执行人应当履行义务部分的收入;有权查封、扣押、冻结、拍卖、变卖被执行人应当履行义务部分的财产;被执行人隐匿财产的,人民法院有权发出搜查令,对被执行人及其住所或者财产隐匿地进行搜查;人民法院还可以对其采取或者通知有关单位协助采取限制出境,在征信系统记录、通过媒体公布不履行义务信息以及法律规定的其他措施。

(4)被执行人未按仲裁裁决指定的期间履行给付金钱义务的,应当加倍支付迟延履行期间的债务利息;未按仲裁裁决指定的期间履行其他义务的,应当支付迟延履行金。

(5)在执行程序中,双方当事人可以自行和解。如果申请执行人因受欺诈、胁迫与被执行人达成和解协议,或者当事人不履行和解协议的,人民法院可以根据当事人的申请,恢复对原生效仲裁裁决的执行。被执行人向人民法院提供担保,并经申请执行人同意的,人民法院可以决定暂缓执行的期限。被执行人逾期仍不履行的,人民法院有权执行被执行人的担保财产或担保人的财产。

(6) 根据《民事诉讼法解释》第 479 条的规定,在执行中,被执行人通过仲裁程序将人民法院查封、扣押、冻结的财产确权或者分割给案外人的,不影响人民法院执行程序的进行。案外人不服的,可以根据《民事诉讼法》第 227 条的规定提出异议。

第二节　不予执行仲裁裁决

一、不予执行仲裁裁决的概念及意义

(一) 不予执行仲裁裁决的概念及特征

不予执行仲裁裁决,是指一方当事人向人民法院申请执行有效的仲裁裁决后,经对方当事人申请并经人民法院审查核实,认定该仲裁裁决具有法定情形而裁定不执行该仲裁裁决的制度。

不予执行仲裁裁决作为一种法律制度,具有以下特征:

(1) 不予执行仲裁裁决,是法院监督仲裁的特定形式。与执行仲裁裁决制度所体现的司法支持仲裁不同,不予执行仲裁裁决主要体现为人民法院对仲裁的监督。司法支持和监督的区别在于,司法支持更多地体现为对仲裁的赞同、协助和保障作用,如对仲裁中的财产进行保全,对仲裁裁决予以执行等;而司法监督则是对仲裁的限制、约束和规制作用,如撤销仲裁裁决、不予执行仲裁裁决。

(2) 不予执行仲裁裁决,必须基于当事人在法定期间内的申请而开始,人民法院不得依职权审查和裁定对仲裁裁决的不予执行。即在当事人没有对仲裁裁决提出异议或者抗辩,并申请不予执行的情况下,人民法院不应主动组成合议庭,对仲裁裁决是否具有《民事诉讼法》所规定的不予执行的情形进行审查。

(3) 申请不予执行仲裁裁决的主体是被执行人,即仲裁裁决所确定的债务人。而申请执行人,即仲裁裁决所确定的债权人,无权向人民法院申请不予执行仲裁裁决。

(4) 申请不予执行仲裁裁决的客体,必须是仲裁庭经过审理作出的仲裁裁决,即发生法律效力的仲裁裁决。

(5) 不予执行仲裁裁决,发生在执行仲裁裁决程序中,即在人民法院受理了债权人请求执行仲裁裁决的申请后,执行终结之前。如果仲裁裁决作出后,债权人没有申请执行,则被执行人不得提出不予执行的申请。同时,被执行人申请不予执行仲裁裁决,必须在法定期间内,逾期申请不予执行的,人民法院应当

裁定不予受理;已经受理的,应当裁定驳回不予执行申请。

（6）不予执行仲裁裁决,必须以仲裁裁决具有法定不予执行的情形为前提。不予执行仲裁裁决是一种强制性的行为,对仲裁裁决、已经结束的仲裁程序以及当事人都会产生重大的影响。因此,并不是所有仲裁裁决都经被执行人申请即可不予执行,不予执行仲裁裁决必须具有法律所规定的情形。

（二）不予执行仲裁裁决的意义

不予执行仲裁裁决,是人民法院监督仲裁的重要形式,对仲裁制度的发展与完善具有积极意义。

1. 不予执行仲裁裁决制度有利于完善司法对仲裁的监督机制

仲裁需要司法监督,这已经被各国仲裁立法和仲裁实践所肯定。由于仲裁的民间性和所实行的或裁或审、一裁终局的仲裁制度,仲裁不仅排除了法院对当事人协议仲裁的案件进行审理的可能性,也断绝了当事人对仲裁庭作出的仲裁裁决以其他形式,如起诉、上诉或者再申请仲裁等寻求救济的路径。尽管撤销仲裁裁决是司法监督仲裁的重要方式,但按照法律的规定,当事人申请撤销仲裁裁决只能在收到裁决书之日起 6 个月内提出,如果超过此期限,则无法再申请撤销仲裁裁决。因此,在执行程序中设立不予执行仲裁裁决制度,可以在一定程度上弥补撤销仲裁裁决制度单一的监督模式,有利于丰富和完善司法对仲裁的监督机制。

2. 不予执行仲裁裁决制度,有利于维护被执行人的合法权益

当事人地位平等,权利义务对等,这是基本法律常识。不论在仲裁程序还是对仲裁裁决的执行程序中,都应当平等地保护双方当事人的合法权益,公平合理地对待双方当事人,并给他们提供平等地受法律保护的机会。

执行程序基于仲裁裁决所确定的债权人的申请而开始,即法律赋予了债权人请求人民法院按照仲裁裁决的内容强制债务人履行债务的权利。对于被执行人来说,不予执行仲裁裁决制度,可以使其获得与申请执行人平等的地位和对等的权利,通过对仲裁裁决不予执行的申请,使人民法院可以通过行使司法对仲裁的监督权,审查仲裁庭所作出仲裁裁决程序的合法性和公正性,防止因法院的强制执行使其遭受不应有的损害,充分、有效地维护自己的合法权益。

3. 不予执行仲裁裁决制度有利于保障仲裁裁决的公正性

不予执行仲裁裁决,是司法对仲裁进行监督的最后一道防线。强制执行,是最终实现债权人权利的程序,仲裁裁决所确定的债务被人民法院通过强制的方式得以执行后,仲裁裁决所确定的内容就获得了实现,不论仲裁裁决是否公正都已无法挽回。而在执行程序中,通过设立不予执行仲裁裁决制度,对仲裁裁决程序的公正性进行审查,从而对具备不予执行法定情形的仲裁裁决不予执行,最终保障仲裁裁决的公正性,这是其他制度无可替代的。

二、不予执行仲裁裁决的理由

人民法院接到当事人的执行申请后,应当及时按照仲裁裁决书中所确定的内容予以执行。但是,如果被执行人提出证据证明仲裁裁决有法定不予执行的情形的,可以在执行终结前请求人民法院不予执行该仲裁裁决。人民法院应当组成合议庭经审查核实后,裁定不予执行。根据我国《仲裁法》和《民事诉讼法》第 237 条第 2 款、第 3 款及相关司法解释的规定,不予执行仲裁裁决的情形包括:

(1) 当事人在合同中没有订有仲裁条款或者事后没有达成书面仲裁协议的。

(2) 裁决的事项不属于仲裁协议的范围或者仲裁机构无权仲裁的。

(3) 仲裁庭的组成或者仲裁的程序违反法定程序的。

(4) 裁决所根据的证据是伪造的。

(5) 对方当事人向仲裁机构隐瞒了足以影响公正裁决的证据的。

(6) 仲裁员在仲裁该案时有索贿受贿、徇私舞弊、枉法裁决行为的。

如果人民法院认定执行该裁决是违背社会公共利益的,应当裁定不予执行。

不予执行仲裁裁决的六项法定事由与撤销仲裁裁决的法定事由完全相同,其目的是达到司法监督标准的一致性,有利于保障监督的公正性与统一性。

三、不予执行仲裁裁决的程序

不予执行仲裁裁决是较严厉的司法监督形式,其直接导致有效的仲裁裁决失去作为执行根据的效力。因此,不予执行仲裁裁决必须经过法定程序。

(一) 向执行法院提出申请

向执行法院申请不予执行仲裁裁决的主体,包括被执行人和案外人。

1. 被执行人

被执行人即仲裁裁决确定的债务人,在执行程序开始后,执行终结前,如果被执行人认为作为执行根据的仲裁裁决具有《民事诉讼法》第 237 条第 2 款、第 3 款规定的不予执行仲裁裁决的事由时,应当向执行该仲裁裁决的人民法院提出书面申请,请求人民法院不予执行仲裁裁决。被执行人不予执行仲裁裁决的申请,是启动不予执行仲裁裁决的基础和前提条件,没有被执行人的申请,人民法院不得依职权开始不予执行仲裁裁决的程序。

依据《仲裁裁决执行问题的规定》第 8 条的规定,被执行人向人民法院申请不予执行仲裁裁决的,应当在执行通知书送达之日起 15 日内提出书面申请。仲裁裁决涉及《民事诉讼法》第 237 条第 2 款第 (4) 项、第 (6) 项规定的情形,即

"裁决所根据的证据是伪造的","仲裁员在仲裁该案时有贪污受贿,徇私舞弊,枉法裁决行为的",且执行程序尚未终结的,被执行人应当自知道或者应当知道有关事实或案件之日起15日内提出书面申请。期限届满前,被执行人已向有管辖权的人民法院申请撤销仲裁裁决且已被受理的,自人民法院驳回撤销仲裁裁决申请的裁判文书生效之日起重新计算期限。《仲裁裁决执行问题的规定》第10条还明确规定:"被执行人申请不予执行仲裁裁决,对同一仲裁裁决的多个不予执行事由应当一并提出。不予执行仲裁裁决申请被裁定驳回后,再次提出申请的,人民法院不予审查,但有新证据证明存在《民事诉讼法》第237条第2款第(4)项、第(6)项规定情形的除外。"[1]

2. 案外人

案外人即仲裁程序之外的人。根据《仲裁法》和《民事诉讼法》的规定,只有仲裁当事人才有权申请不予执行仲裁裁决。最高人民法院《仲裁裁决执行问题的规定》首次明确了案外人申请不予执行仲裁裁决的制度,这一规定是最高人民法院以杜绝虚假仲裁为目的作出的创新规定。

《仲裁裁决执行问题的规定》第9条规定:"案外人向人民法院申请不予执行仲裁裁决或者仲裁调解书的,应当提交申请书以及证明其请求成立的证据材料,并符合下列条件:①有证据证明仲裁案件当事人恶意申请仲裁或者虚假仲裁,损害其合法权益;②案外人主张的合法权益所涉及的执行标的尚未执行终结;③自知道或者应当知道人民法院对该标的采取执行措施之日起30日内提出。"第18条规定:"案外人根据本规定第九条申请不予执行仲裁裁决或者仲裁调解书,符合下列条件的,人民法院应当支持:①案外人系权利或者利益的主体;②案外人主张的权利或者利益合法、真实;③仲裁案件当事人之间存在虚构法律关系,捏造案件事实的情形;④仲裁裁决主文或者仲裁调解书处理当事人民事权利义务的结果部分或者全部错误,损害案外人合法权益。"由此可见,案外人申请不予执行仲裁裁决,只能以仲裁当事人恶意仲裁或者虚假仲裁,损害了该案外人合法权益为事由,这与被执行人申请不予执行仲裁裁决的事由是不同的。

被执行人、案外人对仲裁裁决执行案件申请不予执行的,负责执行的中级人民法院应当另行立案审查处理;执行案件已指定基层人民法院管辖的,应当于收到不予执行申请后3日内移送原执行法院另行立案审查处理。

（二）人民法院审查

按照《仲裁裁决执行问题的规定》的规定,被执行人向执行仲裁裁决的人民

---

[1]　《民事诉讼法》第237条第2款第(4)项"裁决所根据的证据是伪造的";第(6)项"仲裁员在仲裁该案时有贪污受贿,徇私舞弊,枉法裁决行为的"。

法院提出不予执行仲裁裁决的申请后并提供适当担保的，执行仲裁裁决的人民法院应当裁定中止正在进行的执行程序。

人民法院对不予执行申请的审查，是不予执行仲裁裁决程序的关键，直接决定着正在被执行的仲裁裁决是否能够作为执行根据，以及仲裁裁决所确定的内容能否得到实现。因此，人民法院对不予执行仲裁裁决案件应当组成合议庭围绕被执行人申请的事由、案外人的申请进行审查；对被执行人没有申请的事由不予审查，但仲裁裁决可能违背社会公共利益的除外。被执行人、案外人对仲裁裁决执行案件申请不予执行的，人民法院应当进行询问；被执行人在询问终结前提出其他不予执行事由的，应当一并审查。人民法院审查时，认为必要的，可以要求仲裁庭作出说明，或者向仲裁机构调阅仲裁案卷。

人民法院对不予执行仲裁裁决案件的审查，应当在立案之日起两个月内审查完毕并作出裁定；有特殊情况需要延长的，经本院院长批准，可以延长一个月。

（三）人民法院作出裁定

人民法院经过审查，认为仲裁裁决不符合法律规定的不予执行仲裁裁决的情形的，应当裁定驳回被执行人不予执行仲裁裁决的申请，执行程序恢复进行。执行法院对拟不予执行的案件，应当向本辖区所属高级人民法院报核，待高级人民法院审核后，方可依高级人民法院的审核意见作出裁定。高级人民法院经审查拟同意执行法院认定不予执行仲裁裁决，若案件当事人住所地跨省级行政区域，或者以违背社会公共利益为由不予执行的仲裁裁决，应当向最高人民法院报核，待最高人民法院审核后，方可依最高人民法院的审核意见作出裁定。

法院不予执行仲裁裁决的，应将不予执行仲裁裁决的裁定书送达双方当事人和仲裁委员会，并终止仲裁裁决的执行程序。

在这里特别应当注意以下方面：

（1）以《仲裁法解释》第 27 条规定为依据的审查，即当事人以仲裁协议无效为由申请不予执行仲裁裁决的，应当审查当事人是否在仲裁程序中对仲裁协议的效力提出过异议。当事人在仲裁程序中未对仲裁协议的效力提出异议，在仲裁裁决作出后以仲裁协议无效为由提出不予执行抗辩的，人民法院不予支持。如果当事人在仲裁程序中对仲裁协议的效力提出异议，在仲裁裁决作出后又以此为由提出不予执行抗辩，经审查符合《民事诉讼法》第 237 条规定的，人民法院应予支持。

（2）以《仲裁法解释》第 28 条规定为依据的审查，"当事人请求不予执行仲裁调解书或者根据当事人之间的和解协议作出的仲裁裁决书的，人民法院不予支持"。因此，调解书和根据当事人之间的和解协议作出的仲裁裁决书不属于被申请人申请不予执行的根据。但案外人根据《仲裁裁决执行问题的规定》第 9

条,可以对申请执行人基于仲裁调解书的执行请求,申请不予执行。

（3）根据《民事诉讼法解释》第 477 条的规定,仲裁机构裁决的事项,部分有《民事诉讼法》第 237 条第 2 款、第 3 款规定不予执行情形的,人民法院应当裁定对该部分不予执行。应当不予执行部分与其他部分不可分的,人民法院应当裁定不予执行仲裁裁决。

（4）依照《民事诉讼法》第 237 条第 2 款、第 3 款的规定,人民法院裁定不予执行仲裁裁决后,当事人对该裁定提出执行异议或者复议的,人民法院不予受理。当事人可以就该民事纠纷重新达成书面仲裁协议申请仲裁,也可以向人民法院起诉。

（5）根据最高人民法院《仲裁裁决执行案件的规定》第 22 条第 3 款,人民法院基于案外人申请裁定不予执行仲裁裁决或者仲裁调解书,当事人不服的,可以自裁定送达之日起 10 日内向上一级人民法院申请复议;人民法院裁定驳回或者不予受理案外人提出的不予执行仲裁裁决、仲裁调解书申请,案外人不服的,可以自裁定送达之日起 10 日内向上一级人民法院申请复议。

四、不予执行仲裁裁决的法律后果

根据我国法律的规定和仲裁实践,人民法院作出不予执行仲裁裁决的裁定,会产生如下法律后果:

（一）仲裁裁决的执行程序终结

不予执行仲裁裁决的裁定,实质上是对仲裁裁决所具有的执行力的否定。因此,当人民法院裁定对仲裁裁决不予执行后,已经开始的对仲裁裁决的执行程序即失去了有效的执行根据,任何依该仲裁裁决的执行活动都是违反法律的,对仲裁裁决的执行程序应当终结。

（二）不予执行的裁定为终局不得申请再审的裁定

人民法院作出的不予执行仲裁裁决的裁定为终局裁定,当事人必须服从。执行当事人无权对该裁定提出上诉,也无权申请再审。

（三）当事人重新选择纠纷解决方式

人民法院作出的不予执行仲裁裁决的裁定,只是否定了仲裁裁决的执行力,使仲裁裁决所确定的内容无法通过司法手段得以实现。但双方当事人选择以仲裁为解决方式的纠纷并没有最终解决。在这种情况下,法律赋予了双方当事人重新选择纠纷解决方式的机会,即就该纠纷双方当事人可以重新达成仲裁协议,并依据该仲裁协议申请仲裁,也可以向人民法院提起诉讼。

五、不予执行仲裁裁决和撤销仲裁裁决的关系

不予执行仲裁裁决和撤销仲裁裁决,是司法对仲裁监督的两种形式,在两

者之间,存在着密切的关系,既有相同的一面,也有相异的一面,在仲裁理论和仲裁实践中深入理解两者的关系具有重要的意义。

(一)不予执行仲裁裁决和撤销仲裁裁决的共同点

1. 法律属性相同

法律属性是事物性质在法律上的定位。不予执行仲裁裁决和撤销仲裁裁决,都是法律所确定的人民法院对仲裁庭作出的仲裁裁决行使司法监督权的体现,都是司法对仲裁监督的表现形式。

2. 行使权力的主体相同

不论是不予执行仲裁裁决,还是撤销仲裁裁决,对仲裁裁决进行审查并作出最终裁定的都是人民法院,任何其他机构无权行使该项权力。

3. 客体相同

不论是不予执行仲裁裁决,还是撤销仲裁裁决,两者所针对的都是仲裁庭所作出的发生法律效力的仲裁裁决,对其他法律文书不得适用撤销和不予执行程序。

4. 法定事由相同

《仲裁法》和《民事诉讼法》对撤销仲裁裁决和不予执行仲裁裁决规定有相同的法定事由,法定事由相同表明监督标准的一致性。

5. 适用的法律程序相同

首先,不予执行仲裁裁决和撤销仲裁裁决的程序都是基于当事人的申请而开始,即当事人必须向法律规定的有管辖权的人民法院提出书面申请,并以证据证明仲裁裁决存在法定不予执行或者撤销的事由,人民法院不得依职权启动不予执行或者撤销程序。其次,不论是当事人提出的不予执行仲裁裁决的申请,还是撤销仲裁裁决的申请,人民法院都应当组成合议庭进行审查,审查申请不予执行或者撤销仲裁裁决的当事人是否符合申请条件,以及是否具有法定不予执行或者撤销的事由。最后,经过审查,不论是否不予执行或者撤销仲裁裁决,人民法院都应当用裁定加以确定。

6. 法律后果相同

不予执行仲裁裁决和撤销仲裁裁决尽管在监督的程度上有所不同,但结果都是对仲裁裁决内容的否定,裁定作出后,由于当事人之间的纠纷并没有最终解决,因此,法律在两种情形下都赋予了双方当事人重新选择纠纷解决方式的权利,当事人可以重新达成仲裁协议申请仲裁,也可以直接向有管辖权的人民法院提起诉讼。

(二)不予执行仲裁裁决和撤销仲裁裁决的区别

不予执行仲裁裁决和撤销仲裁裁决的共同点,并不能否定两者作为不同监督方式所存在的区别。两者的区别具体体现在:

1. 提出请求的当事人不同

有权提出撤销仲裁裁决申请的当事人,可以是仲裁案件中的任何一方当事人,即不论仲裁裁决确定的债权人还是债务人,都有权向法院申请撤销仲裁裁决,但案外人无权申请对仲裁裁决的撤销。而有权提出不予执行仲裁裁决的当事人,只能是仲裁裁决的被执行人,即仲裁裁决所确定的债务人,除此之外,案外人以恶意仲裁或虚假仲裁损害其合法权益为由,可以申请不予执行仲裁裁决。

2. 提出请求的期限不同

当事人请求撤销仲裁裁决,应当自收到仲裁裁决书之日起 6 个月内向人民法院提出。而当事人申请不予执行仲裁裁决,则是在执行通知书送达之日起 15 日内提出书面申请,有《民事诉讼法》第 237 条第 2 款第(4)项、第(6)项规定情形且执行程序尚未终结的,应当自知道或者应当知道有关事实或案件之日起 15 日内提出书面申请。

3. 管辖法院不同

按照法律的规定,当事人申请撤销仲裁裁决,应当向仲裁委员会所在地的中级人民法院提出。而当事人申请不予执行仲裁裁决只能向受理执行仲裁裁决案件的人民法院提出,即由被执行人住所地或者被执行财产所在地的中级人民法院管辖。

4. 对当事人申请的处理结果不同

当事人申请撤销仲裁裁决,人民法院经过法定审查程序,可以产生三种处理结果,即裁定驳回当事人的申请;法院认为可以由仲裁庭重新仲裁的,通知仲裁庭在一定期限内重新仲裁;裁定撤销仲裁裁决。而当事人申请不予执行仲裁裁决的,人民法院经过审查,或者裁定驳回不予执行的申请,或者裁定不予执行,人民法院无权适用诸如要求仲裁庭重新仲裁等的其他方式。

（三）不予执行仲裁裁决和撤销仲裁裁决的适用

不予执行仲裁裁决和撤销仲裁裁决作为两种司法监督仲裁的方式,既有相同之处,又有鲜明的区别,导致在仲裁实务中的适用常常会产生冲突。为了有效解决实践中存在的问题,最高人民法院在《仲裁法解释》《仲裁裁决执行问题的规定》等司法解释中作出了明确规定,使得对撤销仲裁裁决和不予执行仲裁裁决的适用更加科学和合理。

（1）《仲裁法解释》第 25 条规定:"人民法院受理当事人撤销仲裁裁决的申请后,另一方当事人申请执行同一仲裁裁决的,受理执行申请的人民法院应当在受理后裁定中止执行。"这一规定是对《仲裁法》第 64 条的细化,明确了当事人一方申请撤销仲裁裁决,一方申请不予执行仲裁裁决在程序上的处理,厘清了撤销仲裁裁决和不予执行仲裁裁决的关系。

（2）《仲裁裁决执行问题的规定》第 20 条规定：当事人向人民法院申请撤销仲裁裁决被驳回后，又在执行程序中以相同事由提出不予执行申请的，人民法院不予支持；当事人向人民法院申请不予执行被驳回后，又以相同事由申请撤销仲裁裁决的，人民法院不予支持。这一规定明确了对两种程序的适用关系，否定了同一当事人就同一问题，以相同理由反复利用甚至滥用救济程序的做法，避免了人民法院的重复劳动和资源的浪费。

（3）在不予执行仲裁裁决案件审查期间，当事人向有管辖权的人民法院提出撤销仲裁裁决申请并被受理的，人民法院应当裁定中止对不予执行申请的审查；仲裁裁决被撤销或者决定重新仲裁的，人民法院应当裁定终结执行，并终结对不予执行申请的审查；撤销仲裁裁决申请被驳回或者申请执行人撤回撤销仲裁裁决申请的，人民法院应当恢复对不予执行申请的审查；被执行人撤回撤销仲裁裁决申请的，人民法院应当裁定终结对不予执行申请的审查，但案外人申请不予执行仲裁裁决的除外。

第三节 仲裁裁决的中止执行、终结执行和恢复执行

执行程序开始后，可能出现某些特殊情况，从而影响仲裁程序的正常进行，并导致仲裁裁决执行程序的中止、终结和恢复。

一、仲裁裁决的中止执行

所谓仲裁裁决的中止执行，是指在执行程序开始后，由于出现某种特定的原因，从而暂时停止执行程序，等到这种特定原因消除之后，再决定执行程序是否继续进行的制度。

根据我国《仲裁法》及相关司法解释的规定，中止执行的情形包括：

（1）一方当事人申请执行仲裁裁决，另一方当事人申请撤销仲裁裁决的，人民法院应裁定中止执行。

（2）人民法院受理当事人撤销仲裁裁决的申请后，另一方当事人申请执行同一仲裁裁决的，受理执行申请的人民法院应当在受理后裁定中止执行。

（3）被执行人申请撤销仲裁裁决并已由人民法院受理的，或者被执行人、案外人对仲裁裁决执行案件提出不予执行申请并提供适当担保的，执行法院应当裁定中止执行。

除上述仲裁法律的规定外，我国《民事诉讼法》关于中止执行的情形也作出了明确规定。该法第 256 条规定，有下列情形之一的，人民法院应当裁定中止执行：①申请人表示可以延期执行的；②案外人对执行标的提出确有理由的异

议的；③作为一方当事人的公民死亡，需要等待继承人继承权利或承担义务的；④作为一方当事人的法人或者其他组织终止，尚未确定权利义务承受人的；⑤人民法院认为应当中止执行的其他情形。上述具体规定适用于人民法院对仲裁裁决的终止执行。

二、仲裁裁决的恢复执行

所谓仲裁裁决的恢复执行，是指已中止执行的程序，由于中止的原因消失而继续进行的制度。

根据我国《仲裁法》第 64 条及《仲裁裁决执行问题的规定》第 21 条的规定，当事人提出的撤销仲裁裁决的申请被人民法院裁定驳回的，或者人民法院裁定驳回了不予执行仲裁裁决、仲裁调解书申请的，人民法院应当裁定恢复已经中止的执行程序，继续执行。同时，依照《民事诉讼法》第 256 条的规定，当导致中止执行的情形消失后，人民法院应当裁定恢复对仲裁裁决的执行。

三、仲裁裁决的终结执行

所谓仲裁裁决的终结执行，是指在执行程序开始后，由于出现特定的事由，使执行程序无法再进行，或者已经没有继续进行的必要，因而结束执行程序的制度。

根据我国《仲裁法》第 64 条的规定，人民法院裁定撤销仲裁裁决的，应当裁定终结执行。同时，依照《民事诉讼法》第 257 条的规定，下列情形导致执行程序的终结：申请人撤销申请的；据以执行的法律文书被撤销的；作为被执行人的公民死亡，无遗产可供执行，又无义务承担人的；作为被执行人的公民因生活困难无力偿还借款，无收入来源，又丧失劳动能力的；人民法院认为应当终结执行的其他情形。

 ◆配套测试

一、不定项选择

1. 根据我国仲裁法和民事诉讼法的规定，出现下列哪些情形时，人民法院对仲裁裁决不予执行？（　　）

　　A. 载有仲裁条款的合同被确认无效

　　B. 一方当事人申请执行裁决，另一方当事人申请撤销仲裁裁决

　　C. 仲裁裁决所根据的证据是伪造的

　　D. 仲裁庭的组成违反法定程序

2. 位于天津市北辰区的南方贸易公司与位于河北省蓟县的兴凯皮具公司合同纠纷一案，经天津仲裁委员会仲裁并作出裁决，责令兴凯皮具公司赔偿因

提供不合格皮具给南方贸易公司造成的损失。因兴凯皮具公司拒绝履行义务，南方贸易公司申请人民法院强制执行。下列说法哪些是不正确的?(　　)

  A. 该仲裁裁决由仲裁机构所在地人民法院执行

  B. 该仲裁裁决由被执行人住所地或者被执行财产所在地基层人民法院执行

  C. 该仲裁裁决由被执行人住所地或者被执行财产所在地中级人民法院执行

  D. 该执行案件的级别管辖,参照天津地区人民法院受理诉讼案件的级别管辖的规定执行

  3. 甲公司与乙公司因贸易合同纠纷进行仲裁,仲裁庭作出仲裁裁决后,甲公司申请执行仲裁裁决,乙公司申请撤销仲裁裁决,则受理执行申请的人民法院应如何处理?(　　)

  A. 裁定撤销仲裁

  B. 裁定终结执行

  C. 裁定中止执行

  D. 将案件移交给上级人民法院处理

  4. 某仲裁机构对甲公司与乙公司之间的合同纠纷作出仲裁裁决后,因乙公司不履行仲裁裁决,甲公司遂向法院申请强制执行。法院受理了甲公司的执行申请后,乙公司则申请法院裁定不予执行。经审查,法院认为乙公司申请不予执行仲裁裁决的理由成立,裁定不予执行该仲裁裁决。对此,下列哪种说法是正确的?(　　)

  A. 甲公司可以就法院的裁定提请复议一次

  B. 甲公司与乙公司可以重新达成仲裁协议申请仲裁

  C. 甲公司与乙公司可以按原仲裁协议申请仲裁

  D. 当事人不可以就该纠纷重新达成仲裁协议,此案只能向法院起诉

  5. 当事人基于仲裁机构作出的仲裁裁决向法院申请执行,在下列哪些情况下法院裁定不予执行?(　　)

  A. 仲裁庭的组成或者仲裁程序违法的

  B. 适用法律确有错误的

  C. 裁决事项不属于仲裁协议的范围或者仲裁机构无权仲裁的

  D. 对方当事人隐瞒了足以影响公正裁决的证据的

  6. 开封崇信公司与济南兴隆公司签订了一份融资租赁合同,在合同中双方约定,如果因该合同发生纠纷,则应向郑州仲裁委员会或者济南仲裁委员会申请仲裁。后双方由于合同的履行发生争议,崇信公司直接向郑州仲裁委员会申请仲裁,兴隆公司积极参与了仲裁程序。仲裁裁决作出后,崇信公司向济南市

中级人民法院申请执行仲裁裁决。兴隆公司则认为裁决损害了其利益,下列做法哪些是不正确的?(　　)

    A. 以仲裁协议无效为由向郑州市中级人民法院申请撤销仲裁裁决

    B. 以仲裁协议无效为由向济南市中级人民法院申请不予执行仲裁裁决

    C. 请求开封市中级人民法院确认仲裁协议无效

    D. 以仲裁协议无效为由向济南市中级人民法院申请撤销仲裁裁决

    7. 成都辣婆婆饮食集团与深圳天洋水产品公司签订了一份水产品买卖合同,在合同中同时约定,如果发生争议则向位于深圳市的仲裁委员会申请仲裁。后双方由于合同的履行发生争议,辣婆婆饮食集团直接向深圳仲裁委员会申请仲裁,天洋水产品公司参与了仲裁程序。仲裁裁决作出后,天洋水产品公司即以仲裁协议无效为由请求深圳市中级人民法院撤销仲裁裁决,深圳市中级人民法院经审查驳回了天洋水产品公司的申请。后辣婆婆饮食集团向深圳市中级人民法院申请执行仲裁裁决,天洋水产品公司又以仲裁协议无效为由向深圳市中级人民法院申请不予执行仲裁裁决。下列说法正确的是:(　　)。

    A. 深圳市中级人民法院驳回天洋水产品公司撤销仲裁裁决申请的做法是错误的

    B. 对于天洋水产品公司提出的不予执行申请,深圳市中级人民法院应当不予支持

    C. 仅就该仲裁协议本身而言,由于深圳市存在不止一家仲裁机构,当事人没有就仲裁机构的选择达成一致意见,因而是无效的

    D. 深圳市中级人民法院应裁定不予执行该仲裁裁决

    8. 如果仲裁裁决被人民法院依法裁定撤销或者不予执行,下列说法不正确的是:(　　)。

    A. 当事人可以重新达成仲裁协议申请仲裁,但不得向人民法院起诉

    B. 当事人只能向人民法院起诉

    C. 仲裁裁决被裁定撤销的,当事人可以根据重新达成的仲裁协议申请仲裁,也可以向人民法院起诉,但仲裁裁决被裁定不予执行的,当事人只能向人民法院起诉

    D. 当事人可以根据原仲裁协议申请仲裁,也可以向人民法院起诉

    9. 下列关于仲裁裁决的撤销和不予执行的说法,正确的是:(　　)。

    A. 申请撤销仲裁裁决和申请不予执行仲裁裁决的期限相同,都是从收到裁决书之日起 6 个月内

    B. 撤销仲裁裁决与不予执行仲裁裁决的法定事由是相同的

    C. 二者的申请主体不同。撤销仲裁裁决的申请主体是双方当事人,不予执行仲裁裁决的申请主体是承担实体义务的人和案外人

      D. 二者的管辖法院不同。申请撤销仲裁裁决应当向仲裁委员会所在地的中级人民法院提出,申请不予执行仲裁裁决只能向受理执行案件的人民法院提出

10. 张某根据与刘某达成的仲裁协议,向某仲裁委员会申请仲裁。在仲裁审理中,双方达成和解协议并申请依和解协议作出裁决。裁决作出后,刘某拒不履行其义务,张某向法院申请强制执行,而刘某则向法院申请裁定不予执行该仲裁裁决。法院应当如何处理?(　　)

      A. 裁定中止执行,审查是否具有不予执行仲裁裁决的情形

      B. 终结执行,审查是否具有不予执行仲裁裁决的情形

      C. 继续执行,不予审查是否具有不予执行仲裁裁决的情形

      D. 先审查是否具有不予执行仲裁裁决的情形,然后决定后续执行程序是否进行

二、案例分析

1. 2010 年 8 月 6 日,明珠家具公司与启明贸易公司所属的实用性技术研究所签订技术开发合同。由实用性技术研究所向明珠家具公司提供水垫式沙发床技术,明珠家具公司在签约后,即向研究所交付了合同约定的技术服务费 60 万元,模具费 7 000 元。在实施生产过程中,明珠家具公司发现由于该项技术本身存在的缺陷,使得生产出的产品达不到技术开发合同中规定的质量标准。在与研究所协商这个问题时,又发现研究所无法人资格,根本不能独立承担民事责任。为此,明珠家具公司向当地仲裁机构申请仲裁,要求启明贸易公司承担实体责任,返还服务费、模具费,并赔偿明珠家具公司因此遭受的损失。

仲裁委员会受理此案后,依法进行了调解,启明贸易公司拒不同意赔偿损失,双方未能达成协议。仲裁庭作出如下裁决:启明贸易公司返还明珠家具公司服务费 60 万元,模具费 7 000 元,并赔偿损失 10 万元。

请回答以下问题:

(1) 如果裁决生效后,明珠家具公司申请人民法院执行仲裁裁决,应向何法院提出?申请执行的期限为多长时间?

(2) 如果裁决生效后,明珠家具公司申请法院执行仲裁裁决并已为执行法院受理,启明贸易公司则以双方没有仲裁协议为由,请求法院撤销仲裁裁决,执行法院应当如何处理该案件?

(3) 如果裁决生效后,明珠家具公司申请法院执行仲裁裁决并已为执行法院受理,启明贸易公司以裁决超出了仲裁请求为由,申请不予执行仲裁裁决,应当在何期限内提出?法院如何审查?

2. 甲市 L 区居民叶某购买了住所地在乙市 M 区的大亿公司开发的位于丙市 N 区的商品房一套,合同中约定如果双方因履行合同发生争议,可以向位于

丙市的仲裁委员会(丙市仅有一家仲裁机构)申请仲裁。合同履行中,因大亿公司迟迟未按合同约定交付房屋,叶某向仲裁委员会申请仲裁。在仲裁过程中仲裁庭组织双方进行调解,并达成了调解协议,仲裁庭根据协议内容制作了裁决书。请回答以下问题:

(1) 如果大亿公司以调解协议超出仲裁请求范围,请求法院不予执行仲裁裁决,法院正确的做法是什么?

(2) 如果在执行程序中,案外人孔某认为仲裁机构的裁决所依据的证据是当事人伪造的,叶某和大亿公司的仲裁构成虚假仲裁,裁决侵害了其合法权益,孔某有何救济途径? 可能产生何种法律后果?

本章导读

我国《仲裁法》对涉外仲裁是以"特别规定"的形式加以规定的,这也是我国《仲裁法》的一大特色。涉外仲裁的专门规定,对解决我国日益增多的涉外纠纷案件具有重要意义。

本章是关于涉外仲裁的相关内容,主要应当了解涉外仲裁的概念和特点、涉外仲裁机构的设置,特别应重点掌握与国内仲裁制度不同的涉外仲裁程序、涉外仲裁的司法监督及执行等相关内容。

第一节　涉外仲裁的概念

涉外仲裁,亦称国际商事仲裁,是指当事人依据仲裁协议,将涉外经济贸易、运输和海事中发生的纠纷,提交仲裁机构进行审理并作出裁决的制度。

涉外仲裁与国内仲裁的根本区别在于,涉外仲裁是解决涉外经济贸易、运输和海事中发生的纠纷的一种方式。这种纠纷的特点是具有涉外因素,因而这类纠纷案件属于涉外纠纷案件。

我国《仲裁法》对何谓涉外仲裁未作明确规定,只是在该法第七章涉外仲裁的特别规定中明确了"涉外经济贸易、运输和海事中发生的纠纷的仲裁,适用本章规定"。根据《民事诉讼法解释》第 522 条的规定,凡民事关系的一方或者双方当事人是外国公民、无国籍人、外国法人或其他组织的;当事人一方或双方的经常居所地在中华人民共和国领域外的;民事关系的标的物在我国领域外的;产生、变更或者消灭民事关系的法律事实发生在我国领域外的,均为涉外民事关系。基于上述涉外民事关系产生的纠纷案件为涉外民事案件。用仲裁方式解决具有涉外因素的纠纷案件即为涉外仲裁。

在仲裁实践中,我国内地仲裁机构对涉及我国香港、澳门或台湾地区企业、组织或自然人之间,或者其同外国企业、组织或自然人之间产生于契约性或非契约性的经济贸易等争议中的仲裁案件,比照涉外仲裁案件处理。

第二节　涉外仲裁机构

一、涉外仲裁机构的设立

根据《仲裁法》第 66 条的规定,涉外仲裁委员会可以由中国国际商会组织设立。

涉外仲裁委员会由主任 1 人、副主任若干人和委员若干人组成。主任履行本规则赋予的职责,副主任受主任的委托可以履行主任的职责。主任、副主任和委员可以由中国国际商会聘任。

涉外仲裁委员会设有秘书局,在仲裁委员会秘书长的领导下负责处理仲裁委员会的日常事务。

涉外仲裁委员会设立仲裁员名册,仲裁员由涉外仲裁委员会从在法律、经济贸易、科学技术等方面具有专门知识和实际经验的中外人士中聘任。

二、我国受理涉外仲裁案件的仲裁机构

中国国际经济贸易仲裁委员会和海事仲裁委员会是我国传统的常设涉外仲裁机构,也是受理涉外仲裁案件具有典型性、代表性的仲裁机构。目前,我国除了中国国际经济贸易仲裁委员会和海事仲裁委员会受理涉外仲裁案件外,依据仲裁法设立或重新组建的仲裁机构也有权受理涉外仲裁案件。

(一)中国国际经济贸易仲裁委员会

中国国际经济贸易仲裁委员会于 1956 年 4 月正式成立,是以仲裁的方式,独立、公正地解决契约性或非契约性的经济贸易等争议的常设仲裁机构。中国国际经济贸易仲裁委员会,同时使用"中国国际商会仲裁院"的名称,现行仲裁规则是自 2015 年 1 月 1 日起施行的《中国国际经济贸易仲裁委员会仲裁规则》。

(二)中国海事仲裁委员会

中国海事仲裁委员会成立于 1959 年 1 月,是以仲裁方式,独立、公正地解决海事、海商、物流等争议的常设仲裁机构。现行仲裁规则是自 2018 年 10 月 1 日起施行的《中国海事仲裁委员会仲裁规则》。

中国国际经济贸易仲裁委员会和海事仲裁委员会设在北京,仲裁委员会设有分会或仲裁中心。仲裁委员会的分会/仲裁中心是仲裁委员会的派出机构,

根据仲裁委员会的授权,接受仲裁申请,管理仲裁案件。分会/仲裁中心设仲裁院,在分会/仲裁中心仲裁院院长的领导下,履行仲裁规则规定由仲裁委员会仲裁院履行的职责。案件由分会/仲裁中心管理的,规则规定由仲裁委员会仲裁院院长履行的职责,由仲裁委员会仲裁院院长授权的分会/仲裁中心仲裁院院长履行。

当事人可以约定将争议提交仲裁委员会或仲裁委员会分会/仲裁中心进行仲裁;约定由仲裁委员会进行仲裁的,由仲裁委员会仲裁院接受仲裁申请并管理案件;约定由分会/仲裁中心仲裁的,由所约定的分会/仲裁中心仲裁院接受仲裁申请并管理案件。约定的分会/仲裁中心不存在、被终止授权或约定不明的,由仲裁委员会仲裁院接受仲裁申请并管理案件。如有争议,由仲裁委员会作出决定。

（三）其他受理涉外仲裁案件的仲裁机构

《仲裁法》颁布实施以来,依照《仲裁法》的规定在直辖市和省、自治区人民政府所在地的市和其他设区的市设立或重新组建的仲裁机构,能否受理涉外仲裁案件,仲裁法并没有明确规定。1996 年 6 月 8 日,国务院办公厅发布了《关于贯彻实施〈中华人民共和国仲裁法〉需要明确的几个问题的通知》,该通知规定:新组建的仲裁委员会的主要职责是受理国内仲裁案件;涉外仲裁案件的当事人自愿选择新组建的仲裁委员会仲裁的,新组建的仲裁委员会可以受理。据此,依照《仲裁法》设立或重新组建的仲裁机构,在涉外仲裁案件的当事人自愿选择其进行仲裁时,对该涉外仲裁案件具有管辖权。

第三节 涉外仲裁程序

涉外仲裁纠纷案件的当事人将其争议提交仲裁后,仲裁机构即应按照一定的程序进行审理,并作出终局裁决。我国的涉外仲裁程序制度是由《仲裁法》第七章"涉外仲裁的特别规定"、各受理涉外纠纷案件的仲裁委员会的仲裁规则的相关规定,以及《民事诉讼法》第四编"涉外民事诉讼程序的特别规定"中第二十六章"仲裁",予以规范。

一、仲裁的申请、答辩和反请求程序

（1）申请人提出仲裁申请时,应当提交由申请人或申请人授权的代理人签名或盖章的仲裁申请书。仲裁申请书应写明申请人和被申请人的名称和住所,申请人所依据的仲裁协议、案情和争议要点,以及申请人的仲裁请求及所依据的事实和理由。申请人在提交仲裁申请书时,应附具申请人请求所依据事实的证据材料,以及其他证明文件并预缴仲裁费。

仲裁委员会根据当事人达成的仲裁协议和一方当事人的书面申请,受理案件。仲裁委员会收到申请人的仲裁申请书及其附件后,经审查,认为申请仲裁的手续完备的,应将仲裁通知、仲裁委员会仲裁规则和仲裁员名册发送给双方当事人;申请人的仲裁申请书及其附件也应同时发送给被申请人。仲裁委员会经审查认为申请仲裁的手续不完备的,可以要求申请人在一定的期限内予以完备。申请人未能在规定期限内完备申请仲裁手续的,视同申请人未提出仲裁申请。仲裁委员会受理案件后,应指定一名案件秘书协助仲裁案件的程序管理。

(2)被申请人应在收到仲裁通知之日起,在规则规定的时间内向仲裁委员会提交答辩书和有关证明文件。答辩书由被申请人或被申请人授权的代理人签名及/或盖章,并应包括下列内容:被申请人的名称和住所及联系方式;对申请人的仲裁申请的答辩及所依据的事实和理由;答辩所依据的证明文件。仲裁庭有权决定是否接受逾期提交的答辩书。被申请人未提交答辩书,不影响仲裁程序的进行。

被申请人如有反请求,应当自收到仲裁通知之日起,在规则规定时间内以书面形式提交仲裁委员会。仲裁庭认为有正当理由的,可以适当延长此期限。被申请人提出反请求时,应在其反请求书中写明具体的反请求及其所依据的事实和理由,并附具有关的证明文件。被申请人提出反请求,应当按照仲裁委员会制定的仲裁费用表在规定的时间内预缴仲裁费。仲裁委员会认为被申请人提出反请求的手续已完备的,应将反请求书及其附件发送申请人。申请人应在接到反请求书及其附件后规定的时间内对被申请人的反请求提交答辩。仲裁庭有权决定是否接受逾期提交的反请求答辩书。申请人对被申请人的反请求未提出书面答辩的,不影响仲裁程序的进行。

(3)对当事人提交的各种文书和证明材料,仲裁庭及/或仲裁委员会认为必要时,可以要求当事人提供相应的中文译本或其他语文的译本。

(4)当事人可以授权中国及/或外国的仲裁代理人办理有关仲裁事项,接受委托的仲裁代理人,应向仲裁委员会提交授权委托书。

(5)当事人依据中国法律申请保全的,仲裁委员会应当将当事人的申请提交有管辖权的法院作出裁定。人民法院可以进行审查,裁定是否进行保全。裁定保全的,应当责令申请人提供担保,申请人不提供担保的,裁定驳回申请。当事人申请证据保全,人民法院经审查认为无须提供担保的,申请人可以不提供担保。根据最高人民法院《关于设立国际商事法庭若干问题的规定》第 14 条的规定,当事人协议选择该规定第 11 条第 1 款规定的国际商事仲裁机构[①]仲裁

---

① 《关于设立国际商事法庭若干问题的规定》第11条第1款规定:"最高人民法院组建国际商事专家委员会,并选定符合条件的国际商事调解机构、国际商事仲裁机构与国际商事法庭共同构建调解、仲裁、诉讼有机衔接的纠纷解决平台,形成'一站式'国际商事纠纷解决机制。"

的,可以在申请仲裁前或者仲裁程序开始后,向国际商事法庭申请证据、财产或者行为保全。

二、仲裁庭的组成

(一) 仲裁庭由一名或三名仲裁员组成

当事人从仲裁委员会制定的仲裁员名册中选定仲裁员。当事人约定在仲裁委员会仲裁员名册之外选定仲裁员的,当事人选定的或根据当事人约定指定的人士经仲裁委员会主任确认后可以担任仲裁员。

(二) 双方当事人应当各自在仲裁规则规定的期限内选定仲裁员

(1) 仲裁庭由三人组成时,申请人和被申请人应各自选定或者委托仲裁委员会主任指定 1 名仲裁员,第三名仲裁员为首席仲裁员,由双方当事人共同选定或者共同委托仲裁委员会主任指定。双方当事人可以各自推荐一名或规则许可的多名候选人作为首席仲裁员人选,推荐名单中有一名人选相同的,该人选为双方当事人共同选定的首席仲裁员;有一名以上人选相同的,由仲裁委员会主任根据案件的具体情况在相同人选中确定一名首席仲裁员,该名首席仲裁员仍为双方共同选定的首席仲裁员;推荐名单中没有相同人选时,由仲裁委员会主任指定首席仲裁员。如果双方当事人在规定的时间内未能共同选定或者共同委托仲裁委员会主任指定第三名仲裁员,则该第三名仲裁员由仲裁委员会主任指定。

(2) 仲裁庭由一名仲裁员组成时,双方当事人可以共同选定或者共同委托仲裁委员会主任指定独任仲裁员成立仲裁庭审理案件,未就独任仲裁员人选达成一致意见,该名独任仲裁员由仲裁委员会主任指定。

(3) 仲裁案件有两个或者两个以上申请人及/或被申请人时,申请人之间及/或被申请人之间应协商,各自共同选定或者各自共同委托仲裁委员会主任指定一名仲裁员。若在仲裁规则规定的时间内未能选定或者委托指定,则该名仲裁员由仲裁委员会主任指定。

(三) 被选定或被指定的仲裁员应披露可能引起对其公正性和独立性产生合理怀疑的任何事实或情况

当事人对被选定或被指定的仲裁员的公正性和独立性产生具有正当理由的怀疑时,可以在规则规定的时间内,书面提出要求该仲裁员回避的请求,并举证说明提出回避请求所依据的具体事实和理由。按照《贸仲仲裁规则》,如果一方当事人请求仲裁员回避,另一方当事人同意回避请求,或被请求回避的仲裁员主动提出不再担任该仲裁案件的仲裁员,则该仲裁员不再担任仲裁员审理本案。上述情形并不表示当事人提出回避的理由成立。除上述规定的情形外,仲裁员是否回避,由仲裁委员会主任作出终局决定并可以不说明理由。作出决定前,被请求回避的仲裁员应继续履行职责。

在仲裁员因回避或更换不能履行职责时,按照原选定或指定仲裁员的方式在仲裁委员会规定的期限内选定或指定替代的仲裁员。当事人未选定或指定替代仲裁员的,由仲裁委员会主任指定。重新选定或指定仲裁员后,由仲裁庭决定是否重新审理及重新审理的范围。

三、审理与裁决

(一)仲裁审理

除非当事人另有约定,仲裁庭可以按照其认为适当的方式审理案件。在任何情形下,仲裁庭均应公平和公正地行事,给予双方当事人陈述与辩论的合理机会。

当事人可以约定涉外仲裁的语言,有约定的从其约定,没有约定的,以中文为仲裁语言,或以仲裁委员会视案件的具体情形确定的其他语言为仲裁语言。仲裁庭开庭时,如果当事人或其代理人、证人需要语言翻译的,可以由仲裁委员会提供译员,也可以由当事人自行提供译员。

仲裁庭应开庭审理案件,但双方当事人约定并经仲裁庭同意,或仲裁庭认为不必开庭审理并征得双方当事人同意的,可以只依据书面文件进行审理。除非当事人另有约定,仲裁庭可以根据案件的具体情况采用其认为适当的方式审理案件。

开庭审理时,当事人应对其申请、答辩和反请求所依据的事实提出证据。当事人申请且仲裁庭认为必要,或者当事人虽未申请,但仲裁庭根据案件审理情况认为必要时,仲裁庭可以自行调查事实、收集证据。仲裁庭调查事实、收集证据时,认为有必要通知双方当事人到场的,应当及时通知。经通知,当事人未到场,不影响仲裁庭调查事实和收集证据。仲裁庭自行收集的证据应当转交双方当事人,由双方当事人发表质证意见。

仲裁庭可以就案件中的专门问题向专家咨询或指定鉴定人进行鉴定。专家报告和鉴定报告的副本应转交当事人,给予当事人提出意见的机会。任何一方当事人要求专家或鉴定人参加开庭的,经仲裁庭同意,专家或鉴定人应参加开庭,并在仲裁庭认为必要时就所作出的报告进行解释。证据由仲裁庭认定,鉴定意见,由仲裁庭决定是否采纳。仲裁庭在认定证据时,除依照相关法律、行政法规,参照司法解释外,还可以结合行业惯例、交易习惯等,综合案件整体情况进行认定。

申请人无正当理由开庭时不到庭的,或在开庭审理时未经仲裁庭许可中途退庭的,可以视为撤回仲裁申请;被申请人提出反请求的,不影响仲裁庭就反请求进行审理,并作出裁决。被申请人无正当理由开庭时不到庭的,或在开庭审理时未经仲裁庭许可中途退庭的，仲裁庭可以进行缺席审理并作出裁决；被申请人提出反请求的，可以视为撤回反请求。

仲裁庭可以制作庭审笔录及/或影音记录。仲裁庭认为必要时，可以制作庭审要点，并要求当事人及/或其代理人、证人及/或其他有关人员在庭审笔录或庭审要点上签字或盖章。应一方当事人申请，仲裁委员会视案件具体情况可以决定聘请速录人员速录庭审笔录，当事人应当预交由此产生的费用。

（二）仲裁与调解相结合

双方当事人有调解愿望的，或一方当事人有调解愿望并经仲裁庭征得另一方当事人同意的，仲裁庭可以在仲裁程序中对案件进行调解。双方当事人也可以自行和解。

仲裁庭进行调解，可以在征得双方当事人同意后，按照其认为适当的方式进行。双方当事人经仲裁庭调解达成和解或自行和解的，应签订和解协议。达成和解协议，当事人可以撤回仲裁请求或反请求，也可以请求仲裁庭根据当事人和解协议的内容作出裁决书或制作调解书。调解书应当写明仲裁请求和当事人书面和解协议的内容，由仲裁员署名，并加盖仲裁委员会的印章，送达双方当事人。调解不成功的，仲裁庭应当继续进行仲裁程序并作出裁决，但任何一方当事人不得在其后的仲裁程序、司法程序和其他任何程序中援引对方当事人或仲裁庭在调解过程中曾发表的意见、提出的观点、作出的陈述、表示认同或否定的建议或主张作为其请求、答辩或反请求的依据。

当事人自行和解达成和解协议的，当事人可以撤回仲裁申请或仲裁反请求申请，也可以请求仲裁庭根据当事人和解协议的内容作出裁决书。除非当事人另有约定，仲裁委员会主任指定一名独任仲裁员组成仲裁庭，由仲裁庭按照其认为适当的程序进行审理并作出裁决。

（三）裁决

仲裁庭应当根据事实和合同约定，依照法律规定，参考国际惯例，公平合理、独立公正地作出裁决。由三名仲裁员组成仲裁庭审理案件时，仲裁裁决依全体仲裁员或多数仲裁员的意见作出。仲裁庭不能形成多数意见时，仲裁裁决依首席仲裁员的意见作出。其他仲裁员的书面意见应附卷，该书面意见不构成裁决书的组成部分。

仲裁庭在其作出的仲裁裁决中，应当写明仲裁请求、争议事实、裁决理由、裁决结果、仲裁费用的负担、裁决的日期和地点。当事人协议不愿写明争议事实和裁决理由的，以及按照双方当事人和解协议的内容作出裁决的，可以不写明争议事实和裁决理由。除非仲裁裁决依首席仲裁员意见或独任仲裁员意见作出，仲裁裁决应由多数仲裁员署名。持有不同意见的仲裁员可以在裁决书上署名，也可以不署名，均不影响裁决书效力。裁决书应加盖仲裁委员会印章。

仲裁裁决书的日期即为裁决发生法律效力的日期。

仲裁庭认为必要或者当事人提出经仲裁庭同意，仲裁庭可在作出最终裁决之前，就当事人的某些请求事项先行作出部分裁决；可以就案件争议的程序问题或者实体问题作出中间裁决。当事人应当履行部分裁决或中间裁决，不履行部分裁决或者中间裁决的，不影响仲裁程序的进行和最终裁决的作出。

仲裁裁决是终局的，对双方当事人均有约束力。任何一方当事人不得向法院起诉，也不得向其他任何机构提出变更仲裁裁决的请求。

第四节　对涉外仲裁裁决的撤销和不予执行

一、对涉外仲裁裁决撤销和不予执行的法定事由

根据《仲裁法》第 70 条和第 71 条的规定，当事人提出证据证明涉外仲裁裁决有民事诉讼法规定可撤销情形之一的，经人民法院组成合议庭审查核实，裁定撤销。被申请人提出证据证明涉外仲裁裁决有民事诉讼法规定的不予执行情形之一的，经人民法院组成合议庭审查核实，裁定不予执行。根据仲裁法的上述规定，人民法院裁定撤销仲裁裁决和裁定不予执行仲裁裁决的法定事由都是民事诉讼法的相关规定。具体事由包括：

（1）当事人在合同中没有订有仲裁条款或者事后没有达成书面仲裁协议的。对涉外仲裁协议效力的审查，根据《仲裁法解释》第 16 条的规定，应当适用当事人约定的法律；当事人没有约定适用的法律但约定了仲裁地的，适用仲裁地法律；没有约定适用的法律也没有约定仲裁地或者仲裁地约定不明的，适用法院地法律。根据最高人民法院《仲裁司法审查规定》第 14 条的规定，确定确认涉外仲裁协议效力适用的法律时，当事人没有选择适用的法律，适用仲裁机构所在地的法律与适用仲裁地的法律将对仲裁协议的效力作出不同认定的，人民法院应当适用确认仲裁协议有效的法律，该规定确立了尽量使仲裁协议有效原则，充分体现了司法对仲裁的支持。

（2）被申请人没有收到指定仲裁员或者进行仲裁程序的通知，或者由于其他不属于被申请人负责的原因未能陈述意见的。

（3）仲裁庭的组成或者仲裁的程序与仲裁规则不符的。

（4）裁决的事项不属于仲裁协议的范围或者仲裁机构无权仲裁的。

另外，根据《仲裁法》第 65 条"本章没有规定的，适用本法其他有关规定"的规定精神，人民法院认定涉外仲裁裁决违背社会公共利益的，也应裁定撤销。

为了限定撤销仲裁裁决的事由范围，最高人民法院在《仲裁法解释》第 17 条明确规定，当事人以不属于民事诉讼法规定的可撤销事由申请撤销仲裁裁决

的,人民法院不予支持。

基于上述对涉外仲裁裁决监督的规定,以及与国内仲裁裁决的监督相比较,很显然,法院对仲裁裁决的监督实行的是"双轨制",即将国内仲裁裁决的监督范围与涉外仲裁裁决的监督范围作出区分,对涉外仲裁或国际商事仲裁适用不同于解决国内争议的仲裁规则,给予其更加宽松的行使仲裁权的空间。"双轨制"的具体表现为:人民法院对涉外仲裁裁决或国际商事仲裁裁决的监督审查,仅限于程序方面的审查,而对国内仲裁裁决的监督审查,不仅包括对程序方面的审查,而且包括对某些实体方面的审查。①

二、对涉外仲裁裁决撤销和不予执行的程序

(一)当事人申请

仲裁裁决作出后,仲裁当事人的任何一方都可以向仲裁委员会所在地的中级人民法院申请撤销仲裁裁决;在执行程序中,被执行人可以向执行法院申请不予执行仲裁裁决。其中,对涉外仲裁裁决的执行,由被执行人住所地或者财产所在地的中级人民法院执行;对国外仲裁机构作出的仲裁裁决,应当由当事人直接向被执行人住所地或者其财产所在地的中级人民法院申请执行,但人民法院应当按照中华人民共和国缔结或者参加的国际条约,或者按照互惠原则办理。至于我国的仲裁裁决需要到外国法院申请执行的,应当向按照该外国法律规定的法院申请执行。

根据最高人民法院《仲裁司法审查规定》,人民法院受理仲裁司法审查案件后,在中华人民共和国领域内没有住所的被申请人对人民法院的管辖权有异议的,应当自收到人民法院通知之日起 30 日内提出。对于符合最高人民法院《关于设立国际商事法庭若干问题的规定》第 11 条第 1 款规定的国际商事仲裁机

---

① 我国理论界对仲裁裁决监督"双轨制"的认识存在着一定的分歧,对此大致有如下几种观点:第一种观点认为,对国内仲裁与涉外仲裁采用不同的监督程序和标准,有利于保证中国涉外仲裁的国际地位,并与中国参加的 1958 年《纽约公约》的规定相一致。第二种观点认为,《仲裁法》所规定的"双轨制",对于涉外仲裁裁决只允许审查和监督其程序运作,不允许审查和监督其实体内容的这种做法,不符合中国现实国情,既不利于反腐倡廉,不利于维护法律的尊严,也不符合中国参加的有关国际条约的规定和当代各国仲裁立法的先进通例。主张内国仲裁监督与涉外仲裁监督完全并轨,将《仲裁法》关于对内国仲裁裁决的程序运作和实体内容实行全面监督的规定推广适用于一切涉外仲裁裁决。第三种观点认为,我国《仲裁法》在规定法院对仲裁权的监督问题上,区分国内仲裁监督与涉外仲裁监督是符合我国历史与现实的,也符合国际上的通行做法;如果将来要统一两者的监督范围,应该是国内仲裁制度向涉外仲裁制度靠拢,即缩小在程序问题上的监督范围,而不是扩大其范围,因为当事人在选择仲裁时更注重效益,而不是公平。笔者认为,上述三种不同的观点都从我国的实际出发,结合国际上对仲裁裁决监督的通行做法,对"双轨制"的监督机制进行了法律思考,都具有一定的合理性。但笔者并不敢苟同现行"双轨制"的监督机制,主张监督范围上的"一轨制",即统一国内仲裁与涉外仲裁的司法监督范围,这种统一,意味着将监督范围限定在对仲裁裁决的程序审查上。

构作出的仲裁裁决,当事人可以向国际商事法庭申请撤销。

(二) 提出证据予以证明

不论是当事人向法院申请撤销仲裁裁决,还是被申请人向法院申请不予执行仲裁裁决,必须向有管辖权的人民法院提出证据证明涉外仲裁裁决具有民事诉讼法规定的撤销或不予执行的情形。

(三) 人民法院组成合议庭审查核实

对于当事人提出的撤销或不予执行仲裁裁决的申请,人民法院要依法组成合议庭进行审查核实,审查核实提出申请的当事人是否具有申请撤销仲裁裁决或者不予执行仲裁裁决的资格,审查核实当事人是否有证据以及该证据能否证明仲裁裁决具有被撤销或者不予执行的法定事由。

(四) 人民法院作出裁定

(1) 人民法院经过审查核实,如果认为仲裁裁决不具备撤销或者不予执行的条件或法定事由的,应裁定驳回当事人的申请。

(2) 人民法院经过审查核实申请撤销裁决案件,认为可以由仲裁庭重新仲裁的,应当通知仲裁庭在一定期限内重新仲裁,并裁定中止撤销程序。仲裁庭拒绝重新仲裁的,人民法院应当裁定恢复撤销程序。在这里需要强调的是,《仲裁法》并没有在"涉外仲裁的特别规定"一章中专门规定重新仲裁制度,但是,根据该章第 65 条"本章没有规定的,适用本法其他有关规定"的规定,对涉外仲裁裁决的监督形式应当包括重新仲裁。

(3) 如果认为仲裁裁决应当被撤销或者不予执行,则必须遵守最高人民法院关于报核制度的规定。根据最高人民法院《报核问题的规定》第 2 条,各中级人民法院或者专门人民法院办理涉外涉港澳台仲裁司法审查案件,经审查拟认定仲裁协议无效,不予执行或者撤销我国内地仲裁机构的仲裁裁决,不予认可和执行香港特别行政区、澳门特别行政区、台湾地区仲裁裁决,不予承认和执行外国仲裁裁决,应当向本辖区所属高级人民法院报核;高级人民法院经审查拟同意的,应当向最高人民法院报核。待最高人民法院审核后,方可依最高人民法院的审核意见作出裁定。

(五) 涉外仲裁裁决被人民法院裁定撤销或不予执行的,当事人可以根据双方达成的书面仲裁协议重新申请仲裁,也可以向人民法院起诉

第五节　对涉外仲裁裁决和外国仲裁裁决的执行

一、对涉外仲裁裁决的执行

对涉外仲裁裁决的执行有两种情形,即涉外仲裁裁决在中国的执行和涉外仲裁裁决在外国的执行。

(一)涉外仲裁裁决在中国的执行

1. 涉外仲裁裁决在中国大陆地区的执行

按照我国《民事诉讼法》和《仲裁法》的有关规定,对我国仲裁机构作出的涉外仲裁裁决,一方当事人不履行的,对方当事人可以向被执行人住所地或者财产所在地的中级人民法院申请执行。对于符合最高人民法院《关于设立国际商事法庭若干问题的规定》第 11 条第 1 款规定的国际商事仲裁机构作出的仲裁裁决,当事人可以向国际商事法庭申请执行。申请人向人民法院申请执行我国涉外仲裁机构的仲裁裁决,须提出书面申请,并附裁决书正本。如果申请人为外国一方当事人,其申请书须用中文本提出。

人民法院强制执行仲裁机构的涉外仲裁裁决时,被执行人以有《民事诉讼法》第 274 条第 1 款规定的情形为由提出抗辩的,人民法院应当对被执行人的抗辩进行审查,并根据审查结果裁定执行或者不予执行。

2. 内地与香港特别行政区之间关于仲裁裁决的相互执行

(1) 背景:中国内地与香港特别行政区(以下简称香港特区)之间关于仲裁裁决的执行,在香港回归之前,依据的是 1958 年《纽约公约》。香港回归后,为了解决相互之间对仲裁裁决的执行问题,最高人民法院和香港特区代表根据《中华人民共和国香港特别行政区基本法》(以下简称《香港特别行政区基本法》)和"一国两制"的原则,签署了《关于内地与香港特别行政区相互执行仲裁裁决的安排》(以下简称《安排》)。

《安排》是根据《香港特别行政区基本法》第 95 条的规定,经最高人民法院与香港特区政府协商作出的,规定香港特区法院同意执行内地仲裁机构依据《仲裁法》所作出的裁决,内地人民法院同意执行在香港特区按香港特区《仲裁条例》所作出的裁决。《安排》共 11 条,包括了管辖法院、申请执行的条件、执行程序、不予执行仲裁裁决的相关规定、执行费用、时效等内容。

(2) 管辖法院:根据《安排》第 1 条和第 2 条的规定,在内地或者香港特区作出的仲裁裁决,一方当事人不履行仲裁裁决的,另一方当事人可以向被申请人住所地或者财产所在地的有关法院申请执行。有关法院,在内地指被申请人住所地或者财产所在地的中级人民法院,在香港特区指香港特区高等法院。被申请人住所地或者财产所在地在内地不同的中级人民法院辖区内的,申请人可以选择其中一个人民法院申请执行裁决,不得分别向两个或者两个以上人民法院提出申请。被申请人住所地或者财产所在地,既在内地又在香港特区的,申请人不得同时分别向两地有关法院提出申请。只有一地法院执行不足以偿还其债务时,才可就不足部分向另一地法院申请执行。两地法院先后执行仲裁裁决的总额,不得超过裁决数额。

（3）执行程序:首先,申请执行仲裁裁决,应当提交特定的法律文书。根据《安排》第 3 条和第 4 条的规定,申请人向有关法院申请执行在内地或者香港特区作出的仲裁裁决的,应当提交以下文书:执行申请书;仲裁裁决书;仲裁协议。

其次,申请执行应当符合法律规定的期限。《安排》第 5 条规定,申请人向有关法院申请执行内地或者香港特区仲裁裁决的期限依据执行地法律有关时限的规定。

最后,具体执行程序。根据《安排》第 6 条的规定,有关法院接到申请人申请后,应当按执行地法律程序处理及执行。

（4）不予执行仲裁裁决:根据《安排》第 7 条的规定,在内地或者香港特区申请执行的仲裁裁决,被申请人接到通知后,提出证据证明有下列情形之一的,经审查核实,法院可裁定不予执行:①仲裁协议当事人依对其适用的法律属于某种无行为能力的情形;或者该项仲裁协议依约定的准据法无效;或者未指明以何种法律为准时,依仲裁裁决地的法律是无效的;②被申请人未接到指派仲裁员的适当通知,或者因他故未能陈述意见的;③裁决所处理的争议不是交付仲裁的标的或者不在仲裁协议条款之内,或者裁决载有关于交付仲裁范围以外事项的决定的;但交付仲裁事项的决定可与未交付仲裁的事项划分时,裁决中关于交付仲裁事项的决定部分应当予以执行;④仲裁庭的组成或者仲裁庭程序与当事人之间的协议不符,或者在有关当事人没有这种协议时与仲裁地的法律不符的;⑤裁决对当事人尚无约束力,或者业经仲裁地的法院或者按仲裁地的法律撤销或者停止执行的。

有关法院认定依执行地法律,争议事项不能以仲裁解决的,则可不予执行该裁决。内地法院认定在内地执行该仲裁裁决违反内地社会公共利益,或者香港特区法院决定在香港特区执行该仲裁裁决违反香港特区的公共政策,则可不予执行该裁决。

（5）执行费用:根据《安排》第 8 条的规定,申请人向有关法院申请执行在内地或者香港特区作出的仲裁裁决,应当根据执行地法院有关诉讼收费的办法交纳执行费用。

（6）关于时效:根据《安排》第 9 条和第 10 条的规定,1997 年 7 月 1 日以后申请执行在内地或者香港特区作出的仲裁裁决按本安排执行。对 1997 年 7 月

1 日至本安排生效之日的裁决申请问题,双方同意 1997 年 7 月 1 日至本安排生效之日因故未能向内地或者香港特区法院申请执行,申请人为法人或者其他组织的,可以在本安排生效后 6 个月内提出;如申请人为自然人的,可以在本安排生效后 1 年内提出。对于内地或香港特区法院在 1997 年 7 月 1 日至本安排生效之日拒绝受理或者拒绝执行仲裁裁决的案件,应允许当事人重新申请。

(7) 附则:根据《安排》第 11 条的规定,本安排在执行过程中遇有问题和修改,应当通过最高人民法院和香港特区政府协商解决。

3. 中国大陆与台湾地区之间关于仲裁裁决的执行

在中国大陆与台湾地区仲裁裁决的相互承认与执行问题上,最高人民法院于 2015 年 6 月 2 日通过,自 2015 年 7 月 1 日起施行的《关于认可和执行台湾地区仲裁裁决的规定》,将有关常设仲裁机构及临时仲裁庭在台湾地区按照台湾地区仲裁规定就有关民商事争议作出的仲裁裁决,包括仲裁判断、仲裁和解和仲裁调解纳入人民法院认可和执行台湾地区仲裁裁决的范围。经当事人申请、人民法院依据上述规定审查,对于符合法定条件的予以认可并执行。

申请认可台湾地区仲裁裁决的案件,由申请人住所地、经常居住地或者被申请人住所地、经常居住地、财产所在地中级人民法院或者专门人民法院受理。申请人向两个以上有管辖权的人民法院申请认可的,由最先立案的人民法院管辖。申请人向被申请人财产所在地人民法院申请认可的,应当提供财产存在的相关证据。申请人申请认可台湾地区仲裁裁决,应当提交申请书、仲裁协议、仲裁判断书、仲裁和解书或者仲裁调解书。

对申请认可台湾地区仲裁裁决的案件,人民法院应当组成合议庭进行审查。对于符合条件的申请,人民法院应当在收到申请后 7 日内立案,并通知申请人和被申请人,同时将申请书送达被申请人;不符合条件的,应当在 7 日内裁定不予受理,同时说明不予受理的理由;申请人对裁定不服的,可以提起上诉。

申请人申请认可台湾地区仲裁裁决,应当提供相关证明文件,以证明该仲裁裁决的真实性。申请人可以申请人民法院通过海峡两岸调查取证司法互助途径查明台湾地区仲裁裁决的真实性;人民法院认为必要时,也可以就有关事项依职权通过海峡两岸司法互助途径向台湾地区请求调查取证。

人民法院应当尽快审查认可台湾地区仲裁裁决的申请,决定予以认可的,应当在立案之日起两个月内作出裁定;决定不予认可或者驳回申请的,应当在作出决定前按有关规定自立案之日起两个月内上报最高人民法院。

对申请认可和执行的仲裁裁决,被申请人提出证据证明有下列情形之一的,经审查核实,人民法院裁定不予认可:

(1) 仲裁协议一方当事人依对其适用的法律在订立仲裁协议时属于无行为能力的;或者依当事人约定的准据法,或当事人没有约定适用的准据法而依台湾地区仲裁规定,该仲裁协议无效的;或者当事人之间没有达成书面仲裁协议的,但申请认可台湾地区仲裁调解的除外。

（2）被申请人未接到选任仲裁员或进行仲裁程序的适当通知,或者由于其他不可归责于被申请人的原因而未能陈述意见的。

（3）裁决所处理的争议不是提交仲裁的争议,或者不在仲裁协议范围之内;或者裁决载有超出当事人提交仲裁范围的事项的决定,但裁决中超出提交仲裁范围的事项的决定与提交仲裁事项的决定可以分开的,裁决中关于提交仲裁事项的决定部分可以予以认可。

（4）仲裁庭的组成或者仲裁程序违反当事人的约定,或者在当事人没有约定时与台湾地区仲裁规定不符的。

（5）裁决对当事人尚无约束力,或者业经台湾地区法院撤销或者驳回执行申请的。

除此之外,依据国家法律,该争议事项不能以仲裁解决的,或者认可该仲裁裁决将违反一个中国原则等国家法律的基本原则或损害社会公共利益的,人民法院应当裁定不予认可。

人民法院经审查能够确认台湾地区仲裁裁决真实,而且不具有本规定关于不予认可的情形的,裁定认可其效力;不能确认该仲裁裁决真实性的,裁定驳回申请。人民法院依据本规定作出的裁定,一经送达即发生法律效力。

（二）涉外仲裁裁决在外国的承认和执行

依照《民事诉讼法》第 280 条第 2 款和《仲裁法》第 72 条的规定,中国涉外仲裁机构作出的发生法律效力的仲裁裁决,当事人请求执行的,如果被执行人或者其财产不在中国领域内,应当由当事人直接向有管辖权的外国法院申请承认和执行。由于中国已经加入《纽约公约》,当事人可以依照公约的规定或者依照中国缔结或参加的其他国际条约的规定,直接向该外国法院申请承认和执行中国涉外仲裁机构作出的裁决。

二、对外国仲裁裁决的承认与执行

我国人民法院对外国仲裁裁决的承认与执行,依据的是我国《民事诉讼法》第 283 条的规定和我国缔结或参加的国际条约。

我国《民事诉讼法》第 283 条规定:"国外仲裁机构的裁决,需要中华人民共和国人民法院承认和执行的,应当由当事人直接向被执行人住所地或者其财产所在地的中级人民法院申请,人民法院应当依照中华人民共和国缔结或者参加的国际条约,或者按照互惠原则办理。"我国加入的涉及对外国仲裁机构作出仲裁裁决的承认与执行的最重要的条约就是 1958 年《纽约公约》,为此,最高人民法院作出的《关于我国加入的〈承认及执行外国仲裁裁决公约〉的通知》同样成

为对国外仲裁裁决承认与执行的法律依据。根据上述法律的规定,对外国仲裁裁决的承认与执行的具体内容包括如下方面:

(1) 我国的保留条款。我国在参加《纽约公约》时作出了两项保留条款,即互惠保留和商事保留条款。第一,根据我国加入该公约时所作的互惠保留声明,我国仅对在另一缔约国领土内作出的仲裁裁决的承认和执行予以适用公约的规定。第二,根据我国加入该公约时所作的商事保留声明,我国仅对按照我国法律属于契约性和非契约性商事法律关系所引起的争议适用该公约。所谓"契约性和非契约性商事法律关系",具体是指由于合同、侵权或者根据有关法律规定而产生的经济上的权利义务关系,例如货物买卖、财产租赁、工程承包、加工承揽、技术转让、合资经营、合作经营、勘探开发自然资源、保险、信贷、劳务、代理、咨询服务、民用航空、铁路、公路的客货运输以及产品责任、环境污染、海上事故和所有权争议等,但不包括外国投资者与东道国政府之间的争端。

(2) 对外国仲裁裁决,需要我国法院执行的,当事人应当先向人民法院申请承认该仲裁裁决。人民法院经审查,裁定承认后,再根据民事诉讼法的规定予以执行。如果当事人仅申请承认而未同时申请执行的,人民法院仅对应否承认进行审查并作出裁定。

(3) 根据最高人民法院《仲裁司法审查规定》,外国仲裁裁决与人民法院审理的案件存在关联,被申请人住所地、被申请人财产所在地均不在我国内地,申请人申请承认外国仲裁裁决的,由受理关联案件的人民法院管辖。受理关联案件的人民法院为基层人民法院的,申请承认外国仲裁裁决的案件应当由该基层人民法院的上一级人民法院管辖。受理关联案件的人民法院是高级人民法院或者最高人民法院的,由上述法院决定自行审查或者指定中级人民法院审查。外国仲裁裁决与我国内地仲裁机构审理的案件存在关联,被申请人住所地、被申请人财产所在地均不在我国内地,申请人申请承认外国仲裁裁决的,由受理关联案件的仲裁机构所在地的中级人民法院管辖。申请人向两个以上有管辖权的人民法院提出申请的,由最先立案的人民法院管辖。

(4) 当事人申请承认和执行外国仲裁裁决的期间,适用《民事诉讼法》第239条的规定,申请执行的期间为二年。当事人仅申请承认而未同时申请执行的,申请执行的期间自人民法院对承认申请作出的裁定生效之日起重新计算。

(5) 根据《民事诉讼法》第283条规定,国外仲裁机构的裁决,需要我国人民法院承认和执行的,应当由当事人直接向被执行人住所地或者其财产所在地的中级人民法院申请,人民法院应当依照我国缔结或者参加的国际条约,或者按照互惠原则办理。

(6) 对临时仲裁庭在我国领域外作出的仲裁裁决,一方当事人向人民法院申请承认和执行的,人民法院应当依照《民事诉讼法》第283条的上述规定处理。

（7）承认和执行外国仲裁裁决的案件，人民法院应当组成合议庭进行审查。人民法院应当将申请书送达被申请人。被申请人可以陈述意见。人民法院经审查作出的裁定，一经送达即发生法律效力。

 ◆配套测试

一、不定项选择

1. 中国甲公司与某国乙公司发生买卖合同纠纷，在中国仲裁过程中，乙公司申请财产保全，即要求扣押甲公司在某港口的一批机器设备。仲裁委员会对此申请应如何处理？（　　　）

　　A. 不予受理，告知当事人直接向有关法院提出申请

　　B. 审查后直接作出财产保全裁定，由有关法院执行

　　C. 将乙公司的申请提交甲公司所在地的中级人民法院裁定

　　D. 将乙公司的申请提交机器设备所在地的基层人民法院裁定

2. 中国国际经济贸易仲裁委员会根据当事人的仲裁协议与仲裁申请，在对双方当事人争议金额为人民币 400 万元的合同纠纷案件进行仲裁时，下列表述哪些是正确的？（　　　）

　　A. 除非当事人提出申请，否则不得自行决定开庭审理

　　B. 可以决定只依据当事人提交的书面材料和证据进行审理

　　C. 仲裁委员会可以适用简易程序

　　D. 由 1 名仲裁员独任进行审理

3. 涉外仲裁的当事人申请证据保全的，涉外仲裁委员会应当将当事人的申请提交给哪一级法院？（　　　）

　　A. 仲裁委员会所在地的中级人民法院

　　B. 仲裁委员会所在地的基层人民法院

　　C. 证据所在地的基层人民法院

　　D. 证据所在地的中级人民法院

4. 涉外仲裁委员会的仲裁员可以是：（　　　）。

　　A. 英国律师唐纳德

　　B. 中国某律师事务所从事非诉业务的律师陈启明

　　C. 中国某大学国际经济贸易系教授张书

　　D. 在香港担任会计师的武逵

5. 仲裁委员会作出的发生法律效力的涉外仲裁裁决，当事人请求执行的，如果被执行人或其财产不在我国境内，下列处理方法哪一项是正确的？（　　　）

　　A. 由我国有管辖权的人民法院按我国缔结或者参加的国际条约的规

　定,或者按照互惠原则,请求外国法院承认和执行

　B. 当事人直接向我国有管辖权的人民法院申请执行

　C. 由我国涉外仲裁机构向有管辖权的我国法院申请承认和执行

　D. 当事人直接向有管辖权的外国法院申请承认和执行

6. 人民法院裁定不予执行涉外仲裁裁决的情形有:(　　)。

　A. 被申请人没有得到指定仲裁员的通知,未能陈述意见

　B. 认定事实的主要证据不足

　C. 适用法律确有错误

　D. 仲裁机构对仲裁裁决的事项无权仲裁

7. 中国公司与美国公司签订了一份合同,合同中约定,因本合同发生的任何争议,均应按照中国国际经济贸易仲裁委员会仲裁规则进行仲裁。后两公司由于合同的效力发生争议,中国公司向中国国际经济贸易仲裁委员会申请仲裁。下列说法正确的是:(　　)。

　A. 如果合同无效,则该仲裁协议无效,当事人不能通过仲裁解决此纠纷

　B. 当事人应当将争议提交中国国际经济贸易仲裁委员会仲裁院进行仲裁

　C. 当事人可以将争议提交中国国际经济贸易仲裁委员会分会进行仲裁

　D. 当事人可以就该仲裁协议达成补充协议

8. 深圳智冠公司与香港宇锋公司在香港签订了一份购销合同,合同中同时约定,如因本合同发生任何争议,应提交中国国际经济贸易仲裁委员会申请仲裁或者提交香港国际仲裁中心申请仲裁。合同签订后,香港宇锋公司向深圳智冠公司发货,深圳智冠公司经检验,认为货物质量达不到合同中约定的标准,因而拒绝支付货款,香港宇锋公司遂向香港国际仲裁中心申请仲裁。深圳智冠公司欲向人民法院申请确认仲裁协议无效,下列说法正确的是:(　　)。

　A. 由于仲裁机构所在地,仲裁协议签订地,被申请人住所地均在香港,所以深圳智冠公司不能向中国大陆法院申请确认仲裁协议无效

　B. 深圳智冠公司只能向香港国际仲裁中心申请确认仲裁协议无效

　C. 深圳智冠公司可以向深圳市中级人民法院申请确认仲裁协议无效

　D. 深圳智冠公司可以直接向深圳市中级人民法院起诉

9. 中国某公司与美国某公司签订一份技术转让合同,合同签订后,双方又通过传真的形式约定,如果由于本合同发生争议,则提交伦敦国际仲裁院按照美国法律仲裁解决。后双方由于合同履行发生争议,美国公司向伦敦国际仲裁院申请仲裁。中国公司向其住所地中级人民法院申请确认仲裁协议无效。下列说法正确的是:(　　)。

　A. 对于该仲裁协议效力的审查,应当适用美国法律

B. 如果当事人没有约定适用的法律,应当适用英国法律

C. 对于该仲裁协议效力的审查,应当适用中国法律

D. 对于该仲裁协议效力的审查,可以适用中国法律或者英国法律

10. 中国厦门进出口贸易公司与日本神寿株式会社签订了一份购销合同,合同中约定如果由于合同纠纷发生争议则提交中国国际经济贸易仲裁委员会进行仲裁,仲裁使用英语为正式语言。后双方因合同的履行发生争议。中国厦门进出口贸易公司遂向中国国际经济贸易仲裁委员会申请了仲裁。

(1) 该案件由中国国际经济贸易仲裁委员会受理后,应以哪种文字作为正式语言?(　　)

　　A. 中文

　　B. 日文

　　C. 英文

　　D. 由仲裁庭选择使用中文或者英文

(2) 如果根据《贸仲仲裁规则》,本案不适用简易程序进行仲裁。则下列说法正确的是:(　　)。

　　A. 仲裁庭应当在开庭审理之日起 30 天内作出仲裁裁决书

　　B. 仲裁庭应当在组庭之日起 6 个月内作出仲裁裁决书

　　C. 仲裁庭认为确有必要和确有正当理由的,可以延长仲裁期限

　　D. 在本案中,仲裁庭不能只依据书面文件进行审理并作出裁决

(3) 如果被指定的仲裁员甲,早年曾留学日本,与神寿株式会社的委托代理人是好朋友,多年一直书信往来,下列说法正确的是:(　　)。

　　A. 甲应当自行向仲裁委员会披露并请求回避

　　B. 中国厦门进出口贸易公司可以通过书面或者口头的形式向仲裁委员会提出要求甲回避的请求

　　C. 仲裁员是否回避由仲裁委员会秘书长决定

　　D. 在甲是否回避的决定作出前,其应当继续履行职责

(4) 在仲裁过程中,中国厦门进出口贸易公司发现其仲裁请求有疏漏之处,于是向仲裁庭提出申请进行补正,则下列说法正确的是:(　　)。

　　A. 仲裁庭可以拒绝中国厦门进出口贸易公司的请求

　　B. 仲裁庭可以允许中国厦门进出口贸易公司补正仲裁申请

　　C. 仲裁庭应当征求日本神寿株式会社的意见,如果后者同意则可以补正

　　D. 仲裁庭应当拒绝中国厦门进出口贸易公司的该项请求

二、案例分析

2012 年 6 月,新加坡甲公司与位于北京市朝阳区的中国乙公司在北京海淀

区(乙公司财产所在地)签订了一份产品购销合同。合同约定：自 2012 年 8 月 1 日开始,甲公司向乙公司分批供应手机主板 5 万套,货到付款。同时,双方还通过电子邮件约定：因此合同发生的一切纠纷,当事人应当提交中国国际贸易仲裁委员会仲裁解决。合同签订后,由于中国手机市场日趋饱和,乙公司与甲公司协商想解除合同,但遭到甲公司拒绝。2012 年 8 月,甲公司开始向乙公司供货,乙公司拒绝支付货款。甲公司遂向中国国际经济贸易仲裁委员会申请仲裁,要求乙公司支付货款。

请回答以下问题：

(1) 如果乙公司对仲裁协议的效力有异议,应向哪个机构提出?

(2) 该仲裁协议是否有效? 为什么?

(3) 如果在仲裁过程中甲公司想申请财产保全,该财产保全的程序是怎样的?

(4) 如果乙公司认为甲公司提供的产品有质量问题,欲在仲裁程序中要求甲公司支付违约金并赔偿其损失,该请求应当在何时提出?

(5) 如果仲裁裁决作出后,乙公司认为仲裁庭的组成人员有收受甲公司贿赂的情况,它可否向法院申请撤销或者不予执行仲裁裁决?

配套测试参考答案

第一章　仲　裁　概　述

1.【答案】　B

【解析】　仲裁是指发生争议的双方当事人,根据其在争议发生前或争议发生后所达成的协议,自愿将该争议提交中立的第三者进行裁判的争议解决制度和方式。仲裁是一种独立的纠纷解决方式和制度,与行政没有隶属关系;是一种诉讼外的纠纷解决方式和制度;是一种具有快捷、经济、专业性强等特点的公正的纠纷解决方式和制度。选项 B 正确。

2.【答案】　A

【解析】　仲裁具有自愿性、专业性、灵活性、保密性、快捷性、经济性、独立性的特点。仲裁员不仅有法律专业人士,还包括从事经济贸易等专业的人士。仲裁中的具体程序可以由当事人协商确定与选择,与诉讼程序相比更具有灵活性。仲裁机构独立于行政机构和其他机构,仲裁机构之间没有隶属关系,仲裁具有独立性。本题 A 项表述正确。

3.【答案】　ABC

【解析】　根据《仲裁法》第 20 条的规定,当事人对仲裁协议的效力有异议的,可以请求仲裁委员会作出决定,或者请求人民法院作出裁定,因此,选项 A 是正确的。根据《仲裁法》第 5 条的规定,当事人达成仲裁协议,一方向人民法院起诉的,人民法院不予受理,但仲裁协议无效的除外,因此,选项 B 是正确的。根据最高人民法院《仲裁法解释》第 13 条的规定,当事人在仲裁庭首次开庭前没有对仲裁协议的效力提出异议,而后向人民法院申请确认仲裁协议无效的,人民法院不予受理,因此,选项 C 是正确的。根据《仲裁法》第 63 条的规定,被申请人提出证据证明裁决有《民事诉讼法》规定不予执行情形之一的,经人民法院组成合议庭审查核实,裁定不予执行。因此,不予执行必须由被申请人申请。故选项 D 是错误的。

4.【答案】　A

【解析】　《民事诉讼法》第 97 条第 1 款规定,调解达成协议,人民法院应当制作调解书。调解书应当写明诉讼请求、案件的事实和调解结果。《仲裁法》第

51 条规定,仲裁庭在作出裁决前,可以先行调解。当事人自愿调解的,仲裁庭应
当调解。调解不成的,应当及时作出裁决。调解达成协议的,仲裁庭应当制作
调解书或者根据协议的结果制作裁决书。调解书与裁决书具有同等法律效力。
因此,一般来说法院调解达成协议不能制作判决书,而仲裁庭调解达成协议可
以制作裁决书。故 A 选项正确。在法学理论上,诉讼和仲裁一样遵循"不告不
理"的原则,法院审理和判决的范围不能超出当事人诉讼请求的范围,故 B 选项
错误。根据《仲裁法》第 9 条的规定,仲裁实行一裁终局制,当事人不服仲裁裁
决的不能申请重新仲裁,故 C 选项错误。根据《仲裁法》第 63 条的规定,当事人
中的被申请人可以申请人民法院不予执行仲裁裁决,而当事人对于法院判决不
能申请法院裁定不予执行,故 D 选项错误。综上,本题 A 选项正确。

5.【答案】 AD

【解析】 我国仲裁法第七章是涉外仲裁的专门规定,在我国既有国内仲
裁,也有涉外仲裁,所以 A 选项正确。根据我国现行仲裁法的规定,我国只能采
用机构仲裁的方式进行仲裁,不承认临时仲裁。故 B 选项错误。根据仲裁裁决
所依据的实体规范的不同,仲裁可以分为依法仲裁和友好仲裁,C 选项错误。
友好仲裁是以公平的标准和商业惯例作出的对当事人有约束力的仲裁,故 D 选
项正确。

6.【答案】 B

【解析】 根据仲裁当事人、所发生纠纷提交仲裁的法律关系等要素是否具
有涉外因素,仲裁可以分为国内仲裁和涉外仲裁。涉外仲裁指涉及外国或外法
域的民商事纠纷的仲裁。中美合资企业属于中国企业,故本题中只有 B 选项没
有涉外因素。B 选项正确。

7. (1)【答案】 CD

【解析】《仲裁法》第 3 条规定下列纠纷不能仲裁:(1)婚姻、收养、监护、扶
养、继承纠纷;(2)依法应当由行政机关处理的行政争议。而上述案件可以通过诉
讼方式解决,故 A 选项错误。《仲裁法》第 39 条规定:"仲裁应当开庭进行……"
故 B 选项错误,需要注意的是,仲裁法规定仲裁不公开进行,但仍需开庭审理。
《仲裁法》第 31 条、32 条规定,仲裁员可以由当事人选定,也可以委托仲裁委员
会主任指定,如果在规定的期限内未选定的,由仲裁委员会主任指定。而审理
案件的法官不能由当事人选定,故 C 选项正确。根据《仲裁法》第 9 条的规定,
仲裁实行一裁终局的制度。故 D 选项正确。

(2)【答案】 B

【解析】 A 选项不属于对仲裁裁决的监督范畴,故选项 A 错误。根据《仲
裁法》第 58 条,法院有权在法定情形下撤销仲裁裁决,故 B 选项正确。仲裁与
诉讼是相互独立的两种纠纷解决方式,法院无权直接改变仲裁裁决,故 C 选

错误。根据《仲裁法解释》第 21 条的规定：当事人申请撤销国内仲裁裁决的案件属于下列情形之一的,人民法院可以依照仲裁法第 61 条的规定通知仲裁庭在一定期限内重新仲裁：①仲裁裁决所根据的证据是伪造的;②对方当事人隐瞒了足以影响公正裁决的证据的……仲裁程序违反法定程序不属于重新仲裁的范围,故 D 选项错误。

(3)【答案】　BD

【解析】　仲裁活动之所以需要法院的支持,是因为仲裁机构作为民间机构不享有司法强制权。财产保全与强制执行皆为司法权,需要法院强制力的支持。故 BD 选项正确。AC 选项法律没有涉及。

第二章　仲裁法概述

一、不定项选择

1.【答案】　AD

【解析】　独立公正仲裁,是指仲裁应当依法独立进行,不受行政机关、社会团体和个人的干涉。我国《仲裁法》规定,仲裁与行政机关脱钩,仲裁委员会独立于行政机关,没有隶属关系,仲裁机构相互之间也没有隶属关系。同时,仲裁庭是行使仲裁权的主体,仲裁庭独立审理案件,不受任何机构和个人的干涉。

2.【答案】　BCD

【解析】　根据《仲裁法》第 3 条的规定,下列纠纷不能仲裁：第一,婚姻、收养、监护、扶养、继承纠纷;第二,依法应当由行政机关处理的行政争议。选项BCD 所列事项因属于依法不能仲裁的纠纷,因此,符合题意的要求。

3.【答案】　D

【解析】　根据《仲裁法》第 3 条第(1)项的规定,婚姻、收养、监护、扶养、继承纠纷不能仲裁。据此可知,甲、乙之间的遗产纠纷不具有可仲裁性,不属于仲裁的范围。《仲裁法》第 17 条第(1)项规定,约定的仲裁事项超出法律规定的仲裁范围的,仲裁协议无效。据此可知,甲、乙之间的仲裁协议因约定的仲裁事项超出了法律规定的仲裁范围而无效。因此,法院应裁定仲裁协议无效,对案件继续审理。

4.【答案】　B

【解析】　根据《仲裁法》第 2 条的规定,平等主体的公民、法人和其他组织之间发生的合同纠纷和其他财产权益纠纷,可以仲裁,故选项 B 正确;根据《仲裁法》第 3 条的规定,婚姻、收养、监护、扶养、继承纠纷和依法应当由行政机关处理的行政争议不能仲裁,故选项 A 错误;根据《仲裁法》第 77 条的规定,劳动争议和农业集体经济组织内部的农业承包合同纠纷的仲裁,不适用《仲裁法》,

故选项 C、D 错误。

5.【答案】　D

【解析】　根据《仲裁法》第 9 条的规定,仲裁实行一裁终局制度。裁决作出后,当事人就同一纠纷再申请仲裁或者向人民法院起诉的,仲裁委员会或者人民法院不予受理,因此,选项 D 是正确的,而选项 A、B、C 均不符合一裁终局制度的要求,故是错误的。

6.【答案】　C

【解析】　自愿原则是我国《仲裁法》规定的基本原则,但自愿原则并非绝对,其要受到仲裁法的制约。根据《仲裁法》第 77 条的规定,劳动争议和农业集体经济组织内部的农业承包合同纠纷的仲裁,不适用《仲裁法》,我国《仲裁法》中也没有强制仲裁的规定,故 A 选项错误。根据《仲裁法》第 3 条的规定,婚姻、收养、监护、扶养、继承纠纷和依法应当由行政机关处理的行政争议不能仲裁。可见,当事人可以在法律规定的范围内约定将某些争议提交仲裁,并非所有争议都可以通过仲裁解决,故 B 选项错误。根据仲裁法的规定,仲裁案件,当事人协议公开的,可以公开进行,但涉及国家秘密的除外。故 D 选项错误。

7.【答案】　AB

【解析】　我国《仲裁法》规定,仲裁实行一裁终局制度,仲裁裁决作出后,当事人就同一纠纷再申请仲裁或者向人民法院起诉,仲裁委员会或者人民法院不予受理。故 AB 选项正确。撤销仲裁裁决,首先,必须经仲裁当事人申请;其次,仲裁机构无权撤销仲裁裁决,故 C 选项错误。仲裁裁决被撤销后,当事人既可以向人民法院起诉,也可以重新达成仲裁协议申请仲裁,故 D 选项错误。

8.【答案】　ABCD

【解析】　根据《仲裁法》第 3 条的规定,下列纠纷不能仲裁:①婚姻、收养、监护、扶养、继承纠纷;②依法应当由行政机关处理的行政争议。本题属于继承纠纷,不属于仲裁的受案范围,无论该仲裁协议是否选择了两个以上仲裁机构,该仲裁协议均为无效。故 A、B、C、D 选项均错误。需要注意的是,根据《仲裁法解释》第 5 条的规定,"仲裁协议约定两个以上仲裁机构的,当事人可以协议选择其中的一个仲裁机构申请仲裁;当事人不能就仲裁机构选择达成一致的,仲裁协议无效",故如果该题目涉及的纠纷属于仲裁法规定的仲裁范围,则 B、C 选项的说法是正确的。

二、论述题

【参考答案】

仲裁与诉讼作为解决纠纷的两种机制,在管辖范围上具有很大的重合性,在仲裁管辖权和诉讼管辖权的行使上,具有很大的排斥性。根据我国《仲裁法》的规定,仲裁解决平等主体之间的合同纠纷以及其他财产权益纠纷,而对于属于人身性质的纠纷,则只能通过诉讼的方式解决。但在仲裁与诉讼共同的管辖范围内,是由仲裁庭行使仲裁管辖权,还是由人民法院行使诉讼管辖权,则由双方当事人根据自己的意愿进行选择。

仲裁协议是仲裁管辖权的基础和权利来源,一个有效的仲裁协议必须遵守法律关于仲裁管辖范围的规定。本案中的加工承揽合同纠纷属于仲裁的管辖范围,该仲裁协议同时表现了当事人申请仲裁的意思表示,明确了仲裁事项和仲裁委员会,因而是有效的。根据我国《仲裁法》和《民事诉讼法》的规定,有效的仲裁协议排除了法院对该案件的管辖权,因此,人民法院对该纠纷不具有诉讼管辖权。这也是我国仲裁"或裁或审"制度的重要表现。

然而,如同案例中所表述的一样,现实中同样存在当事人签订了有效的仲裁协议后仍然向人民法院提起诉讼的情况。根据我国法律的规定,法院对于此类案件应当不予受理。但是,根据《民事诉讼法》第 127 条第 2 款和《民诉法解释》第 223 条第 2 款的规定,如果当事人在提交答辩状期间未提出管辖权异议,并就案件实体内容进行答辩、陈述或者反诉的,视为受诉人民法院有管辖权。就该案而言,法院由于乙公司的应诉答辩从而享有了对本案的诉讼管辖权。因此,仲裁管辖权可以基于双方当事人明示或者默示的协议而改变,即当事人未对法院行使诉讼管辖权提出异议并应诉答辩的行为,视为双方当事人放弃仲裁协议,并同意法院行使诉讼管辖权的行为。

第三章　仲裁组织与仲裁员

1.【答案】　ABCD

【解析】《仲裁法》第 13 条第 1 款规定:"仲裁委员会应当从公道正派的人员中聘任仲裁员。"故 A 选项正确。第 10 条第 1 款规定:"仲裁委员会可以在直辖市和省、自治区人民政府所在地的市设立,也可以根据需要在其他设区的市设立,不按行政区划层层设立。"故 B 选项正确。第 15 条第 1 款规定:"中国仲裁协会是社会团体法人。仲裁委员会是中国仲裁协会的会员。中国仲裁协会的章程由全国会员大会制定。"故 C 选项正确。第 14 条规定:"仲裁委员会独立于行政机关,与行政机关没有隶属关系。仲裁委员会之间也没有隶属关系。"仲裁委员会的独立性表现在两个方面,其中仲裁机构之间的相互独立与人民法院和人民检察院有所区别,法院系统实行下级法院受上级法院监督,检察院系统实行下级检察院受上级检察院领导,而仲裁委员会之间是没有隶属关系的。故 D 选项正确。

2.【答案】　ABCD

【解析】　《仲裁法》第 10 条规定:"设立仲裁委员会,应当经省、自治区、直辖市的司法行政部门登记。"《仲裁法》第 11 条规定:"仲裁委员会应当具备下列条件:①有自己的名称、住所和章程;②有必要的财产;③有该委员会的组成人员;④有聘任的仲裁员。"故 ABCD 选项均正确。

3.【答案】　BD

【解析】　根据《仲裁法》第 13 条的规定,仲裁委员会应当从公道正派的人员中聘任仲裁员。仲裁员应当符合下列条件之一:第一,通过国家统一法律职业资格考试取得法律职业资格,从事仲裁工作满 8 年的;第二,从事律师工作满8 年的;第三,曾任审判员满 8 年的;第四,从事法学研究、教学工作并具有高级职称的;第五,具有法律知识、从事经济贸易等专业工作并具有高级职称或者同等专业水平的。因此,选项 B、D 是正确的。

4.【答案】　ABCD

【解析】　《仲裁法》第 10 条规定:"仲裁委员会可以在直辖市和省、自治区人民政府所在地的市设立,也可以根据需要在其他设区的市设立,不按行政区划层层设立。"故 ABC 选项错误。依法设立仲裁委员会的市只能组建一个统一的仲裁委员会,不得按照不同专业设立不同的专业仲裁委员会或者专业仲裁庭。故 D 选项错误。

5.【答案】　AC

【解析】　根据我国《仲裁法》的规定,设立仲裁委员会应当向民政部申请登记,故 B 选项错误。只有法院可以依照法定程序撤销仲裁裁决,仲裁协会没有此项职权,故 D 选项错误。A、C 选项的说法符合法律规定,是正确的。

6.【答案】　AD

【解析】　《仲裁法》第 31 条规定:"当事人约定由三名仲裁员组成仲裁庭的,应当各自选定或者各自委托仲裁委员会主任指定一名仲裁员,第三名仲裁员由当事人共同选定或者共同委托仲裁委员会主任指定。第三名仲裁员是首席仲裁员。"第 32 条规定:"当事人没有在仲裁规则规定的期限内约定仲裁庭的组成方式或者选定仲裁员的,由仲裁委员会主任指定。"故 B、C 选项违反了仲裁法的上述规定,是错误的。

7.【答案】　ABCD

【解析】　本题考查仲裁庭的组成方式。主要涉及仲裁委员会主任在当事人未直接选定仲裁员时的权限范围。本案仲裁庭是合议庭,根据《仲裁法》第 31条第 1 款的规定,当事人约定由三名仲裁员组成仲裁庭的,应当各自选定或者各自委托仲裁委员会主任指定一名仲裁员,第三名仲裁员由当事人共同选定或者共同委托仲裁委员会主任指定。第三名仲裁员是首席仲裁员。因此,京发公司有权选定李某为本案仲裁员,A 选项正确。而根据《仲裁法》第 32 条的规定,当事人没有在仲裁规则规定的期限内约定仲裁庭的组成方式或者选定仲裁员的,由仲裁委员会主任指定。本案中,由于蓟门公司木在规则规定的时间内选定仲裁员,双方也未共同选定首席仲裁员,因而仲裁委员会主任有权指定张某为本案仲裁员,指定刘某为首席仲裁员。所以,B、C两选项正确。同理,本案中仲裁庭的组成合法有效,D选项正确。

8.【答案】　BCD

【解析】　本题考查仲裁员应当回避的情形,主要是对《仲裁法》关于回避事由的理解。首先,仲裁员应当回避的前提是仲裁员与当事人或者当事人的代理人之间存在法律规定应当回避的情形,而不是关于仲裁员之间关系的规定,故A选项不属于回避事由。其次,仲裁员是当事人的法律顾问、仲裁员是当事人代理人的大学同班同学,都属于《仲裁法》规定的"与本案当事人、代理人有其他关系,可能影响公正仲裁的",选项B、C正确。最后,首席仲裁员接受当事人安排的宴请,属于《仲裁法》规定的"私自会见当事人、代理人,或者接受当事人、代理人的请客送礼的",应当回避。故D选项正确。

9.【答案】　D

本题考查仲裁中的回避,主要涉及回避的决定权以及回避后程序的进行。首先,仲裁员的回避由仲裁委员会主任决定,仲裁委员会主任的回避由仲裁委员会集体决定。本案首席仲裁员苏某并非仲裁委员会主任,其回避应当由仲裁委员会主任决定,而不是仲裁委员会集体决定,故A选项表述错误。其次,仲裁员回避后,按照程序更换该仲裁员即可,无须重新组成仲裁庭,故B选项表述错误。再次,仲裁员回避后,仲裁程序是否重新进行,应当由仲裁庭决定,当事人可以提出重新进行的申请,故选项C表述"已经进行的仲裁程序应当继续进行"过于绝对,因而错误。最后,D选项表述"当事人可以请求已经进行的仲裁程序重新进行"正确,当然决定权仍在仲裁庭。

10.【答案】　ABCD

【解析】　选项A是对仲裁规则概念的表述,是正确的;选项B是对仲裁规则作用的表述,是正确的;选项C和D是有关仲裁规则制定的表述,也是正确的。

第四章　仲　裁　协　议

一、不定项选择

1.【答案】　AB

【解析】　根据《仲裁法》第16条至第19条的规定,A选项中,甲乙公司实际上通过后来的补充协议否定了原来的仲裁条款,原仲裁条款失效。这属于双方合意放弃仲裁条款的情形。B 选项中,基于仲裁协议,仲裁庭作出的裁决被法院裁定不予执行,该仲裁协议失效。C 选项中,甲公司申请撤诉并被法院允许,效果上相当于没有起诉,因此双方签订仲裁协议不违反法律规定,属于有效条款。D 选项中,合同内容有瑕疵,根据仲裁协议的独立性原则,合同因违反实体法禁止性规定而无效不影响仲裁条款的效力,因此该仲裁协议是有效的。综上本题 A、B 选项正确。

2.【答案】 D

【解析】 当事人在仲裁协议中选择的仲裁机构不存在,应当视为双方当事人未选择仲裁机构,根据《仲裁法》第 16 条的规定,仲裁协议无效。又根据《民事诉讼法》第 23 条的规定,因合同纠纷提起的诉讼,合同纠纷中的被告住所地(宁波市)或者合同履行地(温州市)的人民法院皆有管辖权。故正确答案为 D。

3.【答案】 A

【解析】 本题考查仲裁与诉讼的关系及法院的应诉管辖权。《仲裁法》第 26 条规定,当事人达成仲裁协议的,一方向人民法院起诉时未声明有仲裁协议,人民法院受理后,另一方在首次开庭前提交仲裁协议的,人民法院应当驳回起诉,但仲裁协议无效的除外;另一方在首次开庭前未对人民法院受理该案提出异议的,视为放弃仲裁协议,人民法院应当继续审理。就本案而言,虽然甲公司和乙公司之间订有仲裁协议,但在合同争议发生后甲公司起诉乙公司时,乙公司未提出异议并应诉答辩,尽管乙公司在开庭审理后出示了仲裁协议,也应视为双方放弃了仲裁协议。法院不需审查仲裁协议是否有效即可继续审理此案。因此,正确答案为 A 选项。

4.【答案】 ACD

【解析】 根据《仲裁法》第 16 条的规定,仲裁协议包括合同中订立的仲裁条款和以其他书面方式在纠纷发生前或者纠纷发生后达成的请求仲裁的协议。《仲裁法解释》第 1 条规定:"仲裁法第 16 条规定的'其他书面形式'的仲裁协议,包括以合同书、信件和数据电文(包括电报、电传、传真、电子数据交换和电子邮件)等形式达成的请求仲裁的协议。"因此,选项 A、C、D 是正确的,选项 B 为口头形式,虽然有证人证明,但因不符合仲裁法对仲裁协议书面形式的要求,故不是本题的正确答案。

5.【答案】 ACD

【解析】《仲裁司法审查规定》第 2 条规定,申请确认仲裁协议效力的案件,由仲裁协议约定的仲裁机构所在地、仲裁协议签订地、申请人住所地、被申请人住所地的中级人民法院或者专门人民法院管辖。此案中,仲裁协议签订地为 A 市,申请人住所地为乙公司住所地,被申请人住所地为甲公司住所地,故 A 市中级人民法院、乙公司住所地的中级人民法院和甲公司住所地的中级人民法院均具有管辖权。

6.【答案】　D

【解析】《仲裁法解释》第6条规定:"仲裁协议约定由某地的仲裁机构仲裁且该地仅有一个仲裁机构的,该仲裁机构视为约定的仲裁机构。该地有两个以上仲裁机构的,当事人可以协议选择其中的一个仲裁机构申请仲裁;当事人不能就仲裁机构选择达成一致的,仲裁协议无效。"位于北京市的仲裁机构有北京仲裁委员会、中国国际经济贸易仲裁委员会和海事仲裁委员会。因此,当事人应当协议选择其中的一个仲裁委员会申请仲裁,如果不能达成一致意见,则该仲裁协议无效。故D选项正确。

7.【答案】　A

【解析】　根据《仲裁法解释》第10条的规定:"合同成立后未生效或者被撤销的,仲裁协议效力的认定适用仲裁法第19条第1款的规定。当事人在订立合同时就争议达成仲裁协议的,合同未成立不影响仲裁协议的效力。"因此,A选项正确。

8.【答案】　ABCD

【解析】《仲裁法解释》第3条规定:"仲裁协议约定的仲裁机构名称不准确,但能够确定具体的仲裁机构的,应当认定选定了仲裁机构。"所以尽管不存在石家庄市仲裁委员会,但是应当可以认定双方当事人选择了石家庄仲裁委员会进行仲裁,故A选项正确。B选项是属于无异议的正确选项。《仲裁法》第18条规定:仲裁协议对仲裁事项或者仲裁委员会没有约定或者约定不明确的,当事人可以补充协议;达不成补充协议的,仲裁协议无效。甲、乙就仲裁委员会的选择达成了补充协议,故仲裁协议有效,C选项正确。《仲裁法解释》第4条规定:"仲裁协议仅约定纠纷适用的仲裁规则的,视为未约定仲裁机构,但当事人达成补充协议或者按照约定的仲裁规则能够确定仲裁机构的除外。"本选项中,双方约定了发生争议后由仲裁机构按照北京仲裁委员会仲裁规则进行仲裁,按照对此仲裁规则的约定,可以确定当事人选择的仲裁机构是北京仲裁委员会。故D选项是正确的。

9.【答案】　B

【解析】《仲裁法解释》第9条规定:"债权债务全部或者部分转让的,仲裁协议对受让人有效,但当事人另有约定、在受让债权债务时受让人明确反对或者不知有单独仲裁协议的除外。"由于甲、乙之间签订的是单独的仲裁协议,因此,受让人丙是否知晓有单独的仲裁协议,是仲裁协议能否约束丙的关键。如果丙知道有单独的仲裁协议,该仲裁协议对丙具有约束力,否则,乙、丙之间的纠纷不能通过仲裁解决。B选项准确地反映了对《仲裁法解释》第9条的理解,因此是正确的。其他选项都不够准确或者是错误的。

10.【答案】 BCD

【解析】 《仲裁法解释》第5条规定:"仲裁协议约定两个以上仲裁机构的,当事人可以协议选择其中的一个仲裁机构申请仲裁;当事人不能就仲裁机构选择达成一致的,仲裁协议无效。"因此A选项错误,B选项正确。根据《仲裁法》第20条的规定,当事人宜家公司对仲裁协议的效力有异议的,可以请求仲裁委员会作出决定或者请求人民法院作出裁定,因此,C、D选项正确。

11.【答案】 ABD

【解析】 《仲裁法》第26条规定:"当事人达成仲裁协议,一方向人民法院起诉未声明有仲裁协议,人民法院受理后,另一方在首次开庭前提交仲裁协议的,人民法院应当驳回起诉,但仲裁协议无效的除外;另一方在首次开庭前未对人民法院受理该案提出异议的,视为放弃仲裁协议,人民法院应当继续审理。"关于对首次开庭的理解,《仲裁法解释》第14条规定:"仲裁法第26条规定的'首次开庭'是指答辩期满后人民法院组织的第一次开庭审理,不包括审前程序中的各项活动。"关于对仲裁协议效力的审查,根据仲裁法和相关司法解释的规定,都是基于当事人的申请而进行的,人民法院不得以职权主动审查仲裁协议的效力。因此,A、B、D选项均是错误的,C选项正确。

12.【答案】 CD

【解析】 根据《仲裁法》第2条和第3条的规定,仲裁只能解决平等主体之间的合同纠纷和其他财产权益纠纷,不能解决人身关系的纠纷,抚养关系属于不可仲裁的事项,故A选项错误。我国《仲裁法》规定仲裁协议必须采取书面形式,以口头形式订立的仲裁协议无效,故B选项错误。由于仲裁条款的独立性,主合同部分条款的无效,并不必然导致仲裁条款无效,故C选项正确。根据《仲裁法解释》第6条的规定:"仲裁协议约定由某地的仲裁机构仲裁且该地仅有一个仲裁机构的,该仲裁机构视为约定的仲裁机构。该地有两个以上仲裁机构的,当事人可以协议选择其中的一个仲裁机构申请仲裁;当事人不能就仲裁机构选择达成一致的,仲裁协议无效。"地处济南的仲裁委员会只有济南仲裁委员会,故D选项正确。

13.【答案】 ABC

【解析】 《仲裁法》第26条规定:"当事人达成仲裁协议,一方向人民法院起诉未声明有仲裁协议,人民法院受理后,另一方在首次开庭前提交仲裁协议的,人民法院应当驳回起诉,但仲裁协议无效的除外;另一方在首次开庭前未对人民法院受理该案提出异议的,视为放弃仲裁协议,人民法院应当继续审理。"故A、B、C选项符合法律规定,是正确的。

14.【答案】 C

【解析】 本案中,双方当事人在技术开发合同中订有仲裁条款,但双方发生的争议是基于技术开发合同解除后双方另行达成的赔偿协议所产生,而赔偿协议未约定仲裁条款,作为一个独立的合同,赔偿协议纠纷不能适用技术开发合同中的仲裁条款。因此,应当认为该仲裁协议对赔偿纠纷不具有约束效力。法院具有管辖权。C 选项正确。

15.【答案】 BCD

【解析】 根据《仲裁法》第 20 条的规定,当事人对仲裁协议的效力有异议的,可以请求仲裁委员会作出决定或者请求人民法院作出裁定。故仲裁委员会和人民法院都有权确认仲裁协议的效力。选项 C 正确。根据《仲裁司法审查规定》第 2 条:"申请确认仲裁协议效力的案件,由仲裁协议约定的仲裁机构所在地、仲裁协议签订地、申请人住所地、被申请人住所地的中级人民法院或者专门人民法院管辖。"选项 B 为仲裁机构所在地的中级人民法院,该选项正确。本题中双方系在合同中约定的仲裁条款,合同签订地即仲裁协议签订地,选项 D 应当视为仲裁协议签订地的中级人民法院,故 D 选项正确。

16.【答案】 C

【解析】《仲裁法》第 62 条规定:"当事人应当履行裁决。一方当事人不履行的,另一方当事人可以依照民事诉讼法的有关规定向人民法院申请执行。受申请的人民法院应当执行。"因此,当事人不可以对仲裁裁决是否不予执行进行约定,A 选项错误。《仲裁法》第 36 条规定:"仲裁员是否回避,由仲裁委员会主任决定;仲裁委员会主任担任仲裁员时,由仲裁委员会集体决定。"可见,仲裁员的回避是法律的规定,不属于当事人约定的范围,故 B 选项错误。《仲裁法》第 39 条规定:"仲裁应当开庭进行。当事人协议不开庭的,仲裁庭可以根据仲裁申请书、答辩书以及其他材料作出裁决。"根据这一规定,当事人可以对仲裁不开庭进行事先约定,故 C 选项正确。根据《仲裁法》第 30 条的规定:"仲裁庭可以由 3 名仲裁员或者 1 名仲裁员组成。"因此,当事人只能约定 3 名或者 1 名仲裁员,而不得约定由 5 名仲裁员组成仲裁庭,故 D 选项错误。

17.【答案】 D

【解析】《仲裁法》第 20 条规定:"当事人对仲裁协议的效力有异议的,可以请求仲裁委员会作出决定或者请求人民法院作出裁定。一方请求仲裁委员会作出决定,另一方请求人民法院作出裁定的,由人民法院裁定。"所以 A 选项的说法正确。《仲裁法解释》第 13 条第 2 款规定,仲裁机构对仲裁协议的效力作出决定后,当事人向人民法院申请确认仲裁协议效力的,人民法院不予受理。故 B 选项的说法是正确的。最高人民法院在《关于确认仲裁协议效力几个问题的批复》中规定:"如果仲裁机构接受申请后尚未作出决定,人民法院应予受理,同时通知仲裁机构终止仲裁。""如果一方当事人就合同纠纷或者其他财产权益纠纷申请仲裁,另一方当事人对仲裁协议的效力有异议,请求人民法院确认仲裁协议无效并就合同纠纷或者其他财产权益纠纷起诉的,人民法院受理后应当通知仲裁机构中止仲裁。人民法院依法作出仲裁协议有效或者无效的裁定后,应当将裁定书副本送达仲裁机构,由仲裁机构根据人民法院的裁定恢复仲裁或者撤销仲裁。"故 C 选项的说法是正确的,D 选项说法错误。

18.【答案】　D

【解析】　根据《仲裁法解释》第 13 条的规定,当事人在仲裁庭首次开庭前没有对仲裁协议的效力提出异议,而后向人民法院申请确认仲裁协议无效的,人民法院不予受理。本案中,由于水天公司未在仲裁庭首次开庭前对仲裁协议的效力提出异议,视为放弃了异议机会,虽然向法院申请确认仲裁协议的效力,但根据法律规定法院不予受理。因此,仲裁庭应当继续审理。

19.【答案】　BCD

【解析】　本题涉及债权债务的转让对仲裁协议的影响。通常来说,债权债务的转让,合同中的仲裁条款对受让人有效。但是,根据《仲裁法解释》第 9 条的规定,如果债权债务的转让,当事人对仲裁协议另有约定、在受让债权债务时受让人明确反对或者受让人不知道有单独仲裁协议的除外。本案中,由于丙公司明确声明不接受仲裁条款,故仲裁条款对丙公司不产生效力。B、C、D 为错误。

20.【答案】　C

【解析】　根据《仲裁法》第 20 条的规定,在本案中,当事人对仲裁协议的效力有异议的,既可以请求仲裁委员会作出决定,也可以请求人民法院作出裁定。本案中,李文红请求仲裁委员会作出决定,李志明请求人民法院作出裁定,依法应当由人民法院裁定。故 A、B 选项错误。仲裁解决平等主体的公民、法人和其他组织之间发生的合同纠纷和其他财产权益纠纷,而与人身有关的婚姻、收养、监护、扶养、继承等纠纷不具有可仲裁性。本案中,对李强扶养权的纠纷,不属于仲裁的受案范围,当事人不能申请仲裁。因此,在人民法院作出仲裁协议效力认定后,当事人应当向有管辖权的人民法院起诉,故 C 选项正确,D 选项错误。

21.(1)【答案】　B

【解析】　根据《仲裁法》第 19 条的规定,仲裁协议独立存在,合同的变更、解除、终止或者无效,不影响仲裁协议的效力。仲裁庭有权确认合同的效力。因此,选项 B 是正确的。

(2)【答案】　D

【解析】　根据《仲裁法》第 20 条的规定,当事人对仲裁协议有异议的,可以请求仲裁委员会作出决定或者请求人民法院作出裁定。一方请求仲裁委员会作出决定,另一方请求人民法院作出裁定的,由人民法院裁定,因此,选项 D 是正确的。

（3）【答案】 D

【解析】 《仲裁法解释》第13条第2款规定："仲裁机构对仲裁协议的效力作出决定后,当事人向人民法院申请确认仲裁协议效力或者申请撤销仲裁机构的决定的,人民法院不予受理。"故D选项正确。

（4）【答案】 D

【解析】 《仲裁法解释》第13条第1款规定："依照仲裁法第20条第（2）款的规定,当事人在仲裁庭首次开庭前没有对仲裁协议的效力提出异议,而后向人民法院申请确认仲裁协议无效的,人民法院不予受理。"故选项D正确。

二、案例分析

1.【参考答案】

（1）依据我国《仲裁法》的规定,对仲裁协议效力的认定,应严格依照《仲裁法》第16条、第17条的规定进行。本题中的仲裁条款具有请求仲裁的意思表示、仲裁事项和选定的仲裁委员会,且不具有《仲裁法》第17条规定的仲裁协议无效的情形,故该仲裁条款不具有仲裁法规定的无效情形。

（2）或裁或审制度是指双方当事人对所发生的争议,或者通过仲裁方式解决,或者通过诉讼方式解决的制度。我国《仲裁法》第5条规定："当事人达成仲裁协议,一方向人民法院起诉的,人民法院不予受理,但仲裁协议无效的除外。"这是或裁或审制度的法律依据。本题案例中的纠纷解决条款并不存在或裁或审的双向选择,双方请求仲裁的意思表示明确。

（3）我国实行仲裁"一裁终局"制度,裁决作出后,当事人就同一纠纷再申请仲裁或者向人民法院起诉的,仲裁委员会或者人民法院不予受理。本题案例中,当事人虽然约定了对仲裁结果不服可以向有管辖权的法院起诉,但显然向法院起诉发生在仲裁裁决作出之后。尽管仲裁裁决作出后向法院起诉的约定,由于违反《仲裁法》确立的"一裁终局"制度而属于无效约定,但该部分约定无效并不影响关于提交仲裁的约定的效力,因为这两部分是可以分割的,即使删除最后一句,将争议提交仲裁的意思表示仍是明确和完整的。

（4）本题中当事人对仲裁条款的约定,表明当事人并不了解《仲裁法》确立的"一裁终局"制度,但不能据此否定当事人关于将争议提交仲裁的意思表示的真实性。

2.【参考答案】

（1）华夏电子线路板公司的上诉理由不能成立,人民法院作出的一审判决有效。根据《仲裁法》第26条的规定："当事人达成仲裁协议,一方向人民法院起诉未声明有仲裁协议,人民法院受理后……另一方在首次开庭前未对人民法院受理该案提出异议的,视为放弃仲裁协议,人民法院应当继续审理。"在本案中,双方当事人之间订立了独立的仲裁协议书,本不应当就该争议向人民法院起诉,但是,赛铂电脑公司起诉时并未表明有仲裁协议,人民法院受理时也不知,此时,作为被告的华夏电子线路板公司如果就人民法院的管辖权提出异议,则人民法院无权审理此案,而华夏电子线路板公司却应诉答辩,意味着双方愿意放弃仲裁协议,接受人民法院的司法管辖权。

(2)如果华夏电子线路板公司在接到起诉状副本后,以存在仲裁协议为由对人民法院的管辖权提出抗辩,人民法院经审查认为仲裁协议有效,则应当裁定驳回起诉。因为当事人之间有效仲裁协议的存在排除了人民法院对该案的司法管辖权。

(3)仲裁协议约定的争议范围约束仲裁的审理范围,本题案例中,双方约定的仲裁协议的适用范围是标的物质量问题发生的争议,不涉及延迟交货违约金的问题,故该仲裁裁决超出了仲裁协议约定的范围。

3.【参考答案】

(1)天南公司向珠海仲裁委员会申请仲裁的行为是正确的,但是将海北公司和A银行作为被申请人是错误的。因为天南公司与海北公司签订的合同中约定的仲裁条款合法有效,天南公司可以对海北公司就仲裁条款约定的事项申请仲裁。但是天南公司与A银行之间的保证合同中没有仲裁条款,所以天南公司对A银行不能申请仲裁。

(2)不可以。理由是:根据《仲裁法》第5条的规定,当事人达成仲裁协议的,除非仲裁协议无效,否则人民法院不予受理。这表明法律对于存在仲裁条款的情况下起诉的行为持否定态度。本题考查仲裁与诉讼的相互独立性质,即所谓的"或裁或审"。既然仲裁亦为法律许可的纠纷解决方式,如果当事人达成了仲裁协议,法院依然允许起诉,无异于鼓励当事人违反其意思表示。

(3)如果本案通过仲裁程序审理,天南公司申请仲裁委员会对海北公司的财产采取保全措施,仲裁委员会应当将天南公司的申请提交海北公司住所地或被申请财产所在地的基层人民法院,由法院采取财产保全措施。《最高人民法院关于人民法院执行工作若干问题的规定》第11条规定:"在国内仲裁过程中,当事人申请财产保全,经仲裁机构提交人民法院的,由被申请人住所地或被申请保全的财产所在地的基层人民法院裁定并执行。"

(4)如果本案通过仲裁程序审理后,在对仲裁裁决执行的过程中,法院裁定对裁决不予执行,在此情况下,天南公司可以与对方当事人重新达成仲裁协议申请仲裁,也可以向人民法院起诉。《民事诉讼法》第237条规定:"……仲裁裁决被人民法院裁定不予执行的,当事人可以根据双方达成的书面仲裁协议重新申请仲裁,也可以向人民法院起诉。"

第五章　仲　裁　程　序

一、不定项选择

1.【答案】 BD

【解析】《仲裁法解释》第 8 条规定："当事人订立仲裁协议后合并、分立的,仲裁协议对其权利义务的继受人有效。当事人订立仲裁协议后死亡的,仲裁协议对承继其仲裁事项中的权利义务的继承人有效。前两款规定情形,当事人订立仲裁协议时另有约定的除外。"因此,乙企业与丙企业合并后,仲裁协议对其权利义务的继受人丙有效,故 B、D 选项是正确的。

2.【答案】 ABC

【解析】 根据《仲裁法》第 54 条的规定,裁决书应当写明仲裁请求、争议事实、裁决理由、裁决结果、仲裁费用的负担和裁决日期。当事人协议不愿写明争议事实和裁决理由的,可以不写。裁决书由仲裁员签名,加盖仲裁委员会印章。对裁决持不同意见的仲裁员可以签名,也可以不签名。因此,选项 A、B、C 是正确的。

3.【答案】 C

【解析】 根据《仲裁法》第 51 条的规定,调解达成协议的,仲裁庭应当制作调解书,或者根据协议结果制作裁决书。调解书与裁决书具有同等法律效力。选项 C 正确。

4.【答案】 AB

【解析】 根据《仲裁法》第 37 条第 2 款的规定,因仲裁员回避而重新选定或者指定仲裁员后,当事人可以请求已进行的仲裁程序重新进行,是否准许,由仲裁庭决定;仲裁庭也可以自行决定已进行的仲裁程序重新进行。因此,选项 A、B 是正确的。

5.【答案】 D

【解析】《仲裁法》第 39 条、第 40 条规定,仲裁不公开进行,仲裁应当开庭审理。当事人协议公开的,可以公开进行,但涉及国家秘密的除外。故 D 选项正确。C 选项是《民事诉讼法》关于诉讼程序的规定。

6.【答案】 D

【解析】 本题考查仲裁制度中和解协议的效力。《仲裁法》第 49 条规定:当事人申请仲裁后,可以自行和解。达成和解协议的,可以请求仲裁庭根据和解协议作出裁决书,也可以撤回仲裁申请。第 50 条规定:当事人达成和解协议,撤回仲裁申请后反悔的,可以根据仲裁协议申请仲裁。需要注意的是,和解协议本身只在当事人之间具有约束力,当事人可以自动履行,因未经仲裁庭以法定形式确认,所以不具有强制执行力。故 D 选项正确。

7.【答案】 ABCD

【解析】 本题考查仲裁制度的相关程序问题。A 选项中,根据《仲裁法》第 39 条的规定,仲裁应当开庭进行。当事人协议不开庭的,仲裁庭可以根据仲裁申请书、答辩书以及其他材料作出裁决。B 选项中,根据《仲裁法》第 40 条的规定,仲裁不公开进行。当事人协议公开的,可以公开进行,但涉及国家秘密的除外。C 选项中,《仲裁法》第 31 条规定,当事人约定由三名仲裁员组成仲裁庭的,应当各自选定或者各自委托仲裁委员会主任指定一名仲裁员,第三名仲裁员由当事人共同选定或者共同委托仲裁委员会主任指定。第三名仲裁员是首席仲裁员。D 选项中,根据《仲裁法》第 58 条的规定,当事人提出证据证明裁决具有撤销的法定情形的,可以向仲裁委员会所在地的中级人民法院申请撤销裁决。故选项 A、B、C、D 均正确。

8.【答案】 BC

【解析】 本题考查《仲裁法》对仲裁裁决书内容的规定。《仲裁法》第 54 条规定:"裁决书应当写明仲裁请求、争议事实、裁决理由、裁决结果、仲裁费用的负担和裁决日期。当事人协议不愿写明争议事实和裁决理由的,可以不写。裁决书由仲裁员签名,加盖仲裁委员会印章。对裁决持不同意见的仲裁员,可以签名,也可以不签名。"即仲裁请求、裁决结果、仲裁费用的负担和裁决日期必须在裁决书中载明。故选项 B、C 正确。

9.【答案】 ABD

【解析】 本题考查仲裁裁决的相关内容。《仲裁法》第 49 条规定:"当事人申请仲裁后,可以自行和解。达成和解协议的,可以请求仲裁庭根据和解协议作出裁决书,也可以撤回仲裁申请。"故 A 选项正确。第 51 条第 2 款规定:"调解达成协议的,仲裁庭应当制作调解书或者根据协议的结果制作裁决书。调解书与裁决书具有同等法律效力。"故 B 选项正确。第 53 条规定:"裁决应当按照多数仲裁员的意见作出,少数仲裁员的不同意见可以记入笔录。仲裁庭不能形成多数意见时,裁决应当按照首席仲裁员的意见作出。"故 C 选项错误。第 57 条规定:"裁决书自作出之日起发生法律效力。"故 D 选项正确。

10.【答案】 BD

【解析】 《仲裁法》第 53 条规定:"裁决应当按照多数仲裁员的意见作出,少数仲裁员的不同意见可以记入笔录。仲裁庭不能形成多数意见时,裁决应当按照首席仲裁员的意见作出。"因而,本题应该按照首席仲裁员的意见作出裁决。故 B、D 选项正确。

11.【答案】 D

【解析】 根据《仲裁法》第 25 条的规定,被申请人不提交答辩书的,不影响仲裁程序的进行。因此,选项 D 是正确的。此外,在仲裁程序中,撤回仲裁申请以及是否提交答辩书是当事人的权利,故 A、B、C 选项错误。

12.【答案】 C

【解析】 根据《仲裁法》第 74 条的规定:"法律对仲裁时效有规定的,适用该规定。法律对仲裁时效没有规定的,适用诉讼时效的规定。"故选项 B 错误。本题中,南京风发制药公司在 2010 年 12 月就发现设备存在的质量问题,但在 2015 年 8 月才提出仲裁申请,南京风发制药公司的仲裁申请已过时效,仲裁委员会应当驳回其仲裁请求,故选项 C 是正确的。此外,仲裁时效不属于仲裁机构审查仲裁申请的程序要件,故选项 A、D 错误。

13.【答案】 ABD

【解析】《仲裁法》第 28 条规定:"一方当事人因另一方当事人的行为或者其他原因,可能使裁决不能执行或者难以执行的,可以申请财产保全。当事人申请财产保全的,仲裁委员会应当将当事人的申请依照民事诉讼法的有关规定提交人民法院。申请有错误的,申请人应当赔偿被申请人因财产保全所遭受的损失。"A、B、D 选项都与法律的规定相违背,因此是错误的。

14.【答案】 ABD

【解析】 根据《仲裁法》第 42 条的规定,被申请人经书面通知,无正当理由不到庭或者未经仲裁庭许可中途退庭的,可以缺席裁决,但要注意,在此种情形下,并不代表仲裁庭就可以直接确认申请人的主张成立,所以 A 选项的说法是错误的。根据《仲裁法》第 51 条的规定,仲裁庭在作出裁决前,可以先行调解。调解达成协议的,仲裁庭应当制作调解书或者根据协议的结果制作裁决书。调解书与裁决书具有同等法律效力,故选项 B 的说法错误。根据《仲裁法》第 55 条的规定,仲裁庭仲裁纠纷时,其中一部分事实已经清楚,可以就该部分先行裁决,故选项 C 的说法正确。根据《仲裁法》第 57 条的规定,仲裁裁决书自作出之日起发生法律效力,故选项 D 的说法错误。

15.【答案】 AB

【解析】 依据《仲裁法》第 39 条的规定,只有双方当事人协议不开庭的,仲裁庭才可以不开庭审理。本案的双方当事人对是否开庭未达成协议,故仲裁庭应开庭审理;依据《仲裁法》第 40 条的规定,只有双方当事人协议公开审理的,除涉及国家秘密的外,仲裁庭才可以公开审理。本案中,当事人对审理方式未达成协议,应不公开审理,故选项 A 正确。依据《仲裁法》第 32 条的规定,当事人双方未在仲裁规则规定的期限内约定仲裁庭的组成方式或者选定仲裁员,应由仲裁委员会主任指定,故 B 选项正确。依照《仲裁法》第 51 条的规定,调解遵循当事人自愿原则,即当事人自愿调解的,仲裁庭应当调解,仲裁庭强制调解违反法律规定,故 C 选项错误。依据《仲裁法》第 53 条的规定,仲裁裁决应当按照多数仲裁员的意见作出,只有在仲裁庭不能形成多数意见时,裁决才应当按照首席仲裁员的意见作出,故 D 项错误。

16.【答案】　AB

【解析】　《仲裁法》第 54 条规定:"裁决书应当写明仲裁请求、争议事实、裁决理由、裁决结果、仲裁费用的负担和裁决日期。当事人协议不愿写明争议事实和裁决理由的,可以不写。裁决书由仲裁员签名,加盖仲裁委员会印章。对裁决持不同意见的仲裁员,可以签名,也可以不签名。"故 A、B 选项正确。

17.【答案】　A

【解析】　《仲裁法》第 49 条规定,当事人申请仲裁后,可以自行和解。达成和解协议的,可以请求仲裁庭根据和解协议作出裁决书,也可以撤回仲裁申请。第 50 条规定,当事人达成和解协议,撤回仲裁申请后反悔的,可以根据仲裁协议申请仲裁。故选项 A 正确。

18.【答案】　ABC

【解析】　根据《仲裁法》第 34 条的规定,仲裁员有下列情形之一的,必须回避,当事人也有权提出回避申请:第一,是本案当事人或者当事人、代理人的近亲属;第二,与本案有利害关系;第三,与本案当事人、代理人有其他关系,可能影响公正仲裁的;第四,私自会见当事人、代理人,或者接受当事人、代理人的请客送礼的。因此,选项 A、B、C 是正确的。

19.【答案】　AB

【解析】　根据《仲裁法》第 28 条第 2 款的规定,当事人申请财产保全的,仲裁委员会应当将当事人的申请依照民事诉讼法的规定提交人民法院。该法院为被申请人住所地或财产所在地的法院。因此,选项 A、B 是正确的。

20.【答案】　ABD

【解析】　根据《仲裁法》第 32 条的规定,当事人没有在仲裁规则规定的期限内约定仲裁庭的组成方式的,由仲裁委员会主任指定,故选项 A 是正确的。根据《仲裁法》第 39 条和第 40 条的规定,仲裁应当开庭进行,当事人协议不开庭的,仲裁庭可以根据仲裁申请书、答辩书以及其他材料作出裁决;仲裁不公开进行,当事人协议公开的,可以公开进行,但涉及国家秘密的除外。故选项 C 是错误的,而选项 B 是正确的。在涉外仲裁中,允许双方当事人选择所适用的语言,故选项 D 是正确的。

21.【答案】　C

【解析】　《仲裁法》第 46 条规定:"在证据可能灭失或者以后难以取得的情况下,当事人可以申请证据保全。当事人申请证据保全的,仲裁委员会应当将当事人的申请提交证据所在地的基层人民法院。"故 C 选项正确。

22.【答案】 BD

【解析】 本题考查仲裁中的财产保全问题。根据《仲裁法》第 28 条第 2 款的规定,"当事人申请财产保全的,仲裁委员会应当将当事人的申请依照民事诉讼法的有关规定提交人民法院。"根据《最高人民法院关于人民法院执行工作若干问题的规定(试行)》第 11 条的规定:"在国内仲裁过程中,当事人申请财产保全,经仲裁机构提交人民法院的,由被申请人住所地或被申请保全的财产所在地的基层人民法院裁定并执行。"故 B、D 选项正确。

23.【答案】 AC

【解析】 本题考查仲裁证据保全。根据《民事诉讼法》第 81 条的规定,因情况紧急,在证据可能灭失或以后难以取得的情况下,利害关系人可以在申请仲裁前向证据所在地、被申请人住所地或对案件有管辖权的法院申请证据保全。因此 A 选项正确。仲裁程序启动后,当事人只能根据《仲裁法》第 46 条的规定,向仲裁机构递交保全申请,因此 B 选项错误。担保不是证据保全的强制性要件,可以由法院自由裁量,因此 C 选项正确。根据《仲裁法》第 46 条的规定,A 仲裁委员会收到保全申请后,应提交给证据所在地的基层人民法院而不是中级人民法院,因而 D 选项错误。

24.(1)【答案】 C

【解析】 本题考查仲裁中当事人可以约定的事项。《仲裁法》第 29 条规定,当事人、法定代理人可以委托律师和其他代理人进行仲裁活动。委托律师和其他代理人进行仲裁活动的,应当向仲裁委员会提交授权委托书。委托代理人是仲裁法规定的双方当事人享有的法定权利,不得约定排除,所以 A 选项约定无效。《仲裁法》第 51 条第 1 款规定,仲裁庭在作出裁决前,可以先行调解。当事人自愿调解的,仲裁庭应当调解。调解不成的,应当及时作出裁决。因此双方不能约定即使达不成调解协议,也以调解书的形式结案,故 B 选项约定无效。根据《仲裁法》第 54 条的规定,当事人协议不愿写明争议事实和裁决理由的,可以不写,故 C 选项约定有效。根据《仲裁法》第五章的规定,申请撤销仲裁裁决是双方当事人的法定权利,不能通过约定排除,故 D 选项约定无效。

(2)【答案】 A

【解析】 本题考查仲裁中的证人。仲裁庭基于当事人的仲裁协议而获得对案件的管辖权,因此仲裁程序中不存在第三人,故 B 选项错误。红木公司与海塘公司和刘某的合同纠纷之间没有直接的法律联系,红木公司也不是仲裁协议的签订方,故不能作为当事人参加仲裁,D 选项错误。《仲裁法》第 44 条第 1 款规定,仲裁庭对专门性问题认为需要鉴定的,可以交由当事人约定的鉴定部门鉴定,也可以由仲裁庭指定的鉴定部门鉴定,红木公司非鉴定机构,不能作为鉴定人参加仲裁,故 C 选项错误。根据法律的规定,凡知道案件情况的人都有义务出庭作证,红木公司是向海塘公司提供木材的公司,了解相关情况,故选项 A 正确。

(3)【答案】 D

【解析】 根据《仲裁法》第 20 条的规定,当事人对仲裁协议的效力有异议的,可以请求仲裁委员会作出决定或者请求人民法院作出裁定。一方请求仲裁委员会作出决定,另一方请求人民法院作出裁定的,由人民法院裁定。当事人对仲裁协议的效力有异议的,应当在仲裁庭首次开庭前提出。根据该条规定,《仲裁法解释》第 13 条进一步明确,当事人在仲裁庭首次开庭前没有对仲裁协议的效力提出异议,而后向人民法院申请确认仲裁协议无效的,人民法院不予受理。因此,本案中海塘公司对仲裁协议的效力有异议,应当在仲裁庭首次开庭前提出,否则仲裁庭应当继续审理,而人民法院不得受理。由于该案已经开始仲裁,故仲裁庭应当继续审理,并且裁决作出后,当事人不得以没有有效的仲裁协议为由申请撤销仲裁裁决。故本题正确答案为 D。

25.(1)【答案】 D

【解析】 《仲裁法》第 26 条规定:"当事人达成仲裁协议,一方向人民法院起诉未声明有仲裁协议,人民法院受理后,另一方在首次开庭前提交仲裁协议的,人民法院应当驳回起诉,但仲裁协议无效的除外;另一方在首次开庭前未对人民法院受理该案提出异议的,视为放弃仲裁协议,人民法院应当继续审理。"本题中原告起诉时没有声明有仲裁协议,而另一方在首次开庭前亦未提出异议,因此视为双方放弃了仲裁协议。

(2)【答案】 A

【解析】 《仲裁法》第 26 条规定:"当事人达成仲裁协议,一方向人民法院起诉未声明有仲裁协议,人民法院受理后,另一方在首次开庭前提交仲裁协议的,人民法院应当驳回起诉,但仲裁协议无效的除外。"本题中原告起诉时没有声明有仲裁协议,而另一方在首次开庭前提出异议,因此法院应当驳回起诉。故选项 A 正确,其他选项错误。

(3)【答案】 ACD

【解析】 本题考查仲裁中的调解结案方式。《仲裁法》第 51 条规定:"仲裁庭在作出裁决前,可以先行调解。当事人自愿调解的,仲裁庭应当调解。调解不成的,应当及时作出裁决。调解达成协议的,仲裁庭应当制作调解书或者根据协议的结果制作裁决书。调解书与裁决书具有同等法律效力。"故选项 CD 正确。另根据《仲裁法》第 49 条的规定,当事人达成和解协议的,申请人可以撤回仲裁申请,故 A 选项正确。

二、案例分析

1.【参考答案】

（1）仲裁当事人受仲裁协议的约束。受仲裁协议约束的当事人包括签订仲裁协议的当事人和依法律规定受仲裁协议约束的人。

（2）根据《仲裁司法解释》第8条第2款的规定，当事人订立仲裁协议后死亡的，仲裁协议对承继其仲裁事项中的权利义务的继承人有效。

（3）甲的父母、妻子、女儿虽然不是仲裁协议的签订者，但系依法承继甲仲裁事项中权利义务的继承人，因此，依法享有申请仲裁的权利。

（4）甲的父母、妻子、女儿以自己的名义申请仲裁，是本案仲裁当事人。

2.【答案】

（1）不能。因为太阳公司分别与月亮公司和环球公司签订了合作开发合同，太阳公司与环球公司签订的合同中的仲裁条款对月亮公司没有约束力，月亮公司不是该仲裁协议的主体，不能参加正在进行的仲裁程序。

（2）不能。因为本案虽然存在两个有联系的合同关系，在仲裁裁决生效后，环球公司与诉讼案件的处理结果已无法律上的利害关系，其与太阳公司之间的法律关系已经由生效的仲裁裁决所确定。本案不能形成有独立请求权的第三人，也不形成无独立请求权的第三人。

（3）合法。因为根据《仲裁法》的相关规定，当事人达成和解协议的，可以请求仲裁庭根据和解协议作出裁决书，也可以撤回仲裁申请。仲裁庭不能形成多数意见时，裁决应当按照首席仲裁员的意见作出。

（4）能。因为合同是否有效取决于该合同是否具备法定的有效要件，关于同一项目的两份合同只要都具备有效要件，可以同时有效，但只能履行其中一份合同。

（5）无权。因为只有仲裁案件的当事人才有权申请撤销仲裁裁决，月亮公司不是仲裁案件的当事人，无权申请撤销仲裁裁决。

（6）能免除。已为仲裁机构的生效裁决所确认的事实，当事人无须举证证明，但当事人有相反证据足以反驳的除外。

3.【答案】

（1）当事人可以请求人民法院确认仲裁协议的效力，也可以请求仲裁机构确定仲裁协议的效力。一方请求仲裁委员会作出决定，一方请求人民法院作出裁定的，由人民法院作出裁定。但仲裁机构对仲裁协议的效力作出决定后，当事人向人民法院申请确认仲裁协议效力或者申请撤销仲裁机构的决定的，人民法院不予受理。

（2）可以继续进行仲裁。主合同是否有效不影响仲裁协议的法律效力。《仲裁法》第19条规定："仲裁协议独立存在，合同的变更、解除、终止或者无效，不影响仲裁协议的效力。"因此该仲裁协议是有效的,仲裁庭应当继续进行仲裁程序。

(3) 此程序正当。因为根据《仲裁法》第 39 条、第 40 条的规定,仲裁应当开庭进行,但是通常情况下不公开进行,只有当事人协议公开的,才可以公开进行,但涉及国家秘密的除外。

第六章　申请撤销仲裁裁决

一、不定项选择

1.【答案】　BCD

【解析】　本题考查仲裁裁决的撤销。《仲裁法》第 58 条规定,当事人提出证据证明裁决有法定情形之一的,可以向仲裁委员会所在地的中级人民法院申请撤销裁决;第 59 条规定:"当事人申请撤销裁决的,应当自收到裁决书之日起 6 个月内提出。"根据上述规定,B、C、D 选项正确。

2.【答案】　CD

【解析】　根据《仲裁法》第 9 条的规定,仲裁裁决被人民法院依法裁定撤销的,当事人就该纠纷可以根据双方重新达成的仲裁协议申请仲裁,也可以向人民法院起诉。故 CD 选项正确。

3.【答案】　A

【解析】　根据《仲裁法》第 60 条的规定,人民法院应当在受理撤销仲裁裁决申请之日起 2 个月内作出撤销裁决或者驳回申请的裁定,因此,选项 A 是正确的。

4.【答案】　CD

【解析】　《仲裁法解释》第 19 条规定:"当事人以仲裁裁决事项超出仲裁协议范围为由申请撤销仲裁裁决,经审查属实的,人民法院应当撤销仲裁裁决中的超裁部分。但超裁部分与其他裁决事项不可分的,人民法院应当撤销仲裁裁决。"

5.【答案】　ABD

【解析】　根据《仲裁法》第 58 条的规定,选项 A、B、D 是正确的。

6.【答案】　BCD

【解析】　根据《仲裁法》第 58 条的规定,当事人申请撤销仲裁裁决的法定事由不包括适用法律错误,选项 A 正确。申请撤销仲裁裁决的法院是仲裁委员会所在地中级人民法院,故选项 D 错误。根据《仲裁法》第 59 条的规定:"当事人申请撤销裁决的,应当自收到裁决书之日起 6 个月内提出。"故选项 B 错误。根据《仲裁法》第 60 条的规定:"人民法院应当在受理撤销裁决申请之日起两个月内作出撤销裁决或者驳回申请的裁定。"故选项 C 错误。

7.【答案】 ABC

【解析】 根据《仲裁法》的规定,当事人申请撤销裁决的,应当自收到裁决书之日起 6 个月内向仲裁委员会所在地的中级人民法院提出,故 A、B 选项错误。根据《仲裁法解释》第 21 条的规定,仲裁裁决属于"对方当事人隐瞒了足以影响公正裁决的证据的",人民法院可以通知仲裁庭重新仲裁。即法院应当给予仲裁庭重新仲裁的机会,而不是直接撤销仲裁裁决,故 C 选项错误。根据《仲裁法解释》第 22 条的规定:"仲裁庭在人民法院指定的期限内开始重新仲裁的,人民法院应当裁定终结撤销程序;未开始重新仲裁的,人民法院应当裁定恢复撤销程序。"可见仲裁庭可以不重新仲裁,故 D 选项正确。

8.【答案】 AB

【解析】 根据《仲裁法解释》第 24 条的规定:"当事人申请撤销仲裁裁决的案件,人民法院应当组成合议庭审理,并询问当事人。"因此 AB 项错误。根据《仲裁法解释》第 21 条、22 条的规定,当事人申请撤销国内仲裁裁决的案件属于法定情形之一的,人民法院可以依照仲裁法第 61 条的规定通知仲裁庭在一定期限内重新仲裁。仲裁庭在人民法院指定的期限内开始重新仲裁的,人民法院应当裁定终结撤销程序;未开始重新仲裁的,人民法院应当裁定恢复撤销程序。故 C、D 选项正确。

9.【答案】 D

【解析】 我国《仲裁法》规定,仲裁实行一裁终局制,仲裁裁决一经作出,即发生法律效力,任何机构和个人无权不经法定程序改变裁决的结果,当事人既不能就同一纠纷再向仲裁委员会申请仲裁,也不能就同一纠纷向人民法院起诉或上诉,故 A 选项错误。仲裁委员会对仲裁庭作出的仲裁裁决无权变更,故 C 选项错误。《仲裁法》设置的申请撤销仲裁裁决机制,必须符合法定的条件和事由才能实现,即当事人申请人民法院撤销仲裁裁决,首先要证明仲裁裁决有法定可撤销的情形。根据《仲裁法解释》第 17 条的规定,当事人以不属于仲裁法第 58 条规定的事由申请撤销仲裁裁决的,人民法院不予支持。因此,甲公司以仲裁程序违反法定程序为由,申请法院撤销仲裁裁决,可以得到法院的支持;而乙公司所提出的理由不属于法定的撤销仲裁裁决的情形,因此,人民法院不予支持。故 D 选项正确。

10.【答案】 ABC

【解析】 根据《仲裁法》第 58 条的规定,选项 A 属于仲裁委员会无权仲裁的情形;选项 B 为不具有可仲裁性的争议;选项 C 属于仲裁庭的组成程序违反法定程序。故 A、B、C 选项为正确答案。D 选项不属于可撤销情形,故不是正确答案。

11.【答案】 D

【解析】 根据《仲裁法》第 19 条的规定,仲裁条款具有独立性,合同的解除不影响合同中仲裁条款的效力。尽管双方当事人协商解除合同,但就赔偿问题发生的纠纷,当事人只能适用合同中约定的仲裁方式申请仲裁解决,而不能向法院起诉,故 A 选项错误。当事人双方和解之后撤回仲裁申请,仲裁协议并不因此失效,一方当事人反悔使当事人双方回到纠纷状态,该纠纷应当继续通过仲裁程序解决,故 B 选项错误。根据《仲裁法》第 61 条的规定,法院通知仲裁庭重新仲裁而仲裁庭拒绝重新仲裁的,人民法院应当裁定恢复撤销程序,故 C 选项错误。根据《仲裁法》第 9 条的规定,人民法院撤销仲裁裁决后,当事人可以重新达成仲裁协议申请仲裁,也可以向法院提起诉讼,故 D 选项正确。

12.(1)【答案】　ABC

【解析】　首先,尽管申请人大兴棉纺织厂的仲裁请求是仲裁庭确认美亚服装公司与新兴公司之间的买卖合同无效,但大兴棉纺织厂是以美亚服装公司而非新兴公司为被申请人申请仲裁的,美亚服装公司与新兴公司之间是否存在仲裁协议,不是仲裁委员会是否受理大兴棉纺织厂与美亚服装公司之间纠纷的前提,故 A 选项错误。其次,根据《仲裁法解释》第 1 条的规定,传真属于仲裁协议的书面形式。在纠纷发生后达成的仲裁协议,且有明确的请求仲裁的意思表示、仲裁事项,也选定了仲裁委员会的,仲裁协议有效,故选项 B 错误。再次,仲裁委员会之所以受理大兴棉纺织厂以美亚服装公司为被申请人的仲裁申请,是因为双方之间存在仲裁协议,而非存在具有密切联系的实体法律关系,故 C 选项错误。最后,仲裁委员会受理仲裁申请是基于对形式要件的审查,故 D 选项正确。因本题是对错误观点的选择,故 ABC 选项正确。

(2)【答案】　BCD

【解析】　仲裁与民事诉讼不同,仲裁不存在民事诉讼法意义上的第三人制度,仲裁庭不能基于一方当事人的申请追加所谓第三人,除非申请人、被申请人和案外第三人达成仲裁协议一并作为仲裁当事人进行仲裁。本题中,仲裁庭基于申请人大兴棉纺织厂的申请追加了新兴公司为仲裁第三人,这一做法是错误的,符合《仲裁法》第 58 条第(3)项中的仲裁程序违反法定程序,当事人可以申请撤销裁决的情形,故选项 D 正确。根据我国仲裁法的规定,在撤销仲裁裁决制度中,只有仲裁当事人可以申请撤销仲裁裁决,本题中,新兴公司不是案件当事人,无权申请撤销裁决,故选项 A 错误。仲裁的基础是仲裁协议,在大兴棉纺织厂、美亚服装公司和新兴公司之间没有仲裁协议的情况下,仲裁庭作出的裁决属于《仲裁法》第 58 条第(1)项规定的没有仲裁协议裁决被撤销的情形,故选项 B 正确。大兴棉纺织厂与美亚服装公司之间的合同是关于大兴棉纺织厂和美亚服装公司之间权利义务的约定,其中的仲裁条款也仅限于该合同中约定的通过仲裁解决的争议事项,仲裁庭对所谓第三人的裁决内容超出了合同范围和仲裁条款范围,符合《仲裁法》第 58 条第(2)项规定的情形,故选项 C 正确。

（3）【答案】 D

【解析】 根据《仲裁法》第 58 条的规定，当事人申请撤销仲裁裁决的，应当向仲裁委员会所在地的中级人民法院提出申请，故选项 AB 错误。根据《仲裁法》第 61 条、《仲裁法解释》第 21 条的规定，人民法院通知仲裁庭重新仲裁仅限于"仲裁裁决所根据的证据是伪造的"和"对方当事人隐瞒了足以影响公正裁决的证据的"情形，申请人以裁决事项超出仲裁条款约定的范围为由申请撤销仲裁裁决，不符合仲裁庭重新仲裁的事由，故选项 C 错误。根据最高人民法院《报核问题的规定》第 2 条的规定，中级人民法院经审查拟认定撤销我国内地仲裁机构的仲裁裁决，应当向本辖区所属高级人民法院报核，待高级人民法院审核后，方可依高级人民法院的审核意见作出裁定。故选项 D 正确。

二、案例分析

【参考答案】

（1）根据《仲裁法》第 58 条的规定，当事人申请撤销仲裁裁决的，应当向仲裁委员会所在地的中级人民法院提出申请。根据《仲裁司法审查规定》第 6 条至第 8 条的规定，申请人向人民法院申请撤销我国内地仲裁机构的仲裁裁决，应当提交申请书及裁决书正本或者经证明无误的副本。申请书应当载明下列事项：①申请人或者被申请人为自然人的，应当载明其姓名、性别、出生日期、国籍及住所；为法人或者其他组织的，应当载明其名称、住所，以及法定代表人或者代表人的姓名和职务；②裁决书的主要内容及生效日期；③具体的请求和理由。申请人提交的文件不符合规定的，经人民法院释明后提交的文件仍然不符合规定的，裁定不予受理。申请人向对案件不具有管辖权的人民法院提出申请，人民法院应当告知其向有管辖权的人民法院提出申请，申请人仍不变更申请的，裁定不予受理。申请人对不予受理的裁定不服的，可以提起上诉。人民法院立案后发现不符合受理条件的，裁定驳回申请。裁定驳回申请的案件，申请人再次申请并符合受理条件的，人民法院应予受理。当事人对驳回申请的裁定不服的，可以提起上诉。

（2）如果法院经审查认定仲裁裁决不具有撤销的法定事由，不应撤销仲裁裁决的，可以直接裁定驳回撤销仲裁裁决的申请，不需要向上级人民法院报核。

（3）根据《报核问题的规定》第 2 条第 2 款的规定，各中级人民法院办理非涉外涉港澳台仲裁司法审查案件，经审查拟认定撤销我国内地仲裁机构的仲裁裁决，应当向本辖区所属高级人民法院报核，待高级人民法院审核后，方可依高级人民法院的审核意见作出裁定。根据《报核问题的规定》第 3 条的规定，仲裁司法审查案件当事人住所地跨省级行政区域，高级人民法院经审查拟同意中级人民法院撤销我国内地仲裁机构的仲裁裁决，应当向最高人民法院报核，待最高人民法院审核后，方可依最高人民法院的审核意见作出裁定。本题的案件属于跨省案件,故高级人民法院认为应予撤销裁决的,还应当报最高人民法院审核。如果中级人民法院报核后,高级人民法院、最高人民法院均认定仲裁裁决应予撤销的,则裁定撤销仲裁裁决。如果中级人民法院报核后,高级人民法院或者最高人民法院认定仲裁裁决不应予以撤销的,则驳回撤销仲裁裁决的申请。

第七章　仲裁裁决的执行与不予执行

一、不定项选择

1.【答案】 CD

【解析】 根据《仲裁法》第 19 条的规定,仲裁协议独立存在,合同的变更、解除、终止或者无效,不影响仲裁协议的效力。因此当载有仲裁条款的合同被确认无效时,仲裁条款不因此而无效,人民法院不得以此为由不予执行仲裁裁决。故 A 选项错误。根据《仲裁法》第 64 条的规定:"一方当事人申请执行裁决,另一方当事人申请撤销裁决的,人民法院应当裁定中止执行。"故 B 选项人民法院应当裁定中止执行,而非对仲裁裁决不予执行。根据《民事诉讼法》第237 条的规定,不予执行仲裁裁决的法定情形包括仲裁庭的组成或者仲裁的程序违反法定程序、裁决所根据的证据是伪造的等,本题中 C、D 选项符合《民事诉讼法》的规定,所以是正确答案。

2.【答案】 ABD

【解析】 根据《仲裁法解释》第 29 条的规定:"当事人申请执行仲裁裁决案件,由被执行人住所地或者被执行的财产所在地的中级人民法院管辖。"故 A、B、D 选项为本题答案。

3.【答案】 C

【解析】 根据《仲裁法》第 64 条的规定:"一方当事人申请执行裁决,另一方当事人申请撤销裁决的,人民法院应当裁定中止执行。"故 C 选项正确。

4.【答案】 B

【解析】 该题考查仲裁裁决被法院裁定不予执行后当事人所享有的权利。根据《仲裁法》第 9 条的规定,仲裁裁决被裁定撤销或者不予执行后,当事人可以重新达成仲裁协议后申请仲裁,或者向有管辖权的人民法院提起诉讼,故选项 B 是正确的。

5.【答案】 ACD

【解析】 根据《仲裁法》第 63 条和《民事诉讼法》第 237 条第 2 款的规定,被申请人提出证据证明仲裁裁决有下列情形之一的,经人民法院组成合议庭审查核实,裁定不予执行:①当事人在合同中没有订有仲裁条款或者事后没有达成书面仲裁协议的;②裁决的事项不属于仲裁协议的范围或者仲裁机构无权仲裁的;③仲裁庭的组成或者仲裁的程序违反法定程序的;④裁决所根据的证据是伪造的;⑤对方当事人向仲裁机构隐瞒了足以影响公正裁决的证据的;⑥仲裁员在仲裁该案时有贪污受贿,徇私舞弊,枉法裁决行为的。故 A、C、D 选项属于不予执行的法定情形。

6.【答案】　ABCD

【解析】　根据《仲裁法解释》第 27 条的规定:"当事人在仲裁程序中未对仲裁协议的效力提出异议,在仲裁裁决作出后以仲裁协议无效为由主张撤销仲裁裁决或者提出不予执行抗辩的,人民法院不予支持。"因此 A、B、D 选项是错误的。根据《仲裁法解释》第 13 条的规定:"依照仲裁法第 20 条第 2 款的规定,当事人在仲裁庭首次开庭前没有对仲裁协议的效力提出异议,而后向人民法院申请确认仲裁协议无效的,人民法院不予受理。"故 C 选项错误。

7.【答案】　BC

【解析】　根据《仲裁法解释》第 27 条的规定:"当事人在仲裁程序中未对仲裁协议的效力提出异议,在仲裁裁决作出后以仲裁协议无效为由主张撤销仲裁裁决或者提出不予执行抗辩的,人民法院不予支持。"故 A 选项错误。根据《仲裁法解释》第 26 条的规定:"当事人向人民法院申请撤销仲裁裁决被驳回后,又在执行程序中以相同理由提出不予执行抗辩的,人民法院不予支持。"故 B 选项正确而 D 选项错误。根据《仲裁法解释》第 6 条的规定:"仲裁协议约定由某地的仲裁机构仲裁且该地仅有一个仲裁机构的,该仲裁机构视为约定的仲裁机构。该地有两个以上仲裁机构的,当事人可以协议选择其中的一个仲裁机构申请仲裁;当事人不能就仲裁机构选择达成一致的,仲裁协议无效。"故 C 选项正确。

8.【答案】　ABCD

【解析】　《仲裁法》第 9 条规定:"裁决被人民法院裁定撤销或者不予执行的,当事人就该纠纷可以根据双方重新达成的仲裁协议申请仲裁,也可以向人民法院起诉。"故 ABCD 选项为正确答案。

9.【答案】　BCD

【解析】　申请不予执行仲裁裁决的期限,应当在执行通知书送达之日起 15 日内提出书面申请;有《民事诉讼法》第 237 条第 2 款第(4)项、第(6)项规定情形且执行程序尚未终结的,应当自知道或者应当知道有关事实或案件之日起 15 日内提出书面申请。而申请撤销仲裁裁决的期限从收到裁决书之日起 6 个月内,故 A 项错误。B、C、D 选项符合法律的规定,是正确的。

10.【答案】　C

【解析】　《仲裁法解释》第 28 条规定,当事人请求不予执行仲裁调解书或者根据当事人之间的和解协议作出的仲裁裁决书的,人民法院不予支持。本题中执行根据是针对和解协议作出的仲裁裁决,因此,当事人申请不予执行的,法院不予支持。

二、案例分析

1.【参考答案】

(1) 根据《仲裁法解释》第 29 条的规定:"当事人申请执行仲裁裁决案件,由被执行人住所地或者被执行的财产所在地的中级人民法院管辖。"裁决生效后,如果明珠家具公司申请法院执行仲裁裁决,应当向被执行人启明贸易公司住所地或者财产所在地的中级人民法院申请。根据《民事诉讼法》第 239 条的规定,明珠家具公司申请执行的期限为 2 年,从仲裁裁决确定的履行期间的最后 1 日起计算。

(2) 根据《仲裁法》第 64 条的规定:"一方当事人申请执行裁决,另一方当事人申请撤销裁决的,人民法院应当裁定中止执行。人民法院裁定撤销裁决的,应当裁定终结执行。撤销裁决的申请被裁定驳回的,人民法院应当裁定恢复执行。"本题中,执行法院应当在受理了明珠家具公司执行申请后,裁定中止执行。如果仲裁裁决被法院裁定撤销,执行法院则裁定终结执行。如果启明贸易公司撤销裁决的申请被法院裁定驳回的,执行法院应当裁定恢复执行。

(3) 根据《仲裁裁决执行问题的规定》第 8 条的规定,如果启明贸易公司以裁决超出了仲裁请求为由,申请法院不予执行仲裁裁决,应当在执行通知书送达之日起 15 日内提出书面申请。根据《仲裁裁决执行问题的规定》第 11 条的规定,人民法院对启明贸易公司不予执行仲裁裁决案件,应当组成合议庭围绕启明贸易公司申请的事由进行审查,没有申请的事由不予审查,但仲裁裁决可能违背社会公共利益的除外。人民法院应当进行询问,如果启明贸易公司在法院询问终结前提出其他不予执行事由的,法院应当一并审查。人民法院审查时,认为必要的,可以要求仲裁庭作出说明,或者向仲裁机构调阅仲裁案卷。

2.【参考答案】

(1) 根据《仲裁法解释》第 28 条的规定,当事人请求不予执行仲裁调解书或者根据当事人之间的和解协议作出的仲裁裁决书的,人民法院不予支持。故法院正确的做法是,对大亿公司请求法院不予执行仲裁裁决不予支持,执行程序继续进行。

(2) 仲裁裁决作出后的救济途径只有两种,即申请撤销仲裁裁决和申请不予执行仲裁裁决。由于申请撤销仲裁裁决只有仲裁当事人有权申请,故对于案外人孔某来说,无权申请撤销仲裁裁决。但根据《仲裁裁决执行问题的规定》第 9 条,如果案外人有证据证明仲裁案件当事人虚假仲裁,损害了其合法权益的,可以向人民法院申请不予执行仲裁裁决或者仲裁调解书。因此,案外人孔某可以向执行法院申请不予执行仲裁裁决。

至于孔某向法院申请不予执行仲裁裁决的法律后果,根据《仲裁裁决执行问题的规定》第22条第3款的规定:①如果人民法院基于案外人申请裁定不予执行仲裁裁决,当事人不服的,当事人可以自裁定送达之日起10日内向上一级人民法院申请复议;②如果人民法院裁定驳回或者不予受理案外人提出的不予执行仲裁裁决申请,案外人不服的,可以自裁定送达之日起10日内向上一级人民法院申请复议。

第八章 涉外仲裁

一、不定项选择

1.【答案】 C

【解析】 本题考查涉外仲裁中申请财产保全的程序。根据《民事诉讼法》第272条的规定,当事人申请采取保全的,涉外仲裁机构应当将当事人的申请,提交被申请人住所地或者财产所在地的中级人民法院裁定。故C选项正确。

2.【答案】 BCD

【解析】 根据《贸仲仲裁规则》第35条的规定,除非当事人另有约定,仲裁庭可以按照其认为适当的方式审理案件。可以决定只依据当事人提交的书面材料和证据进行书面审理,也可以决定开庭审理。因此,B选项正确,A选项错误。第56条规定,除非当事人另有约定,凡争议金额不超过人民币500万元的,或争议金额超过人民币500万元,经一方当事人书面申请并征得另一方当事人书面同意的,适用简易程序。适用简易程序的案件,由独任仲裁庭审理。因此,C、D选项正确。

3.【答案】 D

【解析】 根据《仲裁法》第68条,涉外仲裁的当事人申请证据保全的,涉外仲裁委员会应当将当事人的申请提交证据所在地的中级人民法院。

4.【答案】 ABCD

【解析】 本题考查涉外仲裁委员会仲裁员的资格。根据《仲裁法》第67条的规定,涉外仲裁委员会可以从具有法律、经济贸易、科学技术等专门知识的外籍人士中聘任仲裁员。故上述四项所述的人员均符合涉外仲裁委员会的仲裁员资格。

5.【答案】 D

【解析】 根据《民事诉讼法》第280条第2款的规定,中华人民共和国涉外仲裁机构作出的发生法律效力的仲裁裁决,当事人请求执行的,如果被执行人或者其财产不在中华人民共和国领域内,应当由当事人直接向有管辖权的外国法院申请承认和执行。因此 D 选项正确。

6.【答案】 AD

【解析】 本题考查的是不予执行涉外仲裁裁决的情形。《民事诉讼法》第274 条规定:"对中华人民共和国涉外仲裁机构作出的裁决,被申请人提出证据证明仲裁裁决有下列情之一的,经人民法院组成合议庭审查核实,裁定不予执行:① 当事人在合同中没有订有仲裁条款或者事后没有达成书面仲裁协议的;②被申请人没有得到指定仲裁员或者进行仲裁程序的通知,或者由于其他不属于被申请人负责的原因未能陈述意见的;③仲裁庭的组成或者仲裁的程序与仲裁规则不符的;④裁决的事项不属于仲裁协议的范围或者仲裁机构无权仲裁的。"因此,人民法院对涉外仲裁的司法审查和监督仅限于程序上,A、D 选项正确。

7.【答案】 BD

【解析】 仲裁条款具有独立性,不论合同是否有效,不影响仲裁条款的效力,故 A 选项错误。《仲裁法解释》第 4 条规定:"仲裁协议仅约定纠纷适用的仲裁规则的,视为未约定仲裁机构,但当事人达成补充协议或者按照约定的仲裁规则能够确定仲裁机构的除外。"因此 D 选项正确。

《中国国际经济贸易仲裁委员会仲裁规则》第 2 条第(6)项规定:当事人可以约定将争议提交仲裁委员会或仲裁委员会分会/仲裁中心进行仲裁;约定由仲裁委员会进行仲裁的,由仲裁委员会仲裁院接受仲裁申请并管理案件;约定由分会/仲裁中心仲裁的,由所约定的分会/仲裁中心仲裁院接受仲裁申请并管理案件。约定的分会/仲裁中心不存在、被终止授权或约定不明的,由仲裁委员会仲裁院接受仲裁申请并管理案件。故 C 选项错误,B 选项正确。

8.【答案】 CD

【解析】 根据《仲裁司法审查规定》第 2 条第 1 款的规定:"申请确认仲裁协议效力的案件,由仲裁协议约定的仲裁机构所在地、仲裁协议签订地、申请人住所地、被申请人住所地的中级人民法院或者专门人民法院管辖。"因此 A、B 选项错误,C 选项是正确的。

根据《仲裁法解释》第 5 条的规定:"仲裁协议约定两个以上仲裁机构的,当事人可以协议选择其中的一个仲裁机构申请仲裁;当事人不能就仲裁机构选择达成一致的,仲裁协议无效。"由于香港宇锋公司未与深圳智冠公司协商就向香港国际仲裁中心申请仲裁,因此该仲裁协议无效。深圳智冠公司可以向有管辖权的人民法院起诉,故 D 选项正确。

9.【答案】 AB

【解析】《仲裁法解释》第 16 条规定:"对涉外仲裁协议的效力审查,适用当事人约定的法律;当事人没有约定适用的法律但约定了仲裁地的,适用仲地法律;没有约定适用的法律也没有约定仲裁地或者仲裁地约定不明的,适用法院地法律。"故 A、B 选项正确。

10.(1)【答案】　C

【解析】　根据《贸仲仲裁规则》的规定,仲裁委员会以中文为正式语言,当事人另有约定的,则从其约定。

(2)【答案】　B

【解析】　根据《贸仲仲裁规则》第 48 条的规定,仲裁庭应当在组庭之日起 6 个月内作出仲裁裁决书。经仲裁庭请求,仲裁委员会仲裁院院长认为确有必要和确有正当理由的,可以延长该期限。故 B 选项正确,AC 选项错误。根据《贸仲仲裁规则》第 35 条的规定,仲裁庭应当开庭审理案件。但双方当事人约定并经仲裁庭同意或仲裁庭认为不必开庭审理并征得双方当事人同意的,可以只依据书面文件进行审理。故 D 选项错误。

(3)【答案】　AD

【解析】　根据《贸仲仲裁规则》第 31 条和第 32 条的规定,对可能引起对其公正性和独立性产生合理怀疑的任何事实或情况,仲裁员应当披露。A 选项正确。回避申请只能通过书面形式作出,B 选项错误。仲裁员是否回避,由仲裁委员会主任作出决定。在仲裁委员会主任就仲裁员是否回避作出决定前,被请求回避的仲裁员应当继续履行职责。故 C 选项错误,D 选项正确。

(4)【答案】　AB

【解析】　根据《贸仲仲裁规则》第 17 条的规定:申请人可以申请对其仲裁请求进行变更,被申请人也可以申请对其反请求进行变更;但是仲裁庭认为其提出变更的时间过迟而影响仲裁程序正常进行的,可以拒绝其变更请求。故 A、B 选项正确。

二、案例分析

【参考答案】

(1)乙公司可以向北京市中级人民法院申请确认仲裁协议的效力,也可以向中国国际经济贸易仲裁委员会申请确认仲裁协议的效力。《仲裁法》第 20 条规定:"当事人对仲裁协议的效力有异议的,可以请求仲裁委员会作出决定或者请求人民法院作出裁定。"根据《仲裁司法审查规定》第 2 条第 1 款的规定:"申请确认仲裁协议效力的案件,由仲裁协议约定的仲裁机构所在地、仲裁协议签订地、申请人住所地、被申请人住所地的中级人民法院或者专门人民法院管辖。"

(2)该仲裁协议是有效的。首先,根据《仲裁法解释》第 1 条的规定,以电子邮件的形式达成的仲裁协议属于仲裁协议的书面形式;其次,根据《仲裁法解释》第 3 条的规定,仲裁协议约定的仲裁机构名称不准确,但能够确定具体的仲裁机构的,应当认定选定了仲裁机构。本案中虽然对仲裁委员会名称的表述上有错误,但能够确定具体的仲裁机构;再次,本仲裁协议中含有请求仲裁的意思表示、仲裁事项,因而是有效的。

(3) 甲公司应当向仲裁委员会提出财产保全申请,由仲裁委员会将该申请提交北京市中级人民法院裁定并执行。

(4) 根据《贸仲仲裁规则》,乙公司应当在收到仲裁通知书之日起45日内以书面形式将反请求提交仲裁委员会,并依据相关事实和理由附上有关证明文件。

(5) 乙公司不能向法院申请撤销或者不予执行仲裁裁决。按照我国《民事诉讼法》及《仲裁法》的规定,对于涉外仲裁裁决的撤销与不予执行的条件均为程序方面,仲裁员收受贿赂不是撤销或者不予执行涉外仲裁裁决的条件。

后　　记

《中华人民共和国仲裁法》的实施已经十年有余！

这期间，中国的仲裁制度发生了根本性的变化。仲裁解决民商事纠纷，已经成为独立的纠纷解决方式。仲裁在慢慢融入人们的生活。

这期间，仲裁机构不断扩大，仲裁案件逐渐增多，仲裁规则愈加成熟。

这期间，仲裁研究不断深入，仲裁理念不断更新，仲裁专著、论文不断涌现。

这期间，仲裁作为一门独立的学科在各大专院校，本科生、硕士研究生、博士研究生中开设，学生上课踊跃。

这期间，关于仲裁的司法解释频繁出台，国家司法考试将其作为必考科目。

……

从 1992 年开始系统学习、研究仲裁制度，到 1993 年去美国专门研修中美仲裁制度的比较，到出版专著《仲裁权研究》《比较商事仲裁》并把自己对仲裁的研究成果在境内外学术刊物上发表，经历了十余年的努力与耕耘。在这努力与耕耘中，我一直有一个独立撰写一本仲裁法教材的计划。因为从 20 世纪 90 年代末陆续为本科生、研究生讲授仲裁法律制度起，所采用的教材基本都是我自己早已成型但未出版的"教材"！我更发现，学生需要的是能够在学习基本理论的同时，掌握最新的司法解释，并通过实例来随时帮助理解和检验自己学习的教材。感谢清华大学出版社在满足学生需要的同时，为我提供了实现计划的机会！

写作过程是愉快而顺利的，但正当我准备交稿之时，最高人民法院《关于适用〈中华人民共和国仲裁法〉若干问题的解释》出台了，这是仲裁法颁布实施以来涉及面最广、内容最全面的关于仲裁的司法解释。从中我们不仅可以看到它使仲裁法中原则性的规定更加明确化和具体化，增强了仲裁法的可操作性；我们更可以领悟到该解释突破了一些传统仲裁观念的樊篱，加大了支持仲裁的力度！

我欣慰于最高人民法院关于仲裁的司法解释的及时公布！欣慰于本书可以将最新的司法解释收入其中！

感谢中国政法大学 2005 级硕士研究生辛锋同学对本教材中习题的收集和整理！

由于本教材只是基于个人对仲裁法和司法解释的理解进行的编写，疏漏甚至错误在所难免，恳请读者批评指正！

中国政法大学

乔欣

2007 年 10 月

再 版 后 记

　　《仲裁法学》作为 21 世纪法律教育互动教材,首次出版于 2008 年,七年之后该教材得以再版,源于我国仲裁事业的蓬勃发展,仲裁制度的日趋完善,社会对多元化纠纷解决机制特别是仲裁的青睐以及对仲裁教育进一步的需求,当然更源于清华大学出版社和广大读者对本教材多年的支持。

　　随着《民事诉讼法》的修改和最高人民法院《关于适用〈中华人民共和国民事诉讼法〉的解释》相继出台,其中许多涉及仲裁制度的内容也发生了变化。借此契机再版《仲裁法学》,以全面反映最新的立法精神和法律规定,力求将立法、理论和仲裁实践相融合,全方位地将仲裁法学呈现给读者。

　　感谢清华出版社对本教材的再版,感谢李文彬主任、傅向宇编辑对本教材付出的辛苦和努力!

　　本教材中的疏漏、错误,恳请读者批评指正!

乔　欣

2015 年 4 月于北京

第三版后记

《仲裁法学》作为 21 世纪法律教育互动教材,首次出版于 2008 年,2015 年 7 月得以再版。2020 年,距首次出版 12 年后出版第三版,不仅仅源于我国仲裁事业的蓬勃发展,仲裁制度的日趋完善,社会对多元化纠纷解决机制特别是仲裁的青睐以及对仲裁教育进一步的需求,更源于司法对仲裁的认可程度不断加强,对仲裁制度的支持力度日趋坚定和强化,当然,本书第三版得以顺利出版,仍然源于清华大学出版社和广大读者对本教材一如既往的支持。

随着《民事诉讼法》的修改、2018 年第十三届全国人大常委会将《仲裁法》的修订列入二类立法规划的公布,以及最高人民法院一系列关于仲裁制度司法解释的相继出台,仲裁作为一种法律制度的内容发生着更大的变化,学习仲裁知识,把握仲裁制度的发展,了解仲裁实践,已成为越来越多致力于仲裁解决纠纷领域人士的必备技能。笔者借此契机修订《仲裁法学》,以更加全面的视角反映和解读最新的立法精神和法律规定;力求将立法、理论和仲裁实践相融合,全方位地将仲裁法学呈现给读者。

感谢清华大学出版社对本教材的支持,感谢刘晶编辑对本教材付出的辛苦和努力!

本教材中的疏漏、错误,恳请读者批评指正!

乔 欣

2020 年 7 月于北京